# Springer-Lehrbuch

Dieter Roller

# Informatik

Grundlagen
Mit einer Einführung in PASCAL

Mit 120 Abbildungen

Springer-Verlag
Berlin Heidelberg New York
London Paris Tokyo
Hong Kong Barcelona
Budapest

Prof. Dr. Dieter Roller
Universität Stuttgart
Lehrstuhl Grundlagen der Informatik
Breitwiesenstr. 20-22
D-70565 Stuttgart

ISBN-13:978-3-540-57414-9     e-ISBN-13:978-3-642-78631-0
DOI: 10.1007/978-3-642-78631-0

CIP-Titelaufnahme der Deutschen Bibliothek.
Roller, Dieter: Informatik: Grundlagen; mit einer Einführung in PASCAL/ Dieter Roller. – Berlin;
Heidelberg; New York; London; Paris; Tokyo; Hong Kong; Barcelona; Budapest: Springer, 1994
(Springer-Lehrbuch)
ISBN-13:978-3-540-57414-9



Satz: Reproduktionsfertige Vorlagen vom Autor
SPIN: 10085345     33/3140 – 5 4 3 2 1 0 – Gedruckt auf säurefreiem Papier

Meinen Eltern gewidmet,
die mir mit Ihrer Erziehung
eine so gute und wichtige
Grundlage für die Zukunft
gegeben haben.

# Vorwort

Dieses Buch entstand aus Vorlesungen, die der Autor an der Universität Stuttgart für Hörer, die nicht Informatik als Haupt- oder Nebenfach studieren, gehalten hat. Sowohl in Natur- und Ingenieurwissenschaften, als auch in anderen Bereichen, wie zum Beispiel den Wirtschaftswissenschaften, werden heute Grundkonzepte der Informatik als unabdingbares Basiswissen gesehen. Für Studierende solcher Fachrichtungen wird daher zumeist im Grundstudium eine einführende Informatikvorlesung angeboten.

Das vorliegende Buch richtet sich schwerpunktmäßig an diesen Leserkreis. Es versucht in einem Band sowohl die Grundkonzepte des Aufbaus von Computeranlagen, als auch das Progammieren in einer problemorientierten Programmiersprache in knapper und bündiger Form leichtverständlich darzustellen. Es erhebt nicht den Anspruch, Vorlesungen zu ersetzen, sondern will vielmehr dem Studierenden eine effiziente Hilfe bieten, sich zügig einen Überblick über grundlegende Konzepte der Informatik zu verschaffen.

Neben einer Einführung über die Ausrichtung der Informatik insgesamt und ihren thematischen Schwerpunkten wird im ersten Kapitel eine Übersicht über die historische Entwicklung der Informatik gegeben. Im weiteren Verlauf beschränkt sich das Buch im wesentlichen auf die für Nichtinformatiker wichtigen Gebiete der technischen und praktischen Informatik. Das zweite Kapitel beschäftigt sich dabei mit den Grundlagen zur Informationsdarstellung im Computer. Hier wird das Prinzip der Codierung, insbesondere der Binärcodierung, sowie die codierte Darstellung von Zahlen, Zeichen und Booleschen Daten behandelt. Ein Überblick über die Organisation des Speichers zur digitalen Informationsdarstellung schließt das zweite Kapitel ab.

In den Kapiteln drei und vier wird der grundlegende Aufbau einer Computeranlage dargestellt. Dabei wird vom Von-Neumann-Rechner ausgegangen. Einer kurzen Einführung in die Funktion von Schaltnetzen und Schaltwerken folgend, werden Rechenwerk, Steuerwerk und Arbeitsspeicher beschrieben. Anschließend werden periphere Geräte und das Thema Betriebssystem behandelt. Kapitel vier beinhaltet eine Einführung in Weiterentwicklungen der Rechnertechnik. Nach Erweiterungen in einzelnen Komponenten werden dabei parallele Architekturen und Rechnernetze vorgestellt.

Im fünften Kapitel wird auf die Entwicklung von Software eingegangen. Dies geschieht zunächst unabhängig von einer konkreten Programmiersprache. Es werden dabei die Phasen der Softwareentwicklung, ausgehend von der Problemstellung bis zum Programm, behandelt. Ein Abschnitt über Werkzeuge zur rechnergestützten Programmentwicklung und eine Übersicht über bekannte problemorientierte Programmiersprachen schließen dieses Kapitel ab.

In den Kapiteln sechs bis neun werden Grundkonzepte der Programmierung am Beispiel der Programmiersprache PASCAL behandelt. Zunächst werden dabei in Kapitel sechs die elementaren Sprachkonstrukte vorgestellt, während in Kapitel sieben die Methode der Unterprogrammtechnik und in Kapitel acht strukturierte Datentypen besprochen werden. Im letzten Kapitel wird das Konzept der Zeiger eingeführt und damit einfache Datenstrukturen aufgebaut.

An der Entstehung dieses Buchs haben eine Reihe von Personen mitgewirkt. Meinem Kollegen Herrn Prof. Dr. Rul Gunzenhäuser möchte ich an dieser Stelle für die Ermutigung zu diesem Buch und für zahlreiche anregende Diskussionen danken. Mein besonderer Dank gilt auch meinem Mitarbeiter Herrn Dipl.-Ing. Heinz Kohl für das sorgfältige Korrekturlesen des Manuskripts. Den Herren Uwe Richert und Magnus Rembold danke ich für ihre freundliche Unterstützung bei der Erstellung der Abbildungen und der Formatierung im Textsystem. Dem Springer-Verlag gebührt mein Dank für die stets gute Zusammenarbeit und die Aufnahme des Buches in seine Lehrbuchreihe.

Nicht zuletzt danke ich meiner Frau Gerlinde und unseren beiden Kindern Ellen und Frank für ihr Verständnis dafür, daß ihr Mann bzw. Vater über einen längeren Zeitraum nach dem Abendessen wieder im Büro verschwand, an den Wochenenden ebenfalls am Schreibtisch arbeitete und daher nur wenig Zeit für sie hatte.

Stuttgart, im Februar 1994                                    Dieter Roller

# Inhaltsverzeichnis

# 1. Einleitung

## 1.1. Der Begriff Informatik

Allgemein versteht man heute unter der Informatik die Wissenschaft und die Technologie der systematischen und automatisierten Informationsverarbeitung und die der informationsverarbeitenden Systeme, der Computer, die auch elektronische Rechenanlagen genannt werden. Sie umfaßt dabei sowohl die Theorie und Methodik der Informationsverarbeitung und Computersysteme als auch die Analyse und Entwicklung von Anwendungen in der Technik, Wirtschaft und Verwaltung. Außerdem werden die Auswirkungen ihres Einsatzes betrachtet. Informatik ist somit eng mit dem Begriff des Computers verbunden und stellt einen Grundpfeiler der modernen Datenverarbeitung dar.

Anfänglich wurde die Informatik zunächst als Spezialgebiet innerhalb anderer Wissenschaften, wie der Mathematik und der Elektrotechnik, betrieben. Seit etwa 1960 stellt sie jedoch ein zusammenhängendes und theoretisch fundiertes eigenes Gebäude dar. Die deutsche Wortbildung Informatik entstand dabei 1968 als Kunstwort aus *Infor*mation und Mathe*matik*. Im Französischen hat sich die analoge Bezeichnung *informatique* durchgesetzt, während im angelsächsischen Sprachraum Informatik mit *computer science* bezeichnet wird. Insofern wird gelegentlich von der Informatik auch als der Wissenschaft von Computern gesprochen.

Die Informatik sieht typischerweise von Besonderheiten spezieller DV-Systeme ab, indem sie durch Abstraktion allgemeine Modelle bildet. Es werden Gesetze der Informationsverarbeitung erforscht und Standardlösungen für Aufgaben aus der Praxis entwickelt. Die Informatik befaßt sich also einerseits mit den Strukturen, den Eigenschaften und den Beschreibungsmöglichkeiten von Informationen und Informationsverarbeitung und andererseits mit dem Aufbau, der Arbeitsweise und den Konstruktionsprinzipien von Computersystemen. Dies beinhaltet insbesondere auch die ingenieurmäßige Entwicklung von Softwaresystemen, inklusive der Betriebssoftware.

In der Vorgehensweise zur Lösung der Aufgaben werden in der Informatik vorwiegend formale Methoden und ingenieurmäßig orientierte Techniken angewandt. Im Bereich der Software wird mit abstrakten Zeichen und Objekten operiert, und es werden formale Sprachen für die Formulierung von Algorithmen zur Lösung von speziellen Anwendungsproblemen entwickelt. Die Wortbildung *Algorithmus* geht dabei zurück auf den persischen Mathematiker Abu Dscha'far Muhamed Ibn Musa Al-Chwarizmi (etwa 780 - 850), oder auch kurz *Al-Chowarizmi*. Der Begriff des Algorithmus charakterisiert im wesentlichen ein "mechanisch" ausführbares Rechenverfahren. Dies soll im folgenden anhand eines Beispiels, und zwar dem auf den griechischen Mathematiker Euklid (300 v. Chr.) zurückgehenden Algorithmus zur Berechnung des größten gemeinsamen Teilers von zwei Zahlen, veranschaulicht werden.

**Beispiel 1.1: Euklidischer Algorithmus**

Aufgabe: Bestimme den größten gemeinsamen Teiler *ggt (p, q)* von 2 beliebigen Zahlen $p, q \in$ *N*, mit *N* als der Menge der natürlichen Zahlen und $q \neq 0$.

Die Lösung besteht dann aus folgenden zwei Schritten:

Schritt 1:    Dividiere *p* durch *q* (ganzzahlige Division)
              Rest *r, 0 $\leq$ r $\leq$ q-1*

Schritt 2:    Wenn *r = 0*, dann ist *q = ggt ( p, q)*
              Wenn $r \neq 0$, dann benenne *q* um in *p* und *r* um in *q*
              Wiederhole Schritt 1 und 2 bis *r=0*

Dieses Beispiel zeigt bereits die wesentlichen Eigenschaften eines Algorithmus. Es handelt sich um ein wohldefiniertes Rechenverfahren, das in einer endlichen Beschreibung vorliegt und i.a. aus mehreren Schritten besteht, wobei einzelne Schrittfolgen evtl. mehrfach durchlaufen werden.

Die Lehre von Algorithmen spielte in der Mathematik lange Zeit allerdings eine ziemlich untergeordnete Rolle. Noch bis ins 20. Jahrhundert wurde bei Algorithmen lediglich an die Grundrechenarten gedacht. Ein wesentlicher Grund hierfür ist sicherlich die Tatsache, daß ja praktisch keine Werkzeuge zur Durchführung von Algorithmen vorhanden waren und, wenn Schritte oft wiederholt werden müssen, der Mensch als Rechner bald überfordert ist. Die bereits früh entstandenen mechanischen Rechenanlagen, von denen im nächsten Kapitel noch die Rede sein wird, änderten  hieran nichts, denn die Grenzen der Feinmechanik ließen eine fehlerfreie millionen- oder auch nur tausendfache Wiederholung nicht zu.

## 1.2.  Historische Entwicklung

Bis zum  Anfang der Neuzeit galt das Rechnen noch als Kunst. Andererseits geht die  Beschäftigung des Menschen mit Zahlen in der Form des Zählens sicherlich bis in die Urzeit zurück. Schon vor Jahrtausenden wurden Symbole entwickelt, um Zahlen darzustellen. Hier spiegelte sich häufig das Abzählen an den Fingern wieder, indem Fünfer- oder Zehnerunterteilungen gewählt wurden. Bei der römischen Zahldarstellung (vgl. Abb. 1.1) waren dies spezielle Symbole für die Zahlen fünf (V) und zehn (X), selbst im chinesischen Abakus (vgl. Abb. 1.2) spielte die Fünfergruppierung eine zentrale Rolle. Ein Hauptproblem bei allen Zahldarstellungen war die Darstellung großer Zahlen. Je nach Lösung war dann auch das Rechnen mit dem entsprechenden Zahlensystem mehr oder weniger schwierig.

| Babylonische Keilschrift-Zahlzeichen, 2.Jt.v.Chr. | Römische Zahlzeichen, um Chr. Geburt | Neuzeitliche Ziffern, 20.Jh.n.Chr. |
|---|---|---|
|  | I | 1 |
|  | II | 2 |
|  | III | 3 |
|  | IV | 4 |
|  | V | 5 |
|  | VI | 6 |
|  | VII | 7 |
|  | VIII | 8 |
|  | IX | 9 |
|  | X | 10 |

Abb. 1.1: Zahlensysteme verschiedener Kulturvölker

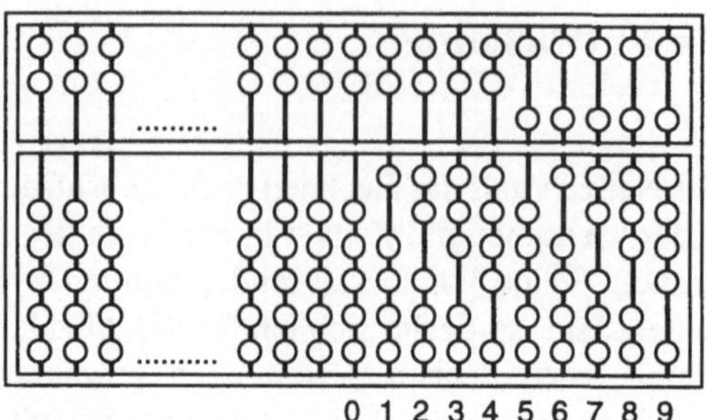



Abb 1.2: Zahlendarstellung im chinesischen Abakus

Deutlich wird dies zum Beispiel bei den römischen Zahldarstellungen, die mit den insgesamt sieben verschiedenen Zahlzeichen und einer Reihe von Regeln noch bis ins späte Mittelalter in unserem Raum exklusiv verwendet wurden. Mit ihnen erscheint auch uns noch das Rechnen nicht ganz einfach. Anders verhält es sich bei einem sogenannten Stellenwertsystem, wie es beispielsweise bereits bei den Babyloniern im dritten Jahrtausend v. Chr. gebräuchlich war (vgl. Abb. 1.1) und unserem aus Indien stammenden Dezimalsystem.

**Beispiel 1.2: Frühe Zahldarstellungen**

a)  Babylonisches Stellenwertsystem mit Basis 60:

$$\text{Y  YY  \textless\textgreater} \quad = 1 \cdot 60^2 + 2 \cdot 60^1 + 3 \cdot 10 \cdot 60^0 = 3750$$

b)  Römische Zahldarstellungen:
MDCCCCLXXXXIIII          = 1994  (Darstellung um Chr. Geburt)
MCMXCIV                  = 1994  (Darstellung 1000 n.Chr. bis heute)

Während Al-Chwarizmi um ca. 800 ein weitverbreitetes arabisches Lehrbuch schrieb, das bereits das Lösen von Gleichungen mit mehreren Unbekannten behandelte, veröffentlichte Leonardo von Pisa, genannt *Fibonacci* (etwa 1180-1240), eine erste systematische Einführung in dezimales Zahlenrechnen. Erst 1524 erschien in unserem Sprachraum das Lehrbuch von *Adam Riese* (1492-1559), das Rechengesetze zum Verdoppeln, Halbieren und Multiplizieren von Dezimalzahlen angab.

Heute erscheinen uns die vier Grundrechenarten einfach, weil mechanisch ausführbare Verfahren bekannt sind und die dahinterliegende Mathematik eigentlich gar nicht beherrscht werden muß. Dies führte schon früh zu der Idee, die Ausführung von Rechnungen auf eine Maschine zu übertragen.

Bereits 1623 konstruierte *Wilhelm Schickard* (1592-1635), Professor für biblische Sprachen an der Universität Tübingen und später auch noch Ordinarius für Mathematik und Astronomie, eine mechanische Maschine zur Ausführung der vier Grundrechenarten. Schickards Rechenmaschine basierte auf der Nutzung von Zahnrädern als Zählräder und Nockenscheiben zur automatischen Weiterleitung des Zehnerübertrags. Seine Erfindung gilt als erste urkundlich nachgewiesene Rechenmaschine der Welt. Die Maschine und mit ihr auch die Idee ging allerdings im Laufe des Dreißigjährigen Krieges zunächst wieder verloren.

Jahre später entwickelte *Blaise Pascal* (1623 - 1662) in Frankreich ebenfalls eine mechanische Rechenmaschine, die er 1642 in Paris vorstellte. Sie galt als kleines Wunder, obwohl die Maschine nur addieren konnte. Pascal hatte sie für seinen Vater gebaut, der Finanzverwalter war, um ihm das tägliche Rechnen zu erleichtern.

*Gottfried Wilhelm Leibniz* (1646-1716), bekannt als Begründer der Infinitesimalrechnung, entwickelte die Idee des Zählrades weiter. Seine im Jahre 1673 vorgestellte Rechenmaschine führte die Multiplikation auf fortgesetzte Addition zurück. Leibniz beschäftigte sich überdies bereits auch mit der dualen Zahldarstellung, die den heutigen Computern zugrunde liegt.

Während auch die Leibnizsche Rechenmaschine aufgrund Feinmechanischer Probleme noch nicht ganz fehlerfrei arbeitete, vergingen nochmals weitere hundert Jahre, bis schließlich der schwäbische Pfarrer *Matthäus Hahn* (1739- 1790) zuverlässig arbeitende Rechenmaschinen in Serie herstellte. Bei der Hahnschen Maschine erfolgte die Eingabe über Staffelwalzen am Rand der Maschine, eine zentrale Handkurbel diente als Antrieb. Tastengesteuerte Addiermaschinen waren erst ab Mitte des neunzehnten Jahrhunderts bekannt.

Im Jahr 1833 begann *Charles Babbage* (1792 bis 1871) in Cambridge in England mit der Planung einer Rechenmaschine, die wesentliche neue Konzepte enthielt. Babbage war mit dieser Konstruktion seiner Zeit um etwa 100 Jahre voraus und fand für eine Realisierung keine Geldgeber. Zwar sollte seine Analytical Engine, wie er die Maschine nannte, immer noch mechanisch arbeiten, er hatte aber bereits eine arithmetische Recheneinheit, eine Steuereinheit zur Steuerung des gesamten Programmablaufs sowie Geräte für die Ein- und Ausgabe von Daten vorgesehen.

Während die Lochkarte als Informationsspeicher bereits im achtzehnten Jahrhundert in Form von gelochten Holzplättchen zur Webstuhlsteuerung bekannt war, nutzte *Hermann Hollerith* (1860 - 1929) als erster die Lochkarte als Speicher für die Datenverarbeitung. Hollerith, Sohn deutscher Auswanderer aus der Pfalz und promovierter Bergwerksingenieur, arbeitete 1880 bei einer amerikanischen Volkszählung mit und hatte dabei die Idee, Personenangaben in Symbolschrift auf Karten zu lochen und in elektrischen Zähl- und Registriermaschinen auszuwerten.

| Jahr | Entwicklungsschritt |
|---|---|
| 1700 v. Chr. | Älteste schriftliche Rechenaufgaben, auf Papyrus in Ägypten |
| 300 v. Chr. | Euklidischer Algorithmus |
| 5 Jh. n. Chr. | Benutzung von Dezimalzahlen in Indien |
| 820 n. Chr. | *Al-Chowarizmi* (etwa 780 - 850), persischer Mathematiker und Astronom, Buch über Algebra |
| 1202 | Liber abaci (erste systematische Einführung in Rechnen mit Dezimalzahlen) von Leonardo von Pisa, genannt *Fibonacci* (etwa 1180 - 1240), italienischer Mathematiker |
| 1524 | Rechenbuch von *Adam Riese* (1492 - 1559) |
| 1623 | Mechanische Rechenmaschine für vier Grundrechenarten von *Wilhelm Schickard* (1592 - 1635) |
| 1641 | Maschine zur Addition von sechsstelligen Zahlen, konstruiert von *Blaise Pascal* (1623 - 1662) |
| 1673 | *G. W. Leibniz* (1646 - 1716) konstruiert Rechenmaschine mit Staffelwalzen für vier Grundrechenarten, befaßt sich auch mit dualem Zahlensystem. |
| 1774 | Erste zuverlässig arbeitende mechanische Rechenmaschine, in Serie hergestellt von *M. Hahn* (1739 - 1790) |
| 1833 | Analytical Engine von *Charles Babbage* (1792 - 1871) |
| 1886 | Erfindung der Lochkarte von *Hermann Hollerith* (1860 - 1929) |

Abb. 1.3: Übersicht zur Vorgeschichte des Computers

In Abb. 1.3 sind die bisher beschriebenen Meilensteine des Verlaufs der geschichtlichen Entwicklung des Computers als tabellarische Übersicht zusammengestellt. Während diese Konstruktionen nur als Vorläufer des Computers angesehen werden können, dauerte es nochmals einige Jahrzehnte, bis schließlich digitale Rechenautomaten nach dem im wesentlichen heute noch geltenden Funktionsprinzip entwickelt wurden.

Als Pionier und Erbauer des ersten Computers gilt *Konrad Zuse* (geb. 1910). Zuse, Bauingenieur in Berlin, hat ab 1934 eine Rechenmaschine entwickelt, die zum ersten Mal eine rein duale Zahldarstellung (Stellenwertsystem auf Basis 2) benutzte, eine halblogarithmische Zahldarstellung (Gleitkommazahlen) unterstützte und das Rechnen auf logischen Grundoperationen (UND, ODER, NEGATION) aufbaute. Seine Maschine Z1 hat er in der elterlichen Wohnung gebaut. Sie war aufgrund beschränkter Herstellungsmöglichkeiten nicht in allen Teilen voll funktionsfähig. Die zweite von Zuse entwickelte Maschine, die Z2, konnte er wegen seiner Einberufung nicht fertigstellen. Erst die Z3, die Zuse im Auftrag der Deutschen Versuchsanstalt für Luftfahrt aufgebaut hat, war der erste richtig funktionierende programmgesteuerte Rechenautomat der Welt. Rechenwerk sowie Speicher waren aus etwa 2600 Fernmelderelais aufgebaut und schafften ein Leistung von 10 bis 20 arithmetischen Operationen pro Sekunde. Eine Multiplikation dauerte 4 bis 5 Sekunden.

In den USA begann 1939 *Howard Aiken*, Professor für angewandte Mathematik an der Harvard Universität, der ältesten amerikanischen Universität in Cambridge bei Boston, mit Unterstützung von IBM mit dem Bau eines elektromechanischen Rechners. Durch den Krieg hatten Zuse und Aiken nichts voneinander gewußt. Aikens Rechner erhielt die Bezeichnung Harvard Mark I und basierte auf Lochkarten, Relais und dekadischen Zählrädern. Es handelte sich um eine Riesenmaschine, bestehend aus 700 000 Einzelteilen, darunter 3 000 Kugellager und 80 km verlegtem Leitungsdraht.

J.P. Eckert und J.W. Mauchly von der Moore School of Electrical Engineering der Pennsylvania-Universität bauten als erste eine Rechenmaschine auf der Basis von Elektronenröhren, die schließlich 1946 fertiggestellt wurde. Sie erhielt den Namen ENIAC als Abkürzung für Electronic Numerical Integrater and Computer. Diese Maschine hatte ebenfalls gewaltige Ausmaße und beinhaltete 18 000 Röhren, zusätzlich 1500 Relais und benötigte mit ihrem Leistungsverbrauch von über 150 kW für die Klimatisierung mehr Strom als für das Rechnen selbst. Die Störanfälligkeit durch die vielen Elektronenröhren hielt sich in erstaunlichen Grenzen. Die Ausfallrate betrug nur 2 bis 3 Röhren pro Woche, was im wesentlichen dadurch erreicht wurde, daß die Röhren nur mit einem Bruchteil ihrer Nennleistung betrieben wurden.

*John von Neumann* (1903 - 1957) aus Budapest, später Professor in Princeton, USA, formulierte 1946 die Idee, Programme entsprechend den Daten zu codieren und zu speichern, im Gegensatz etwa zur ENIAC, bei der Programme noch kompliziert über Schalttafeln gesteckt werden mußten. Befehle können damit nun, wie Daten, von der Maschine selbst verändert werden. Programme enthalten insbesondere auch bedingte Befehle, die Verzweigungen im Programm bewirken. Damit ist der Computer in der Lage, abhängig von Zwischenergebnissen selbständig logische Entscheidungen über Programmänderungen zu treffen.

*M. V. Wilke* stellte, basierend auf den Ideen von John von Neumann, schließlich mit der EDSAC (Electronic Delay Storage Automatic Calculator) an der University of Manchester den ersten universellen Digitalrechner fertig, der mit gespeicherten Programmen arbeitete.

Ab etwa 1950 setzte dann die industrielle Entwicklung und Produktion von Computern ein. Abb. 1.4 zeigt in tabellarischer Form diese ersten Meilensteine in der Computerentwicklung. Der interessierte Leser findet in [Ganzhorn, K. und Walter, W. (1975)] eine interessante umfassendere Darstellung der geschichtlichen Entwicklung der Datenverarbeitung.

| Jahr | Entwicklungsschritt |
|---|---|
| 1934 | *Konrad Zuse* (geb. 1910) beginnt mit Planung einer programmgesteuerten Rechenmaschine auf Basis des dualen Zahlensystems und Gleitkomma-Zahlendarstellung. |
| 1941 | Z3 von Zuse, erste funktionsfähige programmgesteuerte Rechenmaschine |
| 1944 | *H. H. Aiken* (1900 - 1973) erbaut Mark I, Rechenautomat auf Basis von Dezimalzahlen. |
| 1946 | ENIAC: Erster elektronischer Rechner (18000 Elektronenröhren, 1500 Relais), gebaut von *J. P. Eckert* und *J. W. Mauchly.*<br>*John von Neumann* (1903 bis 1957) erfindet den Programmspeicher. |
| 1949 | EDSAC: Erster universeller Digitalrechner mit gespeichertem Programm von *M. V. Wilkes* |
| ab 1950 | Industrielle Serienproduktion von elektronischen Rechenanlagen |

Abb. 1.4: Erste Meilensteine der Computerentwicklung

Der weitere Verlauf der Informatik war in erster Linie von dramatischen Fortschritten und Weiterentwicklungen in der Hardware geprägt (s. Abb. 1.5). Computersysteme wurden einerseits wesentlich kleiner und andererseits sehr viel schneller in der Arbeitsgeschwindigkeit.

Dies erfolgte zunächst durch die Ablösung der Elektronenröhren in den sechziger Jahren durch die wesentlich kleineren und mit einem winzigen Bruchteil von Betriebsleistung auskommenden Transistoren und Dioden auf Halbleiterbasis. Hier wurde ein deutlicher Sprung nach vorne erreicht, weshalb man bei solchen auf Halbleiterschaltkreisen basierten Geräten auch von Computern der zweiten Generation spricht. Die Verarbeitungsgeschwindigkeit steigerte sich gleich um zwei Zehnerpotenzen. Gegenüber Röhrenanlagen, die für eine Addition noch zwischen 100 µs und 1 ms benötigten, erfolgte die Addition bei Computern der zweiten Generation in 1 bis 10 µs. Gleichzeitig wurden durch die Einführung von Ferritkernspeichern als Arbeitsspeicher sowie Band-, Trommel- und Plattenspeichern als externe Massenspeicher wesentlich größere Speicherkapazitäten bei deutlich verbessertem Preis/Leistungsverhältnis erzielt.

Bereits Mitte der sechziger Jahre wurden in Computern die ersten integrierten Schaltkreise eingesetzt. Damit waren mehrere Schalt- bzw. Speicherfunktionen in einem Bauteil auf wenigen Quadratmillimetern untergebracht. Es handelt sich dabei bereits um die dritte Computergeneration. In dieser Zeit wurde auch der Time-sharing-Betrieb von Computern eingeführt, der es ermöglichte, daß eine Rechenanlage quasi gleichzeitig mehreren Benutzern zur Verfügung stand, indem die Rechenkapazität im Zeitscheibenverfahren auf die einzelnen Benutzer aufgeteilt wurde. Während zuvor die Ausgabe von Ergebnissen im wesentlichen auf Fernschreibern (Teletypes) erfolgte, kamen jetzt auch Bildschirme zum Einsatz.

| Generation | Merkmale |
|---|---|
| 1 | Bis Ende der fünfziger Jahre:<br>*Elektronenröhren* als Schaltelemente; zentrale Speicher von wenigen hundert Maschinenwörtern.<br>Praktisch keine Software<br>Programmiert durch Zahlenkolonnen (Maschinencode)<br>Typ. Additionszeit 100 - 1000 µs |
| 2 | Bis Ende der sechziger Jahre:<br>*Transistorschaltkreise*; Ferritkern-, Band-, Trommel-, Plattenspeicher.<br>Schneller, zuverlässiger, kleiner, preiswerter<br>Typ. Additionszeit 1 - 10 µs |
| 3 | Seit Mitte der sechziger Jahre:<br>Einsatz von integrierten Schaltkreisen.<br>Time-sharing-Betrieb, Bildschirme statt Teletypes |
| 4 | Seit Anfang der siebziger Jahre:<br>Überwiegend *hochintegrierte Schaltkreise*<br>kompletter Prozessor auf einem Chip ermöglichte PCs u. Workstations; 8-Bit-Architektur. |
| 5 | Seit Anfang der achtziger Jahre:<br>*Mehrere Prozessoren* auf einem Chip<br>16- und 32-Bit-Wortbreite<br>Vernetzung von Mikrocomputern |

Abb. 1.5: Computereinteilung in Generationen

Die darauf folgende vierte Generation von Computern seit Anfang der siebziger Jahre ist dadurch charakterisiert, daß mittels hochintegrierter Schaltkreise ein kompletter Prozessor auf einem Chip realisiert werden konnte. Dies ermöglichte einerseits die Entwicklung der Personal Computer (PCs) und Arbeitsplatzcomputer (Workstations), die im Gegensatz zu den Großrechnern nicht im separaten, i.a. klimatisierten Rechenraum sondern direkt an Ort und Stelle dem Benutzer zur Verfügung standen. Andererseits ebnete dies den Weg zu Höchstleistungsrechnern. So wurde bereits 1976 der erste Supercomputer von Cray fertiggestellt.

Seit Anfang der achtziger Jahre werden mittels hochintegrierter Schaltkreise mehrere Prozessoren auf einem Chip untergebracht. In dieser fünften Computergeneration ist außerdem die Verarbeitungsbreite, das heißt, die Anzahl der zweiwertigen Informationseinheiten, die in PCs und Workstations gleichzeitig bearbeitet werden, von 8 auf heute 32 oder sogar 64 Bit gestiegen, wobei die Verarbeitungsgeschwindigkeit bereits bei Workstations im Bereich von 100 Millionen Befehle pro Sekunde liegt. Ein weiteres Merkmal der heutigen Computergeneration ist die Vernetzung von Systemen. Dies geht soweit, daß ein Anwender unter Umständen gar nicht mehr registriert, auf welcher Maschine eines Computernetzes sein Programm abläuft.

Die bisherige Betrachtung der Fortschritte bezog sich fast ausschließlich auf die Gerätetechnik, auch *Computer Hardware* genannt. Bei der Programmierung bzw. der *Softwaretechnik* verlief die Entwicklung nicht ganz so eindrucksvoll. Zunächst wurde durch die Einführung von Programmiersprachen für spezielle Anwendungsbereiche die Programmierung einfacher und effizienter. Dadurch war es möglich, wesentlich umfangreichere und leistungsfähigere Programme zu entwickeln. Beispiele für frühe anwendungsorientierte Programmiersprachen sind FORTRAN und COBOL. Ein weiterer Fortschritt ergab sich für die anwendungsspezifischen Programmiersprachen dadurch, daß sie maschinenunabhängig waren. Das heißt, Programme, die in diesen Sprachen geschrieben wurden, konnten praktisch auf beliebigen Computeranlagen zum Ablauf kommen. Hiermit wurde eine wesentlich breitere Anwendungsbasis geschaffen.

Im weiteren Verlauf wurden neben einer Vielzahl von weiteren Programmiersprachen für spezielle Anwendungsbereiche, wie beispielsweise der Echtzeitdatenverarbeitung, auch Sprachen für spezielle Programmierparadigmen entwickelt. Beispiele hierfür sind etwa PROLOG und LISP für wissensbasierte Programmierung sowie SMALLTALK und C++ für objektorientierte Programmierung. Ein weiterer markanter Trend in neuerer Zeit sind graphische Benutzungsschnittstellen. Die damit verbundene wesentlich einfachere und leichtverständliche Bedienung ermöglicht nun die Nutzung von Computern durch eine sehr breite Gruppe von Anwendern.

Trotz aller Fortschritte in der Softwaretechnologie war die Weiterentwicklung bei der Hardware immer ein Schritt voraus. Gelegentlich wird sogar von einer "Softwarekrise" gesprochenen, weil die Fehlerrate bei Computersystemen heute fast ausschließlich durch Mängel in der Software bestimmt ist. Aus dieser Problematik heraus entstand die Disziplin des sogenannten Software Engineerings, bei dem eine ingenieurmäßige Vorgehensweise bei der Softwareentwicklung verfolgt wird.

## 1.3. Einteilung

Die Informatik ist inzwischen zu einem recht umfangreichen wissenschaftlichen
Gebiet angewachsen, so daß es sich anbietet, sie in Teilbereiche einzuteilen.
Eine solche Einteilung ist jedoch weder als Norm vorhanden, noch sind sich alle
Informatiker global über eine bestimmte Klassifizierung einig. Weit verbreitet ist
jedoch eine Einteilung der Informatik in die Hauptgebiete technische Informatik,
praktische Informatik, theoretische Informatik und angewandte Informatik
[Duden Informatik (1989)], (Abb. 1.6). Die technische, die praktische und die
theoretische Informatik werden dabei häufig auch unter dem Oberbegriff
*Kerninformatik* zusammengefaßt.

| Technische Informatik | Praktische Informatik | Theoretische Informatik | Angewandte Informatik |
|---|---|---|---|
| Entwicklung von Hardware-komponenten<br><br>– Schaltkreise<br>– Schaltnetze<br>– Schaltwerke<br><br>Rechnerorgani-sation und Rechnerarchitektur<br><br>Periphere Geräte und Rechnernetze | Algorithmen und Datenstrukturen<br><br>Programmier-sprachen und Übersetzer<br><br>Programmier-methoden und -Werkzeuge<br><br>Betriebssysteme<br><br>Informations-systeme | Automatentheorie<br><br>Theorie der Berechenbarkeit<br><br>Komplexitätstheorie<br><br>Theorie der formalen Sprachen, formale Semantik<br><br>Programmverifika-tion | Automatisierungs-technik in Konstruktion und Produktion<br><br>Computergraphik und Simulation<br><br>Kaufmännische Datenverarbeitung und Büroautomatisation |

Abb. 1.6: Einteilung der Informatik

Die *technische Informatik* [Schiffmann, W. und Schmitz, R. (1992a,b)] befaßt
sich mit der Konstruktion und dem Aufbau von Computern und den damit
verbundenen Problemen. Schaltkreise, Schaltnetze und Schaltwerke bilden dabei
die Basis für den Entwurf von Rechnerkomponenten wie Speicher und
Prozessoren, die heute oft als hochintegrierte Bausteine mit bis zu einer Million
Transistorfunktionen auf einem einzigen Chip mit einer Grundfläche von
wenigen Quadratmillimetern realisiert werden. Diese Technik wird auch VLSI-
Design genannt, wobei VLSI für die englische Bezeichnung "very large scale
integration" steht. Die technische Informatik beschäftigt sich außerdem mit der
Architektur von Computern und damit beispielsweise mit der Organisation und
Realisierung von Befehlen einerseits und mit ganzen Rechnernetzen und
peripheren Geräten andererseits.

In Analogie zu der im deutschem Sprachraum gebräuchlichen Bezeichnung
der praktischen Mathematik wurde der Begriff der *praktischen Informatik*

geprägt. Ihr Fundament ist die Softwaretechnik. Dabei geht es sowohl um die Lehre von Algorithmen und Datenstrukturen [Wirth, N. (1983)] als auch um konkrete Programmiersprachen und ihre Übersetzer. Für die Konstruktion großer Programmsysteme werden entsprechende Methoden und Entwicklungswerkzeuge bzw. Programmierumgebungen entwickelt. In dieses Teilgebiet der praktischen Informatik gehören auch die Methoden der künstlichen Intelligenz [Winston, P. H. (1987)]. Weitere Teilgebiete der praktischen Informatik sind Informationssysteme und Datenbanken sowie die Betriebssysteme, die im wesentlichen die Ausführung der Programme überwachen und dabei die Ein- und Ausgaben steuern.

In der *theoretischen Informatik* stehen mathematische Methoden und Modelle im Vordergrund. Wesentliche Teilgebiete der theoretischen Informatik sind die Automatentheorie, Theorie der formalen Sprachen, Komplexitätstheorie und Programmverifikation. In der Automatentheorie werden dabei mathematische Modelle für Computerfunktionen erörtert. Im Teilgebiet Berechenbarkeitstheorie werden die Grenzen dessen, was algorithmisch lösbar ist, untersucht, während die Komplexitätstheorie den Aufwand von Berechnungen zum Gegenstand hat. Die Theorie der formalen Sprachen beschäftigt sich mit dem strukturellem Aufbau und den Gesetzmäßigkeiten von Computersprachen und die formale Semantik mit formalen Beschreibungsmethoden über die inhaltliche Bedeutung von Programmiersprachen. Schließlich werden bei der Programmverifikation formale Beweismöglichkeiten für die Korrektheit von Computerprogrammen untersucht.

Während sich die praktische Informatik im wesentlichen mit Programmierumgebungen und Programmiermethoden beschäftigt, steht bei der *angewandten Informatik* der Computer als Werkzeug zur Lösung von Aufgaben in anderen Bereichen, wie Ingenieur- und Naturwissenschaften, Wirtschaft, Verwaltung, Medizin usw., im Vordergrund. Beispiele für große Anwendungsfelder sind im Ingenieurbereich  Methoden und Systeme zur rechnergestützten Konstruktion, Simulation und Fertigung [Abeln, O. (1990)] und im Verwaltungsbereich die kaufmännische Datenverarbeitung [Dworatschek, S. (1989] und Büroautomatisierung. Fragestellungen der Mensch-Maschine-Kommunikation, die geometrische Modellierung [Hagen, H. und Roller, D. (1991)] und Computergraphik [Fellner, W.D. (1992)] sind Gebiete, die sowohl teilweise in den Bereich der praktischen Informatik als auch in die angewandte Informatik fallen.

# 2. Datenrepräsentation

## 2.1. Grundbegriffe

Beim Lösen von Problemen bzw. Verarbeiten von Informationen mit dem Computer kommt neben dem bereits in Kapitel 1 erwähnten Begriff des Algorithmus dem Begriff der Daten eine zentrale Bedeutung zu. In diesem Kapitel steht die Art der Repräsentation von Daten im Computer im Vordergrund. Da Computer heute nicht mehr nur zum Rechnen im engeren Sinne angewandt werden, stellt sich insbesondere die Frage, wie außer Zahlen auch Informationsobjekte anderer Art dargestellt und schließlich verarbeitet werden können.

### 2.1.1. Information, Nachricht, Daten

Unter *Daten* werden in der Informatik allgemein Objekte verstanden, die zu verarbeiten sind. Häufig wird der Begriff der Daten über die Begriffe Nachricht und Information definiert [Bauer, F. L. und Goos, G. (1984)]. Nachricht und Information werden dabei als Grundbegriffe aufgefaßt und ihrerseits nicht weiter formal definiert. Nachrichten und Informationen stehen in einer bestimmten Beziehung zu einander, jedoch nicht in der Form, daß einer Information eindeutig eine Nachricht entspricht. Vielmehr läßt sich eine bestimmte Information i. allg. durch verschiedene Nachrichten übermitteln. Beispiele hierfür wären etwa die gesprochene deutsche Sprache oder die Blindenschrift. Die Beziehung zwischen Information und Nachricht ist von der Gestalt, daß die (abstrakte) Information durch die (konkrete) Nachricht mitgeteilt wird. In diesem Sinne sind Daten Nachrichten mit ihnen zugeordneten Informationen.

Der Begriff der Daten steht üblicherweise im Plural. Falls speziell der Singular ausgedrückt werden soll, wird neben Datum oft auch die Bezeichnung Datenelement benutzt. Typische Beispiele für Daten sind Zahlen und Texte. Beide haben gemeinsam, daß sie aus Zeichen zusammengesetzt sind. So besteht etwa die Zahl *1994* aus "1", "9", "9", "4" und der Text *Karl Müller* aus "K", "a", "r", "l", " ", "M", "ü", "l", "l", "e", "r", wobei strenggenommen die Lücke zwischen Karl und Müller ebenfalls ein Zeichen darstellt (Leerzeichen). Charakteristisch bei der Darstellung von Daten durch Zeichen ist, daß die vorkommenden Zeichen jeweils aus einer bestimmten Zeichenmenge (z.B. Buchstaben aus dem Alphabet) sind. Dieser Sachverhalt wird im folgenden Abschnitt näher betrachtet.

### 2.1.2. Symbole und Alphabete

Bisher wurde der Begriff Zeichen als intuitiv bekannt vorausgesetzt. Es ist noch zu bemerken, daß die Information einer mittels bestimmter Zeichen übertragenen Nachricht von einer festzulegenden Bedeutung der Zeichen abhängt. Die Lehre von Zeichen und ihrer Bedeutung ist Gegenstand der Semiotik. Der Begriff des Zeichens bildet eine Grundlage für weitere Begriffe der Informatik, dem Symbol und des Alphabets, gemäß der folgenden Definition:

**Definition 2.1: Zeichen, Symbol, Alphabet**
Ein *Zeichen* ist ein Element einer endlichen Menge von unterscheidbaren Dingen, dem *Zeichenvorrat*.

Ein *Symbol* ist ein Zeichen zusammen mit seiner Bedeutung.

Ein *Alphabet* ist ein Zeichenvorrat mit einer linearen Ordnung.

Entsprechend der Definition eines Alphabets als Menge wird im folgenden auch die in der Mathematik übliche Notation benutzt, d. h., die Elemente werden innerhalb geschweifter Klammern mit Kommas aneinandergereiht.

**Beispiel 2.1: Alphabete**

| | |
|---|---|
| {a, b, c, ..., z} | Alphabet der Kleinbuchstaben |
| {0, 1, 2, 3, 4, 5, 6, 7, 8, 9} | Alphabet der Dezimalziffern |
| {I, V, X , C, D, L, M} | Alphabet der römischen Zahlzeichen |
| {Januar, Februar, ..., Dezember} | Alphabet der Kalendermonate |

Zu bemerken ist, daß wie bereits im Beispiel 2.1 gezeigt, auch Wörter oder gar Wortfolgen als Symbole möglich sind. Man spricht dann entsprechend auch von einem *Wortvorrat*. Beispiele für Wortvorräte sind etwa Dezimalzahlen oder Namen. Man betrachtet in diesem Falle die Wörter oder Wortfolgen als Symbole und sieht davon ab, daß sie selbst wieder aus einzelnen Zeichen gebildet sind. Worte über einem Wortvorrat können wie im Lexikon angeordnet werden (lexikographische Ordnung).

Von besonderem Interesse ist das kleinste Alphabet, das lediglich aus zwei Zeichen, genannt *Binärzeichen* oder *Bits* (binary digit), besteht. Als Notation wird hierfür üblicherweise 0, 1 gewählt. Diese Zeichen dürfen nicht mit Dezimalzahlen verwechselt werden. Gelegentlich findet man daher auch die Schreibweise O, L. Im Computer wird jegliche Information mittels Binärzeichen dargestellt.

### 2.1.3. Codierung

Obwohl die Kryptographie im Bereich des Datenschutzes durchaus von Interesse ist, geht es bei der folgenden Betrachtung zunächst nicht um eine Verschlüsselung zur Geheimhaltung, sondern um die grundsätzliche Darstellung von Informationen mit bestimmten Zeichen. Ein Code wird wie folgt definiert:

**Definition 2.2: Code**

Ein *Code* ist eine eindeutige Zuordnungsvorschrift (injektive Abbildung) eines Zeichen- oder Wortvorrats in einen anderen Zeichen- oder Wortvorrat.

Die Symbole aller Alphabete lassen sich durch Gruppen von Binärzeichen ausdrücken, wobei mit $N$ Binärzeichen $2^N$ verschiedene Symbole darstellbar sind. Ein derartiger Code wird *Binärcode* genannt. Entsprechend heißen Worte über einem binären Zeichenvorrat *Binärworte*.

Die Beschreibung der Zuordnungsvorschrift kann besonders übersichtlich in Form einer Codetabelle erfolgen.

**Beispiel 2.2: Binärcode**

Abb. 2.1 zeigt eine Codetabelle zur Verschlüsselung des Alphabets der zehn Dezimalziffern in Binärform.

| binär | dezimal |
| --- | --- |
| 0000 | 0 |
| 0001 | 1 |
| 0010 | 2 |
| 0011 | 3 |
| 0100 | 4 |
| 0101 | 5 |
| 0110 | 6 |
| 0111 | 7 |
| 1000 | 8 |
| 1001 | 9 |

Abb. 2.1: Binärcodierung der zehn Dezimalziffern

| Binär | | Binär | | Binär | | Binär | |
|---|---|---|---|---|---|---|---|
| 000 0000 | NUL | 010 0000 | SP | 100 0000 | @ | 110 0000 | |
| 000 0001 | SOH | 010 0001 | ! | 100 0001 | A | 110 0001 | a |
| 000 0010 | STX | 010 0010 | " | 100 0010 | B | 110 0010 | b |
| 000 0011 | ETX | 010 0011 | # | 100 0011 | C | 110 0011 | c |
| 000 0100 | EOT | 010 0100 | $ | 100 0100 | D | 110 0100 | d |
| 000 0101 | ENQ | 010 0101 | % | 100 0101 | E | 110 0101 | e |
| 000 0110 | ACK | 010 0110 | & | 100 0110 | F | 110 0110 | f |
| 000 0111 | BEL | 010 0111 | ' | 100 0111 | G | 110 0111 | g |
| 000 1000 | BS | 010 1000 | ( | 100 1000 | H | 110 1000 | h |
| 000 1001 | HT | 010 1001 | ) | 100 1001 | I | 110 1001 | i |
| 000 1010 | LF | 010 1010 | * | 100 1010 | J | 110 1010 | j |
| 000 1011 | VT | 010 1011 | + | 100 1011 | K | 110 1011 | k |
| 000 1100 | FF | 010 1100 | , | 100 1100 | L | 110 1100 | l |
| 000 1101 | CR | 010 1101 | - | 100 1101 | M | 110 1101 | m |
| 000 1110 | SO | 010 1110 | . | 100 1110 | N | 110 1110 | n |
| 000 1111 | SI | 010 1111 | / | 100 1111 | O | 110 1111 | o |
| 001 0000 | DLE | 011 0000 | 0 | 101 0000 | P | 111 0000 | p |
| 001 0001 | DC1 | 011 0001 | 1 | 101 0001 | Q | 111 0001 | q |
| 001 0010 | DC2 | 011 0010 | 2 | 101 0010 | R | 111 0010 | r |
| 001 0011 | DC3 | 011 0011 | 3 | 101 0011 | S | 111 0011 | s |
| 001 0100 | DC4 | 011 0100 | 4 | 101 0100 | T | 111 0100 | t |
| 001 0101 | NAK | 011 0101 | 5 | 101 0101 | U | 111 0101 | u |
| 001 0110 | SYN | 011 0110 | 6 | 101 0110 | V | 111 0110 | v |
| 001 0111 | ETB | 011 0111 | 7 | 101 0111 | W | 111 0111 | w |
| 001 1000 | CAN | 011 1000 | 8 | 101 1000 | X | 111 1000 | x |
| 001 1001 | EM | 011 1001 | 9 | 101 1001 | Y | 111 1001 | y |
| 001 1010 | SUB | 011 1010 | : | 101 1010 | Z | 111 1010 | z |
| 001 1011 | ESC | 011 1011 | ; | 101 1011 | [ | 111 1011 | { |
| 001 1100 | FS | 011 1100 | < | 101 1100 | \ | 111 1100 | l |
| 001 1101 | GS | 011 1101 | = | 101 1101 | ] | 111 1101 | } |
| 001 1110 | RS | 011 1110 | > | 101 1110 | ^ | 111 1110 | ~ |
| 001 1111 | US | 011 1111 | ? | 101 1111 | _ | 111 1111 | DEL |

Abb. 2.2: Codetabelle für ASCII-Zeichensatz

Zur Verschlüsselung der zehn Dezimalziffern reichen vier Bits aus. Häufig sind jedoch auch Buchstaben und eventuell noch Sonderzeichen zu verschlüsseln. Bereits mit sieben Bits lassen sich beispielsweise $2^7 = 128$ Zeichen binär codieren. Ein seit 1968 international genormter und in Deutschland als DIN 66003 festgelegter 7-Bit-Code ist der ASCII-Code. ASCII steht dabei für die Amerikanische Referenz und ist eine Abkürzung für American Standard Code for Information Interchange. Abb. 2.2 zeigt die Verschlüsselungstabelle für den ASCII-Code. Wie aus dieser Tabelle ersichtlich ist, sind neben Ziffern, Kleinbuchstaben und Großbuchstaben eine ganze Reihe von Sonderzeichen mitberücksichtigt. Ein Teil dieser Sonderzeichen sind sogenannte Steuerzeichen. Sie sind in der Tabelle von Abb. 2.2 durch eine Buchstabensequenz symbolisiert. In Abb. 2.3 ist die Bedeutung der ASCII-Steuerzeichen zusammengestellt.

| Steuer-zeichen | Bedeutung | Steuer-zeichen | Bedeutung |
| --- | --- | --- | --- |
| NUL | NULL value | DLE | Data Link Escape |
| SOH | Start Of Heading | DC | Device Control |
| STX | Start of TeXt | NAK | Negative AcKnowledge |
| ETX | End of TeXt | SYN | SYNchronous Idle |
| EOT | End Of Transmission | ETB | End of Transmission Block |
| ENQ | ENQuiry | CAN | CANcel |
| ACK | ACKnowledge | EM | End of Medium |
| BEL | BELL | SUB | SUBstitute Charakter |
| BS | BackSpace | ESC | ESCape |
| HT | Horizontal Tabulation | FS | File Separator |
| LF | Line Feed | GS | Group Separator |
| VT | Vertical Tabulation | RS | Record Separator |
| FF | Form Feed | US | Unit Separator |
| CR | Carriage Return | SP | SPace |
| SO | Shift-Out | DEL | DELete (rub out) |
| SI | Shift-In | | |

Abb. 2.3: ASCII-Steuerzeichen

Bei der Definition eines Codes wurde nicht vorausgesetzt, daß die Abbildung eines Zeichenvorrats in Form von Codeworten fester Länge zu erfolgen hat. Ein bekanntes Beispiel für einen Binärcode mit variabler Länge von Codeworten ist die Verschlüsselung von Buchstaben in das Morsealphabet (vgl. Abb. 2.4). Da beim Interpretieren eines Codes mit verschieden langen Codeworten nicht von vornherein bekannt ist, wann ein neues Zeichen beginnt, sind spezielle Vorkehrungen zu treffen. Eine Möglichkeit hierfür ist die Einführung von speziellen Sonderzeichen, sogenannten Fluchtsymbolen, die jeweils das Ende eines Codewortes markieren. Eine andere Lösung  ist die Einhaltung der auf R. M. Fano zurückgehenden Bedingung, daß kein Wort aus dem Code identisch mit dem Anfang eines anderen Wortes desselben Codes ist. Beim Morsecode ist die Decodierung beispielsweise durch spezielle Lücken zwischen den Codeworten sichergestellt.

| Buchstabe | Zeichen | Buchstabe | Zeichen | Buchstabe | Zeichen |
|:---:|:---:|:---:|:---:|:---:|:---:|
| a | · − | k | − · − | u | · · − |
| b | − · · · | l | · − · · | v | · · · − |
| c | − · − · | m | − − | w | · − − |
| d | − · · | n | − · | x | − · · − |
| e | · | o | − − − | y | − · − − |
| f | · · − · | p | · − − · | z | − − · · |
| g | − − · | q | − − · − | ch | − − − − |
| h | · · · · | r | · − · | ä | · − · − |
| i | · · | s | · · · | ö | − − − · |
| j | · − − − | t | − | ü | · · − − |

Abb. 2.4: Morsealphabet

## 2.2.  Binärcodierte Daten

Nachdem die Informationsdarstellung im Computer praktisch ausschließlich in
Binärform erfolgt, wird in diesem Abschnitt speziell die Umsetzung von Daten
in eine binärcodierte Form betrachtet.

### 2.2.1.  Diskretisierung und Digitalisierung

Häufig liegen bei praktischen Problemen Daten in Form einer *analogen Darstellung* vor, so daß sie nicht unmittelbar durch eine endliche Anzahl von Zeichen
repräsentiert werden können. Abb. 2.5 zeigt dies am Beispiel eines Tiefpasses,
bei dem die Ausgangsspannung mit zunehmender Frequenz abfällt. Zunächst ist
hier der Spannungsverlauf über einem Kontinuum von Frequenzen dargestellt.
Zur Codierung ist daher eine *Diskretisierung* notwendig, das heißt, eine Umsetzung in diskrete relevante Frequenzwerte. Aus dieser diskretisierten Darstellung
ergibt sich schließlich eine *digitale Darstellung*, indem zur Beschreibung endlich
viele Zahlen (digits) benutzt werden.

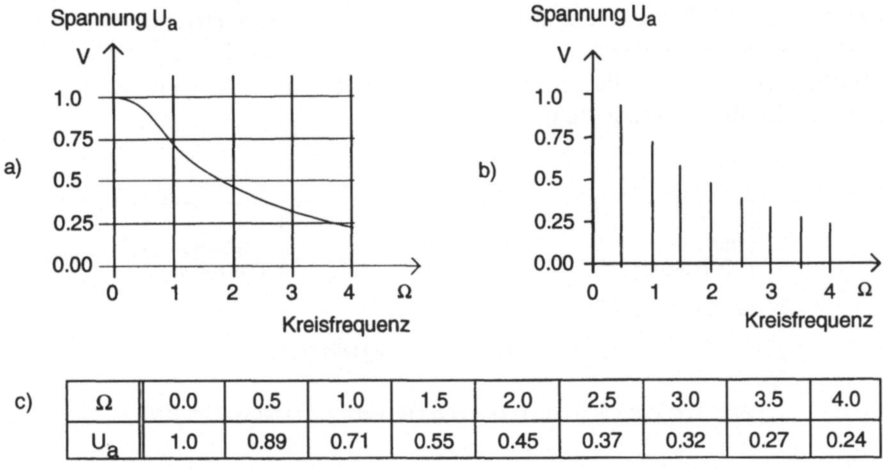

| $\Omega$ | 0.0 | 0.5 | 1.0 | 1.5 | 2.0 | 2.5 | 3.0 | 3.5 | 4.0 |
|---|---|---|---|---|---|---|---|---|---|
| $U_a$ | 1.0 | 0.89 | 0.71 | 0.55 | 0.45 | 0.37 | 0.32 | 0.27 | 0.24 |

Abb. 2.5:  Tiefpaßverhalten, a) analoge Darstellung, b) diskretisierte Darstellung und c) digitalisierte Darstellung

Eine entsprechende Situation findet man bei der Umsetzung von Bildern in eine digitalisierte Darstellung vor. Abb. 2.6 verdeutlicht dies am Beispiel eines Schriftzeichens "A", das in gedruckter oder geschriebener Form in schwarz auf weiß vorliegt. In der Stufe der Diskretisierung wird das Bild bzw. die Vorlage in eine feste Anzahl von kleinen Bildbereichen eingeteilt (häufig Pixels genannt, vom englischen Picture Elements abstammend), die als schwarz oder weiß betrachtet werden. Durch die Beschreibung der diskreten Bildbereiche mit Zahlen (z. B. 0 und 1) entsteht schließlich eine digitalisierte Darstellung des Bildes. In technischen Geräten könnte diese Umsetzung dadurch erfolgen, daß über eine Matrix von Photodioden Helligkeitswerte bestimmt werden und über einen Schwellenwertvergleich jeweils auf "0" oder "1" gesetzt werden.

Abb. 2.6: Darstellungsarten eines Bildes

Abb. 2.7 zeigt nochmals allgemein den Zusammenhang der Begriffe analoge Darstellung, diskretisierte Darstellung und digitalisierte Darstellung von Daten.

Die analoge und diskretisierte Darstellung sind durch geometrische oder physikalische Größen charakterisiert, wobei zur diskretisierten Darstellung endliche Wertebereiche dienen. Die digitalisierte Darstellung ist eine codierte, symbolhafte Beschreibung mittels Zahlen.

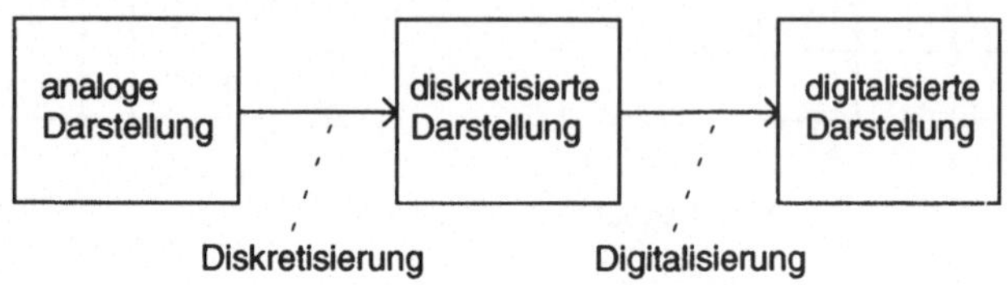


Abb. 2.7: Zusammenhang der Begriffe analog, diskretisiert, digital

## 2.2.2. Darstellung von Binärzeichen

Wie bereits gesagt, erfolgt im Computer die Darstellung aller Information, d. h. von Zahlen sowie anderen Zeichen, in binärcodierter Form. Bei der Zahldarstellung mit Binärzeichen spricht man von Dualzahlen. Die Verwendung der Binärcodierung im Computer hat zwei wesentliche Vorteile:

1. Die Darstellung ist sehr einfach zu realisieren. So können beispielsweise die Binärzeichen *0* und *1* in elektronischen Schaltkreisen durch die Charakterisierung *Spannung* oder *keine Spannung* dargestellt werden. Beim Magnetspeicher dient als Kriterium *positive* oder *negative Magnetisierung* und bei der Datenübertragung mit Frequenzmodulation die Unterscheidung zwischen einer *Frequenz 1* und einer *Frequenz 2* als Kriterium für die Darstellung von *0* und *1*.

2. Für das Rechnen mit Dualzahlen stehen mächtige Hilfsmittel zur Verfügung. Beispiele sind etwa die Formale Logik und daraus die Boolesche Algebra, die als Grundlage der Schaltalgebra dient und damit schließlich den Entwurf ganzer Rechenwerke mittels elektronischer Schaltkreise unterstützt.

Es ist weiterhin unmittelbar einzusehen, daß zweiwertige Zustände wesentlich störsicherer realisiert werden können als beispielsweise eine Darstellung mit Zehnerabstufung. Im Falle der Einteilung eines Spannungsbereichs von 5 Volt könnte etwa der Bereich 0 bis 2 Volt das Binärzeichen 0 repräsentieren und der Bereich 3 bis 5 Volt das Binärzeichen 1. In diesem Falle wäre allein der Sicherheitsabstand von einem Volt zwischen den beiden Bereichen größer als die einzelnen Bereiche, die bei einer Zehnerabstufung gewählt werden könnten.

Eine Codierung von Daten ist überdies auf jeden Fall notwendig, da ja außer Zahlen auch andere Symbole im Computer darstellbar sein müssen.

## 2.3. Zahlensysteme

Die für uns zunächst gewohnte Zahldarstellung ist die Darstellung im Dezimalsystem. Andererseits werden im Computer, wie im Kapitel 2.2 besprochen, Zahlen in Binärform repräsentiert. Da nun die Ein- und Ausgabe von Zahlen in der uns vertrauten Form gewünscht ist, stellt sich die Frage nach der Umrechnung zwischen verschiedenen Zahlensystemen.

### 2.3.1. Polyadische Zahlensysteme

Das Dezimalsystem ist ein Stellenwertsystem und gehört zur allgemeinen Klasse der polyadischen Zahlensysteme. In einem polyadischen Zahlensystem wird eine Zahl $n$ dargestellt in der Form

$$n = \sum_{i=0}^{N} b_i \cdot B^i \quad \text{mit } b_i, B \in \mathbb{N} \cup \{0\}, \; B \geq 2.$$

Die Terme $b_i$ sind Symbole für natürliche Zahlen, einschließlich der Null und heißen *Ziffern*. $B$ wird *Basis* des Zahlensystems genannt. Im Falle von $B=10$ spricht man vom *Dezimalsystem*, bei $B=8$ vom *Oktalsystem*, bei $B=2$ vom Dualsystem und bei $B=16$ vom *Hexadezimal-* oder auch *Sedezimalsystem*. Im letzteren Falle werden offensichtlich 16 verschiedene Ziffern benötigt. Häufig benutzt man hierfür die Symbole 0, 1, ..., 9, A, B, C, D, E, F als Ziffern. Allgemein übliche Konventionen bei der Darstellung von Zahlen in einem polyadischen Zahlensystem sind

1. das Weglassen von führenden Nullen und
2. keine Kennzeichnung der Basis.

Soweit eine Verwechslungsgefahr bezüglich der Basis besteht, wird die Zahl eingeklammert und auf der rechten Seite tiefergestellt die Basis angegeben.

Eine andere Darstellung erhält man durch Anwendung des Hornerschemas wie folgt:

$$n = (...( (b_N B + b_{N-1}) B + b_{N-2}) B + ... b_1) B + b_0$$

Dieser Ausdruck entsteht durch fortgesetztes Ausklammern von $B$ und liegt dem im folgenden Abschnitt angegebenen Verfahren zur Umrechnung zwischen Zahldarstellungen zugrunde.

## 2.3.2. Umrechnungen zwischen Zahlensystemen

Häufig ist es notwendig, eine Zahl, die in einem bestimmten Zahlensystem gegeben ist, in eine Darstellung eines anderen Zahlensystems umzurechnen. Wenn beispielsweise Zahlen im Dezimalsystem über die Tastatur in den Computer eingegeben werden, müssen diese zur Verarbeitung in Dualzahlen umgerechnet werden. Umgekehrt kommt es vor, daß ein Programmierer bei der Fehlersuche den Inhalt eines Speicherbereichs interpretieren muß und dabei Zahlen zunächst nur im Dualsystem vorfindet.

Während die Konversion von einem beliebigen polyadischen Zahlensystem in das Dezimalsystem einfach durch Anwenden der in Kapitel 2.3.1 angegebenen Summenformel durchgeführt wird, kann die Umrechnung einer im Dezimalsystem vorliegenden Zahl in die Darstellung mit einer anderen Basis nach folgendem Schema erfolgen:

$$
\begin{aligned}
z\,/\,B &= q_0 + r_0 \\
q_0\,/\,B &= q_1 + r_1 \\
q_1\,/\,B &= q_2 + r_2 \qquad \text{Zahldarstellung mit Basis B} \\
\ldots & \qquad \ldots \\
q_{N-1}\,/\,B &= 0 + r_N
\end{aligned}
$$

Die Ziffern $b_i$ der Zahldarstellung mit der Basis B ergeben sich dabei als Reste einer fortgesetzten ganzzahligen Division durch die Basis. Zu beachten ist dabei, daß der erste Rest die niederwertigste Ziffer darstellt.

**Beispiel 2.3: Konversion vom Dezimal- ins Dualsystem**

Die Konversion der Zahl $(19)_{10}$ ins Dualsystem wird in folgenden Schritten gebildet:

$$
\begin{aligned}
19 : 2 &= 9 \qquad \text{Rest} \quad 1 \quad (2^0) \\
9 : 2 &= 4 \qquad\qquad\quad 1 \quad (2^1) \\
4 : 2 &= 2 \qquad\qquad\quad 0 \quad (2^2) \\
2 : 2 &= 1 \qquad\qquad\quad 0 \quad (2^3) \\
1 : 2 &= 0 \qquad\qquad\quad 1 \quad (2^4)
\end{aligned}
$$

Ergebnis: $(19)_{10} = (10011)_2$

Für Zahlen in einer Darstellung mit einer Basis, die eine Zweierpotenz ist, kann die Bestimmung der zugehörigen Dualzahl durch Direktcodierung der $b_i$ erfolgen, also in Form einer ziffernweisen Codierung.

**Beispiel 2.4: Konversion vom Oktal- ins Dualsystem**

$(162)_8 = 001\ 110\ 010$

Probe:

$$(001\ 110\ 010)_2 = 0 \cdot 2^0 + 1 \cdot 2^1 + 0 \cdot 2^2 + 0 \cdot 2^3 + 1 \cdot 2^4 + 1 \cdot 2^5 + 1 \cdot 2^6$$
$$= 0 + 2 + 0 + 0 + 16 + 32 + 64 = 114$$
$$(162)_8 = 2 \cdot 8^0 + 6 \cdot 8^1 + 1 \cdot 8^2$$
$$= 2 + 48 + 64 = 114$$

| 2 | 8 | 10 | 16 |
|---|---|---|---|
| 0 | 0 | 0 | 0 |
| 1 | 1 | 1 | 1 |
| 10 | 2 | 2 | 2 |
| 11 | 3 | 3 | 3 |
| 100 | 4 | 4 | 4 |
| 101 | 5 | 5 | 5 |
| 110 | 6 | 6 | 6 |
| 111 | 7 | 7 | 7 |
| 1000 | 10 | 8 | 8 |
| 1001 | 11 | 9 | 9 |
| 1010 | 12 | 10 | A |
| 1011 | 13 | 11 | B |
| 1100 | 14 | 12 | C |
| 1101 | 15 | 13 | D |
| 1110 | 16 | 14 | E |
| 1111 | 17 | 15 | F |
| 10000 | 20 | 16 | 10 |
| 10001 | 21 | 17 | 11 |
| 10010 | 22 | 18 | 12 |
| 10011 | 23 | 19 | 13 |
| 10100 | 24 | 20 | 14 |

Abb. 2.8: Darstellung von Zahlen in verschiedenen polyadischen Systemen

In Abb. 2.8 sind die Dezimalzahlen 0 bis 20 in verschiedenen Zahlensystemen einander gegenübergestellt.

## 2.4.  Zahlen- und Informationsdarstellung im Rechner

Wie bereits besprochen, erfolgt die Darstellung von Daten im Rechner stets in binärer Form. Man unterscheidet dabei verschiedene Datentypen. Zu den grundlegenden Datentypen zählen Zeichen, natürliche Zahlen, ganze Zahlen, Gleitkommazahlen und boolesche Größen. Im folgenden wird gezeigt, wie diese elementaren Datentypen im Computer in Binärform repräsentiert werden können.

### 2.4.1. Zeichen

Zeichen werden zumeist verwendet, um Texte darzustellen. Ein Text ist dann eine Folge von Zeichen eines Alphabets. Fragen, die sich in diesem Zusammenhang stellen, sind:

—  Wieviel Binärzeichen sind nötig um verschiedene Zeichen darzustellen?
—  Welche Codierung wird gewählt?

Grundsätzlich können mit $n$ Bits $2^n$ verschiedene Zeichen dargestellt werden. Üblicherweise werden heute 8-Bit-Codes zur Zeichenverschlüsselung verwendet. Damit lassen sich $2^8 = 256$ verschiedene Zeichen repräsentieren. Diese 8 Bit, die ein Zeichen darstellen, entsprechen einem Byte.

Ein 7-Bit-Code, wie etwa der in Abb. 2.2 angegebene ASCII-Code, kann durch Ergänzung eines Prüfbits auf 8 Bit erweitert werden. Ein mögliche Wahl zur Festlegung des Prüfbits ist, dieses so zu setzen, daß die Quersumme der 8 Bits (als Zahlen 0 und 1 interpretiert) eine gerade Zahl ergibt. Man nennt diese Vorgehensweise *parity check*. Ein solches Prüfbit kann zur Erkennung von Fehlern bei der Datenübertragung dienen. Dazu wird beim Empfangen der Daten jedes Byte auf seine Quersumme hin überprüft. Falls bei der Übertragung eine Binärstelle gestört, das heißt verfälscht wurde, wird dies durch Auswertung der Quersumme erkannt, da diese dann nicht mehr gerade ist.

Organisatorisch werden im Computer mehrere Bytes in einem sogenannten *Wort*, auch *Maschinenwort* genannt, zusammengefaßt. Daher kann ein Maschinenwort auch mehrere Zeichen enthalten. Ein Wort besteht dabei aus genau der Anzahl von Bits, die im Computer, zum Beispiel im Rechenwerk, gleichzeitig bearbeitet werden können. Meist ist ein Wort auch parallel, das heißt als Einheit, transportierbar. Bei heutigen Mikrocomputern sind 32 Bit als Wortbreite üblich.

### 2.4.2 Natürliche Zahlen

Natürliche Zahlen werden als Dualzahl mit fester Stellenzahl dargestellt. Das heißt, im Gegensatz zur üblichen Schreibweise werden dabei auch führende Nullen beibehalten. Typischerweise wird eine natürliche Zahl in einem Wort gespeichert. Für Anwendungen, die besonders große natürliche Zahlen erfordern, werden in manchen Implementierungen auch zwei (gekoppelte) Worte für die Darstellung einer natürlichen Zahl verwendet. Die Null wird heute in der Mathematik häufig zu den natürlichen Zahlen gezählt, und auch bei der Darstellung von natürlichen Zahlen im Rechner ist sie gewöhnlich inbegriffen.

### 2.4.3. Ganze Zahlen

Bei den ganzen Zahlen geht es im wesentlichen darum, sowohl positive als auch negative Zahlen, einschließlich der Null, darzustellen. Eine Möglichkeit hierzu ist die in der Mathematik übliche Weise durch Voranstellen eines Vorzeichens in der Form

$$VZ \, |n|,$$

wobei $VZ$ das Vorzeichen bedeutet und $|n|$ der Absolutbetrag der Zahl ist. Diese Repräsentationsform ist grundsätzlich auch im Computer möglich, erfordert aber

1. eine gesonderte Vorzeichenrechnung und
2. ein Rechenwerk, welches sowohl addieren als auch subtrahieren kann.

Eine andere Möglichkeit besteht darin, die Subtraktion auf eine Addition zurückzuführen. Dies erfolgt durch das Verfahren der sogenannten *Komplementbildung* auf folgende Weise:

$$a - b = a + \bar{b} - C$$

wobei

$$\bar{b} := C - b.$$

Man nennt $\bar{b}$ das Komplement von $b$ zu $C$. Einen Vorteil bringt diese Vorgehensweise natürlich nur dann, wenn sowohl die Komplementbildung als auch die Subtraktion von $C$ einfach möglich ist. Dies führt zur Frage der Wahl von $C$. Hierzu jedoch zunächst eine Vorbemerkung: Wenn $N$ Binärstellen zur Verfügung stehen und nur positive Zahlen einschließlich der Null darzustellen sind, ist die größte darstellbare Zahl $2^N - 1$. Der Term -1 ergibt sich dabei aus dem Einschluß der Null. Je nach Wahl von $C$ erhält man folgende zwei gebräuchliche Darstellungen für ganze Zahlen:

1. *(B-1)-Komplementdarstellung*: Im folgenden wird die Wahl $C = 2^N - 1$ betrachtet. Man nennt die Zahldarstellung auf dieser Basis kurz (B-1) - Komplementdarstellung. Die Komplementbildung, das heißt, Subtraktion $C - b$ kann hier sehr einfach durch stellenweises Invertieren erfolgen. Dies

kommt daher, daß bei $C$ alle Ziffern 1 sind und daher die Ziffern von $b$ höchstens kleiner oder gleich sein können. Die Subtraktion von $C$ regelt sich allerdings nicht von selbst. Sie wird dadurch bewerkstelligt, daß, falls bei der Addition $a + \bar{b}$ eine Eins an der (eigentlich nicht existierenden) Stelle $N+1$ auftritt, noch 1 zum bisherigen Ergebnis addiert wird.

2. *B-Komplementdarstellung*: Die Wahl $C = 2^N$ führt zur sogenannten B-Komplementdarstellung. In diesem Falle ist die Subtraktion von $C$ besonders einfach, da nichts auszuführen ist. Alle relevanten Stellen von $C$ sind nämlich 0 und die Stelle N+1 liegt nicht mehr im betrachteten Bereich. Die Bildung des B-Komplements erfolgt in zwei Schritten. Zuerst werden alle Stellen von $b$ invertiert, im zweiten Schritt 1 addiert.

Um die Addition und die Subtraktion gleichartig ausführen zu können, wird die Hälfte der $2^N$ N-Tupel zu negativen Zahlen (Komplementen) erklärt. Abb. 2.9 zeigt die Anordnung von negativen und positiven Zahlen für die (B-1)-Komplementdarstellung und die B-Komplementdarstellung in einem ringförmigen Schema. Tatsächlich bilden diese Zahlenmengen auch eine Ringstruktur im algebraischen Sinne.

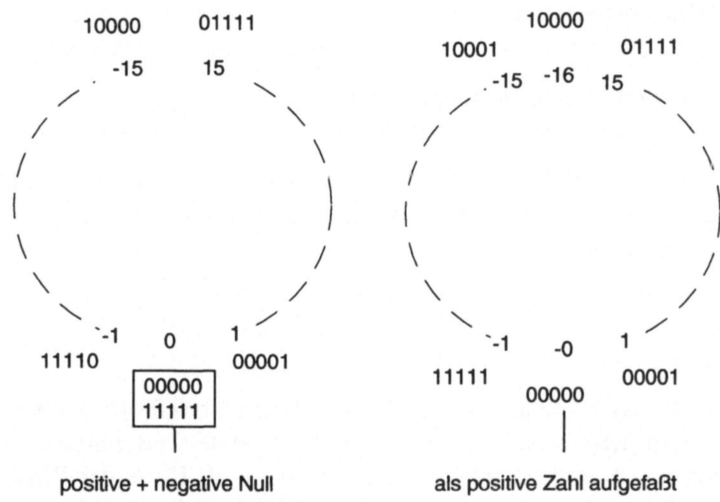


Abb. 2.9: Zahlenring für (B-1)-Komplementdarstellung (links) und B-Komplementdarstellung (rechts)

Bei der B-Komplementdarstellung fällt auf, daß sie unsymmetrisch ist. Die Anzahl der negativen Zahlen ist $2^{N-1}$, während nur $2^{N-1} - 1$ positive Zahlen zur Verfügung stehen. Der Zahlenring für (B-1) - Komplementdarstellung ist hingegen symmetrisch. Alle Ringelemente mit 0 als erster Ziffer sind positive Zahlen.

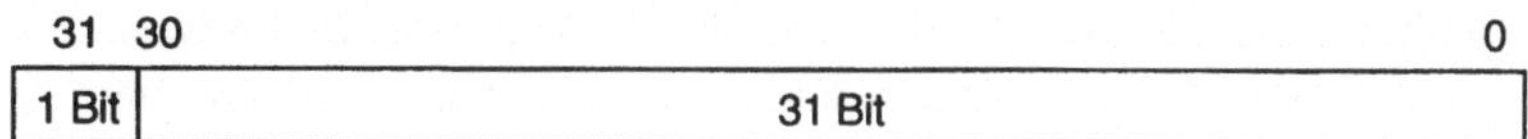


Abb. 2.10: Ganze Zahl im 32-Bit-Maschinenwort

In der Praxis ist sowohl die (B-1)-Komplementdarstellung als auch die B-Komplementdarstellung verbreitet. In Abb. 2.10 ist schematisch dargestellt, wie letztlich eine ganze Zahl in einem Maschinenwort am Beispiel einer 32-Bit-Architektur untergebracht ist.

Abb. 2.11 zeigt die größte und kleinste Zahl, sowie 0 und 1 am Beispiel der B-Komplementdarstellung in 32-Bit-Maschinenworten.

| VZ | Betrag | | | | Bedeutung |
|----|--------|--------|--------|--------|-----------|
| 0 | 0000000 | 00000000 | 00000000 | 00000000 | 0 |
| 0 | 0000000 | 00000000 | 00000000 | 00000001 | 1 |
| 1 | 1111111 | 11111111 | 11111111 | 11111111 | $-1$    $(2^{32}-2^{0})$ |
| 0 | 1111111 | 11111111 | 11111111 | 11111111 | $2^{31}-1$    größte Zahl |
| 1 | 0000000 | 00000000 | 00000000 | 00000000 | $2^{32}-2^{31}$    kleinste Zahl |

Abb. 2.11: Darstellung ganzer Zahlen bei 32-Bit-Wortlänge (negative Zahlen mit B-Komplement)

### 2.4.4. Gleitkommazahlen

Die Wortlänge begrenzt den darstellbaren Zahlenbereich im Rechner. Daran ändert sich prinzipiell auch nichts, wenn zur Zahldarstellung Doppelworte verwendet werden. Die Frage stellt sich aber, wie einerseits betragsmäßig sehr große Zahlen und andererseits vom Betrag her besonders kleine Zahlen mit der benötigten Genauigkeit dargestellt werden können. Dabei erscheint ein absoluter Fehler von 1 bei $10^{100}$ gering, während er für kleine Zahlen schnell untragbar groß wird. Auf einen endlich großen Speicher lassen sich grundsätzlich nur endlich viele Symbole abbilden. Es gibt aber beispielsweise unendlich viele echte Brüche, und nur endlich viele davon lassen sich exakt darstellen, wie immer man die Beschreibung wählt. Eine Lösung hierfür ist eine *halblogarithmische Darstellung,* die sich aus der Form

$$x = M \cdot B^{e}$$

ergibt, wobei $x$ die darzustellende Zahl, $M$ die Mantisse, $B$ die Basis und $e$ der Exponent ist. Die Mantisse $M$ ist dabei eine rationale Zahl aus dem einseitig offenen Intervall [ 0, 1[, und der Exponent $e$ eine ganze Zahl. Die halblogarithmische Darstellung erfolgt nun dadurch, daß vom Term $B^e$ der Logarithmus genommen wird. In der Schreibweise wird dies durch ein vorangestelltes "E" ausgedrückt, also $x = M \, E \, e$.

**Beispiel 2.5: Halblogarithmische Zahldarstellungen**

$$0.000123 \quad = 0.123 \quad\quad \cdot 10^{-3} \quad = 0.123 \quad\quad \text{E-3}$$
$$3.14159 \quad = 0.314159 \quad \cdot 10^{1} \quad = 0.314159 \quad \text{E1}$$
$$2340000 \quad = 0.234 \quad\quad \cdot 10^{8} \quad = 0.1234 \quad\quad \text{E8}$$

Im Rechner erfolgt die Repräsentation natürlich durch Dualzahlen. Man nennt diese Darstellung die *Gleitkommadarstellung* von Zahlen. Es ist zu bemerken, daß dabei einfache Dezimalbrüche oft periodische Dualbrüche ergeben.

**Beispiel 2.6: Periodischer Dualbruch**

$0.1_{\text{dezimal}} = 0.000\,110\,011..._{\text{dual}}$ mit der Periode 0011

Im folgenden soll die Handhabung negativer Exponenten betrachtet werden. Dazu sind zwei Möglichkeiten gebräuchlich:

1. Die Komplementdarstellung
2. Anstelle des Exponenten die Verwendung einer abgeleiteten Größe, der sogenannten Charakteristik

Der Zusammenhang zwischen Exponent und Charakteristik ist folgendermaßen definiert:

**Definition 2.3: Charakteristik**

Es sei E:= Anzahl der Stellen des Exponents. Dann ist die *Charakteristik* CH bestimmt durch $\text{CH}: = e + \frac{1}{2} B^{E}$

Für den Fall $B = 2$ läßt sich die Charakteristik ausdrücken durch

$$\text{CH} = e + 2^{E-1}.$$

Abb. 2.12 zeigt das Schema der Darstellung einer Gleitkommazahl mittels der Charakteristik, wobei die Mantisse durch Vorzeichen und Betrag dargestellt ist.

| VZ | Betrag der Mantisse | Charakteristik |
|---|---|---|

Abb. 2.12: Gleitkommadarstellung mit Charakteristik

**Beispiel 2.7: Zahlendarstellungen mit Charakteristik**

1. $B = 10$, $E = 2$:
   Damit sind maximal 99 + 1 Zahlen im Exponenten darstellbar (z.B. 50 negative, 49 positive und die Null)

   $CH = e + 1/2 \cdot 10^2 = e + 50$.

   Daraus folgt, daß für einen Exponenten von -50 bis +49 die Charakteristik die Werte 0 bis 99 annimmt.

2. $B = 2$, $E = 5$:
   Die maximale Anzahl darstellbarer Zahlen als Exponent ist damit $2^5 = 32$ (inklusive 0). Es sei $e \in [-16, + 15]$. Die Charakteristik ergibt sich dann zu $CH = e + 2^4 = e + 16$.

Beim Rechnen mit Gleikommazahlen ist zu beachten, daß bei der Addition und Subtraktion von Zahlen eine Anpassung des Exponenten bzw. der Charakteristik erforderlich ist. Dabei sind beide Zahlen in ihrer Darstellung auf den betragsmäßig größten der beiden Exponenten zu bringen. Bei der Multiplikation und der Division können die Mantissen unmittelbar bearbeitet werden, allerdings sind hier entsprechend den Rechengesetzen, Exponent bzw. Charakteristik mit zu verarbeiten.

Die Darstellung von Gleitkommazahlen im Rechner erfolgt üblicherweise in zwei gekoppelten Maschinenworten (Doppelworten). Man spricht daher auch von einem Rechnen mit doppelter Genauigkeit. Der Aufwand beim Rechnen mit Gleitkommazahlen ist deutlich höher als beim Rechnen mit ganzen Zahlen. Ein übliches Maß für die Leistungsangabe eines Computers bezüglich Rechnungen mit Gleitkommazahlen sind sogenannte *MFlops* (Megaflops). Diese Einheit stammt aus dem Englischen und entspricht einer Abkürzung für "millions of floating point operations per second".


## 2.4.5. Boolesche Daten

Neben Zahlen und Zeichen sind boolesche Daten ein weiterer elementarer Datentyp. Die Namensgebung dieses Datentyps erfolgte zu Ehren des englischen Mathematikers und Begründers der Aussagenlogik George Boole (1815-1864). Boolesche Werte dienen zur Kennzeichnung von Aussagen, die wahr oder falsch sein können. Hierzu gehören insbesondere mathematische Relationen wie Größer/Kleiner-Beziehungen und Gleichheit. Auf boolesche Daten sind Operationen der Aussagenlogik, so zum Beispiel Negation, Konjunktion (UND-Verknüpfung) und Disjunktion (ODER-Verknüpfung) anwendbar. Der Wertebereich von booleschen Daten besteht aus den Werten *true* und *false*, die jeweils angeben, ob eine Aussage wahr oder falsch ist.

**Beispiel 2.8: Boolesche Daten**

Die Aussage "Es gibt nur weiße Schwäne" hat den Wahrheitswert *false,*

die Relation 0 < 1 hat den Wahrheitswert *true,*

die Relation 1 < 0 hat den Wahrheitswert *false,*

die Relation x = 1 hat den Wahrheitswert *true*, wenn x gleich eins ist und den Wahrheitswert *false*, wenn x nicht gleich eins ist.

## 2.5. Speicherorganisation

### 2.5.1. Die Speicherung binärcodierter Daten

Nachdem in den vorangegangenen Abschnitten die Codierung von Informationen in Binärform besprochen wurde, soll jetzt aufgezeigt werden, wie die Speicherung von Daten im Arbeitsspeicher organisiert ist. Der Arbeitsspeicher ist ein Speicher im Computer, in dem sowohl Programme als auch die Daten gespeichert werden. Abstrakt gesehen handelt es sich um eine lineare Anordnung von binären Speicherelementen, wobei jedes Speicherelement ein Bit speichert, das heißt, den Wert 0 oder 1 annehmen kann.

Die kleinste adressierbare Einheit ist eine Speicherzelle . Sie besteht in der Regel aus acht konsekutiven Speicherelementen, die ein *Byte* darstellen. Eine Speicherzelle kann damit ein Zeichen oder bis zu acht boolesche Daten aufnehmen. Eine bestimmte Anzahl von Byte wird zu einem Wort zusammengefaßt. Im Falle von 32-Bit-Computern, das heißt, Rechnern, die 32 Bit als eine Einheit verarbeiten können, besteht ein Wort aus vier Byte. In einem Wort kann beispielsweise eine ganze Zahl oder mehrere Zeichen gespeichert sein. Die Speicherkapazität bzw. die Menge an Daten, die ein Speicher aufnehmen kann, wird üblicherweise in Byte gemessen. Tatsächliche Speichergrößen sind meist Zweierpotenzen. Unter einem *Kilobyte* (kByte) versteht man $2^{10}$ = 1024 Byte, wobei 1024 die der Zahl 1000 nächste Zweierpotenz ist. Entsprechend versteht man unter einem *Megabyte* (MByte) $2^{20}$ = 1 048 576 Byte.

Übliche Kapazitäten der Arbeitsspeicher von PCs liegen im Bereich 1 bis 32 MByte, von sogenannten Workstation Computern bei 16 bis 256 MByte. Bei Großrechnern liegt der Arbeitsspeicher sogar oft im Gigabytebereich (Milliarden Byte). Wichtig ist, daß die Zugriffszeit zu allen Speicherzellen gleich ist. Ein derartiges Zugriffsverhalten heißt auch *wahlfreier Zugriff* oder auf englisch *random access*. Die Zugriffszeiten bei Arbeitsspeichern liegen heute typischerweise unter 100 ns (Nanosekunden).

**Beispiel 2.9: Speicherinhalt**

Abb. 2.13 zeigt sechs aufeinanderfolgende 32-Bit-Worte mit je vier Byte. Byte 0 - 11 enthält den ASCII-Text "Hans Schmitt", Byte 12 bis 23 die Zahlen 4, 12 und 1951 als Ganzzahldarstellung.

| Adresse | Speicherinhalt | | | | Klartext |
|---------|----------|----------|----------|----------|----------|
| 0 | 01001000 | 01100001 | 01101110 | 01110011 | Hans |
| 4 | 00100000 | 01010011 | 01100011 | 01101000 | Sch |
| 8 | 01101101 | 01101001 | 01110100 | 01110100 | mitt |
| 12 | 00000000 | 00000000 | 00000000 | 00000100 | 4 |
| 16 | 00000000 | 00000000 | 00000000 | 00001100 | 12 |
| 20 | 00000000 | 00000000 | 00000111 | 10011111 | 1951 |
| 24 | ........ | ........ | ........ | ........ | |

Abb. 2.13: Arbeitsspeicherausschnitt mit adressierbaren Zellen von 1 Byte Länge

**Beispiel 2.10: Speicherplatzbedarf**

Gegeben sei ein Text auf einer Schreibmaschinenseite, 1 1/2-zeilig geschrieben. Die Seite habe 35 Zeilen mit je 60 Zeichen.

Gesucht ist der Speicherplatzbedarf zur Speicherung desselben Textes im Arbeitsspeicher eines Computers. Wieviele Seiten kann ein Speicher mit einer Kapazität von 1 MByte aufnehmen?

Lösung: $60 \cdot 35 = 2100$ Zeichen entsprechen 2100 Byte $\cong$ 2 kByte. 1 MByte $\cong$ 500 Seiten.

## 2.5.2. Befehle und Programme im Speicher

Neben Daten werden im Arbeitsspeicher auch Programme gehalten. Programme bestehen dabei aus Befehlen, die solange konsekutiv abgearbeitet werden, bis ein bestimmter Befehl eine Programmverzweigung einleitet oder das Programm an einem Endebefehl angekommen ist. Befehle bestehen in ihrer Struktur typischerweise aus einem *Operationsteil* und einem *Adreßteil*. Meist werden Befehle in einem Wort dargestellt. Der Operationsteil definiert dabei, welche Operation auszuführen ist. Der Adreßteil gibt die Speicherzelle an, in welcher der Operand gespeichert ist. Abb. 2.14 zeigt das Aufbauschema eines Befehls am Beispiel eines 32-Bit-Wortes.

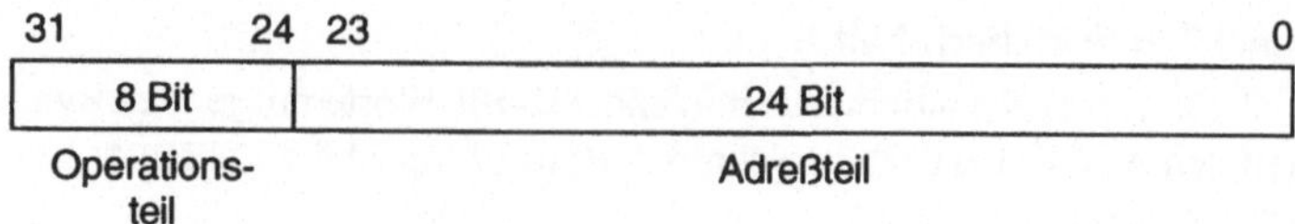

Abb. 2.14: Aufbauschema eines Befehls

**Beispiel 2.11: Befehle**

Die Tabelle in Abb. 2.15 zeigt drei einfache Befehle mit ihrem Operationsteil in einer mnemotechnischen Form, einem beispielhaften Adreßteil und einer kurzen Beschreibung des jeweiligen Befehls.

| Befehl | Bedeutung |
|---|---|
| LOAD     40210 | Lade den Inhalt der Speicherzelle 40210 ins Rechenwerk |
| ADD      47836 | Addiere Inhalt von Zelle 47836 zu dem im Rechenwerk stehenden Wert |
| STORE   90026 | Speichere den im Rechenwerk stehenden Wert in Zelle 90026 |

Abb. 2.15: Beispiel für Befehle

Der Operationsteil eines Befehls ist im Computer nicht als Zeichenkette, sondern in Form einer Binärzahl codiert (z.B.: LOAD = 1, STORE = 10). Man kann sich diese Repräsentation als Befehlsnummer vorstellen. Es gibt auch Befehle, die sich über mehrere Maschinenworte erstrecken, insbesondere solche, die mehrere Operanden im Adreßteil referenzieren.

## 2.5.3. Allgemeine Bitmuster

Informationen verschiedener Art, wie zum Beispiel Texte, Zahlen, boolesche Größen, Bildbeschreibungen und Befehle werden rechnerintern durch eine Binärcodierung repräsentiert. Eine bloße Folge von Binärzeichen wird als *Bitmuster* bezeichnet. Beim Betrachten des Inhalts eines Wortes kann ohne Kontext nicht erkannt werden, um welche Art von Information es sich handelt. Ein bestimmtes Bitmuster eines Wortes im Speicher kann beispielsweise sowohl eine Folge von ASCII-Zeichen als auch eine Zahl oder ein Befehl mit Adresse bedeuten.

Ein Bitmuster wird je nach dem Ort, an den es im Computer gelangt, verschieden interpretiert. Im Steuerwerk, näher beschrieben im nächsten Kapitel, wird beispielsweise ein Bitmuster als Befehl, im Rechenwerk möglicherweise als ganze Zahl und in einem speziellen Rechenwerk für Gleitkommazahlrechnungen (*Floating Point Processor*) als Gleitkommazahl interpretiert.

Dadurch, daß sowohl Programme als auch Daten im Speicher als Bitmuster stehen, können insbesondere Daten als Programme interpretiert werden und andererseits auch Programme als Daten betrachtet werden. Dies führt zu der Möglichkeit, daß Programme andere Programme verarbeiten können. Ein Beispiel hierfür sind sogenannte Übersetzungsprogramme, die ein Programm, das in einer bestimmten Programmiersprache vorliegt, in eine andere Programmiersprache übersetzen.

# 3. Aufbau digitaler Rechenanlagen

Dieses Kapitel befaßt sich mit dem grundsätzlichen Aufbau eines Computersystems. Ausgegangen wird vom Von-Neumannschen Computerprinzip. Nach einer Beschreibung des gerätetechnischen Grundkonzeptes und der Hauptaufgaben eines Betriebssystems werden der Aufbau eines Rechnersystems auf verschiedenen Abstraktionsniveaus und schließlich die wichtigsten peripheren Geräte vorgestellt.

## 3.1. Von-Neumann-Computer

### 3.1.1. Grundkonzept

Der prinzipielle Aufbau eines einfachen Computersystems besteht aus einem Rechenwerk, einem Steuerwerk und einem Arbeitsspeicher. Um einerseits Daten und Programme in den Computer hinein und Ergebnisse wieder heraus zu bekommen, sind noch Ein- und Ausgabegeräte notwendig. Die Funktionsweise läßt sich mit der Benutzung eines Taschenrechners vergleichen, wobei in dieser Betrachtung der Taschenrechner feste Funktionen hat und nicht als programmierbar angesehen wird. Der Taschenrechner selbst führt dann jeweils auf Anforderung eine Operation aus und entspricht damit der Funktion des Rechenwerks. Um den Ablauf der Rechnung (Programm) und Zwischenergebnisse (Daten) zu protokollieren, wird ein Schreibblock benutzt. Diese Aufgabe wird beim Computer vom Arbeitsspeicher ausgeführt. Die Funktion der Ablaufsteuerung bzw. des Steuerwerks übernimmt der Benutzer selbst.

Abb. 3.1 zeigt den Grundaufbau eines Computers als Blockdiagramm. Hierbei wird nur das logische Schema gezeigt, wirkliche Geräte haben weitere Komponenten, wie Gehäuse, Netzteil, Gebläse usw. Durch die hohe Verarbeitungsgeschwindigkeit ergeben sich hohe Frequenzen der elektrischen Signale. Dies wiederum macht entsprechende Abschirmungen notwendig, um Störstrahlen zu vermeiden. Bei der folgenden Betrachtung des grundsätzlichen Aufbaus wird von diesen Komponenten jedoch abstrahiert und die Funktionsweise anhand der

Bausteine Ein-/Ausgabegeräte, Arbeitsspeicher, Rechenwerk und Steuerwerk
erläutert.

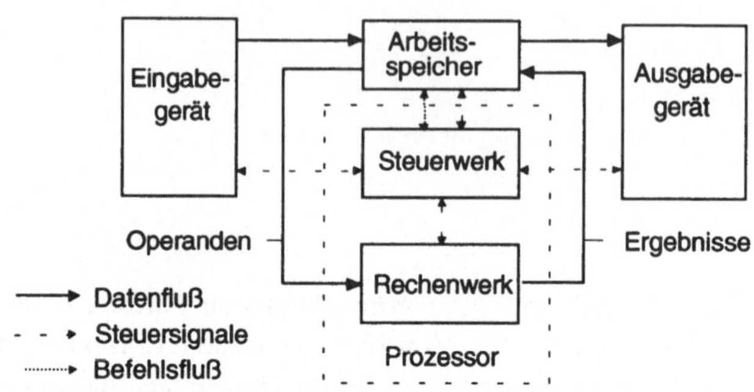


Abb. 3.1: Grundbestandteile eines Computers

## 3.1.2. Funktion der Komponenten

Mittels der Eingabegeräte werden Daten und Programme zur Verarbeitung in
den Rechner, genauer in den Arbeitsspeicher, gebracht. Hierbei erfolgt ein
Übersetzen in eine binäre Darstellung. Ausgabegeräte dienen dazu, Ergebnisse
aus dem Computer herauszubekommen, um sie entweder für spätere Verarbei-
tungsschritte bereitzustellen oder dem Benutzer in verständlicher Form
anzuzeigen oder auszudrucken. Im zweiten Fall erfolgt zumeist eine Umwandlung der zunächst binär vorliegenden Ergebnisse in eine menschenlesbare Form.
Ein- und Ausgabegeräte haben wenig mit den inneren Abläufen zu tun und
werden daher auch periphere Geräte genannt.

Der *Arbeitspeicher* dient dem temporären Halten von Daten und Programmen.
Temporär heißt dabei für die Zeit der Ausführung eines Programms, nicht aber
zur längerfristigen Speicherung oder Archivierung. Das Steuerwerk holt zur
Ausführung eines Programms Befehl für Befehl aus dem Arbeitsspeicher und
stößt das Rechenwerk an. Weiterhin veranlaßt es den Arbeitsspeicher, je nach
Befehl, Operanden dem Rechenwerk zuzuführen und Ergebnisse in den Speicher
zurückzuschreiben. Auch die Steuerung der Ein-/Ausgabegeräte erfolgt vom
Steuerwerk. Das Rechenwerk schließlich führt die konkreten Operationen aus,
die zu einem Befehl gehören. Rechenwerk und Steuerwerk zusammen nennt man
*Prozessor* oder auch CPU, was als Abkürzung für das englische "central proces-
sing unit" steht. Bei heutigen Computern sind üblicherweise Arbeitsspeicher und
Prozessor aus hochintegrierten Schaltkreisen aufgebaut.

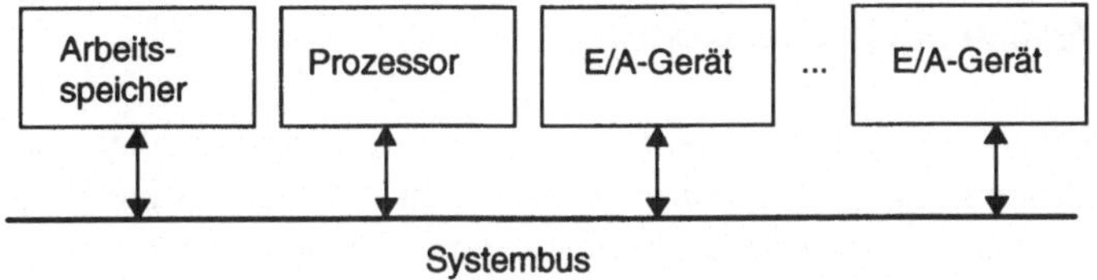


Abb. 3.2: Blockdiagramm eines Computers mit Busstruktur

Die Komponenten Prozessor, Arbeitsspeicher und periphere Geräte eines Computers können auch über eine Art "Sammelschiene", genannt *Systembus* oder kurz *Bus*, gekoppelt werden (vgl. Abb. 3.2). Eine solche Busstruktur hat den Vorteil, daß gegenüber der in Abb. 3.1 gezeigten netzwerkartigen Kopplung Leitungen eingespart werden. Beim Aufbau eines Computers mit Busstruktur ist jedoch eine Einrichtung notwendig, die sicherstellt, daß zu einem Zeitpunkt nur eine Übertragung stattfindet. Man unterscheidet bei einem Systembus aufgrund der verschiedenen zu übertragenden Informationsarten zwischen den Busteilen Datenbus, Adreßbus und Steuerbus.

Es ist auch möglich, einen Computer als Mehrbussystem aufzubauen. Beispiele für Busse in einem Mehrbussystem sind:

— ein Speicherbus, an den der Prozessor, der Arbeitsspeicher und ein spezieller Prozessor zur Steuerung von E/A-Geräten angeschlossen sind;

— ein E/A-Bus, an welchen ausschließlich die verschiedenen E/A-Geräte gekoppelt sind.

## 3.2. Betriebssystem

Im vorangegangenen Kapitel wurden das Zusammenwirken der wichtigsten gerätetechnischen Komponenten eines Computers, der sogenannten Hardware, erläutert. Der Betrieb eines Computers erfolgt jedoch nicht manuell über Betätigung von Schaltern zum Anhalten oder Starten von Programmen. Vielmehr wird beim Einschalten üblicherweise selbständig ein Teil der Grundsoftware, genannt *Betriebssystem*, in den Arbeitsspeicher geladen. Zur Kommunikation mit dem Betriebssystem dient eine Kommandosprache, über die der Benutzer Aufträge an den Computer formulieren kann.

### 3.2.1. Aufgaben des Betriebssystems

Das Betriebssystem eines Computers ist ein Softwarepaket, welches die Grundfunktionen zur Verfügung stellt, die dem Anwender eine Benutzung des Computers ohne detaillierte Kenntnisse von Gerätespezifika ermöglicht. Es besteht aus einer Anzahl von Steuerprogrammen, welche die Abwicklung der Anwenderprogramme steuern und überwachen, inklusive der Verwaltung von benötigten Hardware- und Softwarekomponenten, den sogenannten *Betriebsmitteln*.

Im einzelnen sorgt das Betriebssystems beispielsweise dafür, daß der Anwender nicht wissen muß, wann welche Daten physikalisch wo im Speicher stehen oder welche Sequenz von Steuersignalen ein bestimmter Drucker zur Ansteuerung benötigt.

Zur Bewältigung der vielfältigen Aufgaben besteht das Betriebssystem zunächst aus Programmen zur Verwaltung der sogenannten *Betriebsmittel*. Betriebsmittel sind alle zur Durchführung einer Aufgabe notwendigen Objekte, das heißt, im wesentlichen der Prozessor bzw. die Prozessoren, der Speicher, die Ein-/Ausgabegeräte sowie Daten und Programme. Weiterhin besteht eine Aufgabe des Betriebssystems in der Koordinierung des Aufgabenablaufs. Für die Programmentwicklung stellt das Betriebssystem eine Reihe wichtiger Werkzeuge in Form von Übersetzungs- und Dienstprogrammen zur Verfügung. Eine weitere Aufgabe des Betriebssystems ist die Verwaltung von Dateien, das heißt, die Speicherung von Daten und Programmen in einer logischen Form.

Betriebssysteme gehören zu den komplexesten Softwarepaketen in einem Computer und sollen in den folgenden Kapiteln nur grob bezüglich ihrer wesentlichen Verwendung beschrieben werden. Der interessierte Leser sei auf weiterführende Literatur, wie zum Beispiel [Wettstein, H. (1987)] verwiesen. Beschreibungen von konkreten, heute weitverbreiteten Betriebssystemen wie UNIX für Mehrbenutzersysteme finden sich in [Gulbins, J. (1988)] oder DOS für PCs in [Norton, P. (1985)].

### 3.2.2. Auftragsverwaltung

Ein oder mehrere Anwender übergeben dem Computer Bearbeitungsaufträge, auch *Jobs* genannt. Dies erfolgt in der Form, daß ein Benutzer sich zunächst mit einem Befehl an das Betriebssystem anmeldet. Man spricht dabei auch von einem *Login*. Mit weiteren Befehlen spezifiziert der Benutzer dann die Aufgabe. Dies könnte das Ablaufen eines bestimmten Programms sein, das beispielsweise in einem *Run*-Befehl unter Angabe des Programmnamens und des Speicherortes, an dem das entsprechende Programm gespeichert ist, gestartet wird.

Ein Auftrag wird in der Regel nicht am Stück erledigt, sondern teilt sich in kleinere Einheiten, die sogenannten Tasks auf. Die Durchführung einer Task heißt auch *Prozeß*. Einzelne Tasks benötigen unterschiedliche Betriebsmittel. Die Auftragsauswahl kann seriell oder nach bestimmten Prioritäten erfolgen. Zur Festlegung der Reihenfolge nach Benutzerwünschen gibt es eigens Kommandosprachen, sogenannte *Job Control Languages*.

Am Ende eines Auftrags übernimmt die Auftragsverwaltung das Protokollieren von Datum, Uhrzeit, benötigter Rechenzeit und belegter Arbeitsspeicherkapazität. Diese Angaben dienen unter anderem dazu, die statistische Auslastung eines Computers zu bestimmen und zu optimieren.

### 3.2.3. Prozessorverwaltung

Sowohl bei der Benutzung eines Computers durch eine Person als auch im Mehrbenutzerbetrieb ist es möglich, daß mehrere Aufgaben bzw. Programme zur Ausführung anstehen. Während etwa ein komplexes Berechnungsprogramm gestartet ist, könnte ein Programm zur Textverarbeitung zur Ausführung kommen.

Die Aufgabe der Prozessorverwaltung besteht nun darin, den Prozessor den jeweiligen Aufgaben zeitlich zuzuordnen. Eine übliche Vorgehensweise beim Mehrbenutzerbetrieb besteht darin, daß die einzelnen Benutzer, das heißt deren Programme, in einer Art Zeitscheibenverfahren bedient werden. Dabei wird jeweils für eine bestimmte Zeit der Prozessor der Abarbeitung einer Aufgabe zur Verfügung gestellt und dann reihum für die anderen Aufgaben zugeteilt.

Auch innerhalb des Ablaufs eines Programms gibt es Situationen, in denen der Prozessor temporär unbeschäftigt wäre und daher in dieser Zeit einer anderen Aufgabe zugeteilt werden kann. Ein typisches Beispiel hierfür ist die Ein- und Ausgabe von Daten innerhalb eines Programmablaufs. Dies ist im Vergleich zu Rechenoperationen relativ zeitintensiv und erfolgt heute zumeist unter Kontrolle eines speziellen Ein-/Ausgabeprozessors. Daher ist es naheliegend, während einer solchen Eingabe oder Ausgabe ein anderes Programm zu bedienen.

Um ein Wiederaufsetzen eines bereits gestarteten bzw. teilweise abgearbeiteten Programms zu ermöglichen, müssen alle notwendigen Parameter, die den Programmfortschritt beschreiben, zwischengespeichert werden.

### 3.2.4. Geräte- und Speicherverwaltung

Bei der Geräteverwaltung geht es um die Abschirmung der Benutzerprogramme von Gerätespezifika. Der Programmierer verwendet in seinen Programmen in höheren Programmiersprachen symbolische Gerätebezeichnungen.

Die Auswahl und Bereitstellung von freien Ein- und Ausgabegeräten des betreffenden Typs wird für einen Programmablauf vom Betriebssystem vorgenommen, je nach Anforderung im Benutzerprogramm. Außerdem übernimmt die Geräteverwaltung die Anpassung an spezielle physikalische Eigenschaften von Geräten. Das heißt, es wird je nach Gerät die entsprechende Ansteuerung durchgeführt. Wenn die Verbindung zu einem Gerät aufgebaut ist, erfolgt die Überwachung der Datenübertragung zwischen Eingabegeräten und Speicher bzw. Speicher und Ausgabegeräten. Es wird eine Fehlerprüfung durchgeführt und soweit möglich eine Korrektur vorgenommen oder eine erneute Übertragung veranlaßt.

Um eine hohe Auslastung eines Computers zu ermöglichen, muß die Arbeitsspeicherzuteilung zu den einzelnen Programmen und ihren Daten (Prozessen) vom Betriebssystem effizient verwaltet werden. Bei dieser Aufgabe geht es einerseits um die Reservierung bzw. Allokierung von Speicherplatz für die einzelnen Prozesse und andererseits um die Freigabe von nicht mehr benötigtem Speicherplatz. Zu bemerken ist, daß sowohl das Betriebssystem selbst als auch die Anwendungsprogramme mit ihren Daten im selben Speicher stehen.

Hierzu wird der Speicherbereich in *Segmente* unterteilt. Je nach Bedarf werden dann einzelne Speichersegmente den Prozessen dynamisch zugeteilt. Die Segmentierung kann dabei starr, das heißt in einer Aufteilung in gleich große Segmente erfolgen, oder variabel. Bei der variablen Segmentierung richtet sich die Größe eines Segments nach der Anforderung eines bestimmten Prozesses.


### 3.2.5. Übersetzungs- und Dienstprogramme

Anwendungsprogramme werden üblicherweise mit symbolischen Programmiersprachen erstellt und können daher nicht direkt vom Computer ausgeführt werden. Es ist vielmehr eine Umsetzung in eine binäre, für den Computer ausführbare Form nötig. Diese Umsetzung erfolgt durch Aufruf von speziellen Übersetzungsprogrammen. Man unterscheidet hierbei zwischen Assemblierern (Assembler), Interpretierern (Interpreter) und Kompilierern (Compiler). Ein Assemblierer übersetzt Programme, die in einer Assemblersprache geschrieben sind, während Interpretierer und Kompilierer in höheren Programmiersprachen geschriebene Programme in eine ausführbare Form übersetzen. Ein Interpretierer übersetzt dabei im Prinzip Zeile für Zeile und bringt die jeweils übersetzte Zeile gleich zum Ablauf, während ein Kompilierer zunächst das gesamte Programm übersetzt.

In der Praxis werden oft viele einzelne Programmstücke zu einem Programm zusammengefügt, beispielsweise stehen Standardfunktionen wie Sinus, Quadratwurzel und vieles mehr bereits vorübersetzt in sogenannten Programmbibliotheken. Deshalb wird in der Regel in einen Zwischencode übersetzt, den dann der Betriebssystemteil *Binder* weiterverarbeitet.

Der Binder hat die Aufgabe, übersetzte Teilprogramme für eine Aufgabe zu einem Gesamtprogramm zusammenzufassen. Dabei sind unter anderem beispielsweise symbolische Bezüge zu Unterprogrammen aufzulösen. Das Binden kann zu absolut-binären Programmen oder sogenannten verschieblich-binären Programmen erfolgen. Bei absolut-binären Programmen setzt der Binder feste Adressen für Speicherplätze ein, während verschieblich-binäre Programme bezüglich des Programmanfangs adressiert sind. Die absolute Adresse ist dann vor der Programmausführung noch zu berechnen. Insbesondere früher war bei Mehrprogrammbetrieb eine verschieblich-binäre Form wichtig, damit je nach Speichersituation die Plazierung nach der Übersetzung an einer geeigneten Stelle erfolgen konnte. Heute kann unter Zuhilfenahme virtueller Speicherverwaltung (siehe Kapitel 4.1.2) so verfahren werden, als stünden Programm und der statische Teil der Daten auf einem festen Platz.

Beim Start eines Programms übernimmt ein Betriebssystemprogramm, genannt *Lader,* die Bestimmung der absoluten Lage eines Programms im Speicher und stößt dessen Ausführung an. Laden heißt dabei, daß dieses Programm das Benutzerprogramm als Daten interpretiert und diese Daten an die richtige Stelle im Speicher transportiert.

Neben den genannten Betriebssystemteilen sind eine Reihe von verschiedenen Dienstprogrammen nötig, um eine effiziente Programmierung durch den Anwender zu ermöglichen. Hierzu gehören Editoren (Texteingabe- und Manipulationsprogramme), um Programme zu schreiben, sowie Kommunikationsprogramme, die eine Verbindung zu anderen Computern ermöglichen. Zu dieser Gruppe von Dienstprogrammen gehören ebenfalls Programme zum Sortieren von Daten oder zum Kopieren, beispielsweise von Diskette auf Festplatte und umgekehrt, und eine Verwaltung von Programmbibliotheken.

Wichtige Dienstprogramme sind auch Testprogramme, die als Diagnosehilfe beim Finden von Fehlern in Programmen dienen. Hierzu gehören Testprogramme zur Erzeugung von Auszügen eines Speicherbereichs, sogenannten *dumps*, sowie Testprogramme zur schrittweisen Ausführung eines Programms, dem *tracing*, um im Fehlerfalle jeden Teilschritt eines Anwenderprogramms überprüfen zu können.


### 3.2.6. Dateiverwaltung

Die Dateiverwaltung betrifft die Organisation des Speicherplatzes auf externen Medien. Zu verarbeitende Objekte (Daten und Programme) werden auf Massenspeichern (externen Speichern) in Form von Dateien und Verzeichnissen organisiert.

Eine *Datei* ist dabei eine Organisationsform, die dazu dient, zueinander in Beziehung stehende Daten zu archivieren. Sie ist vergleichbar mit einer Ablagemappe in einem Aktenschrank. Eine Datei kann mit einem Editor erstellt werden aber auch von einem Anwendungsprogramm angelegt werden.

Ein *Verzeichnis* verwaltet die Struktur von Dateien untereinander und definiert Zugriffspfade auf Dateien. Verzeichnisse können hierarchisch aufgebaut

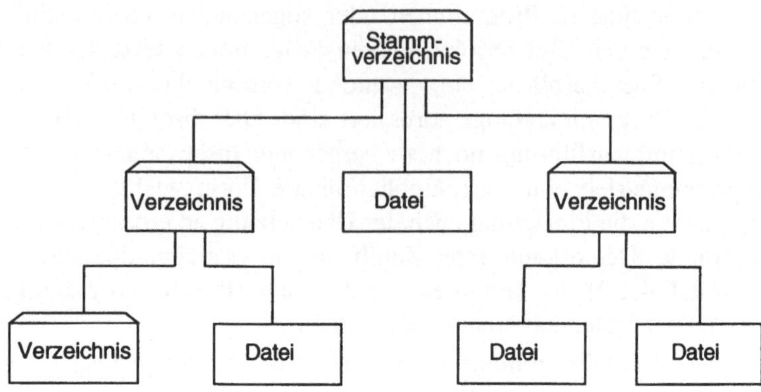


Abb. 3.3: Verzeichnisstruktur

sein und dabei verschachtelte Unterverzeichnisse enthalten. Abb. 3.3 zeigt exemplarisch eine Verzeichnisstruktur mit drei Hierarchieebenen.

Zur Organisation von Dateien und Verzeichnissen auf einem Datenträger werden folgende zwei Systemtabellen angelegt:

1. Eine Dateizuordnungstabelle, welche die Namen der Dateien und die zugehörigen Speicherpositionen auf dem Medium angibt.
2. Ein hierarchisch organisiertes Verzeichnis, typischerweise mit Angabe der existierenden Dateien mit Name, Größe und Speicherdatum.

Während die Betriebsmittelverwaltung für den Benutzer eines Computers im wesentlichen transparent ist und durch das Betriebssystem praktisch autark erledigt wird, ist der Benutzer bei der Dateiverwaltung unmittelbar involviert. Da Studierenden heute in der Regel als Computer ein PC am einfachsten zugänglich ist, soll der Umgang mit Verzeichnissen und Dateien im folgenden anhand des Betriebssystems MS-DOS erläutert werden.

Hierzu ist es zunächst notwendig, die genaue Schreibweise der entsprechenden Befehle, das heißt deren Syntax, anzugeben. Da dies in umgangssprachlicher Form schnell sehr unübersichtlich würde, soll ein formaler Ansatz über eine Metasprache, wie sie auch zur genauen Definition von Programmiersprachen Verwendung findet, erfolgen. Ein weitverbreitete Spezifikationsmethode hierzu ist die sogenannte *Backus-Naur-Form*, abgekürzt BNF. Die BNF ist eine formale Sprache, die letztlich wesentlich weniger Grundprimitive als eine Programmiersprache hat und damit im Prinzip einfacher ist. Die BNF enthält Operatoren, Terminalsymbole und Nonterminalsymbole und wird im folgenden näher beschrieben. Die Operatoren sind:

1. der Definitionsoperator, geschrieben ::=
2. und der Auswahloperator, geschrieben | .

Der Definitionsoperator ::= dient dazu, Symbole nicht terminaler Art zu definieren, der Auswahloperator wird verwendet um festzulegen, daß sowohl die links als auch rechts des Operators stehenden Terme in einer Definition zur Auswahl stehen.

(ASCII-) Zeichen, die rechts des Operators "::=" und außerhalb von spitzen Klammern geschrieben werden, sind Terminalsymbole und besitzen ihre Vorbedeutung als Textzeichen. Sie werden nicht weiter definiert. Ausnahmen hiervon sind Operatoren, das Leerzeichen ⊔, die Zeichen < und >. Terminalsymbole sind Endsymbole, und vergleichbar mit Konstanten einer Programmiersprache. Sie werden als beliebige ASCII-Zeichenketten unter Beachtung der genannten Ausnahmen dargestellt.

Jedes Nonterminalsymbol muß genau einmal definiert werden, und dazu auf der linken Seite von ::= stehen. Die Nonterminalsymbole werden bei Bedarf per Konvention wie definierte Variable in einer eindeutigen Schreibweise dargestellt. Im folgenden werden hierfür in spitze Klammern geschriebene Bezeichner verwendet, wie z. B.: <Befehlsname> .

Während diese Beschreibungsform im wesentlichen bereits ausreicht, um die Syntax einer Sprache anzugeben, werden zur Vereinfachung üblicherweise noch einige Zusatzregeln wie folgt verwendet, um die Definitionen kompakter gestalten zu können:

1. Darstellung unbedingter Wiederholungen in der Form
   { <zu wiederholende Einheiten> }$^n$
   mit der Bedeutung, daß die angegebenen Einheiten mindestens einmal auftreten müssen und beliebig oft (n mal) wiederholt werden können. Gelegentlich wird auf die Angabe der Wiederholungszahl n verzichtet, ohne daß hierbei eine andere Bedeutung gemeint ist.

2. Optionale Wiederholungen dargestellt durch
   [ <zu wiederholende Einheiten> ]$^n$.
   Die angegebenen Einheiten dürfen, müssen jedoch nicht auftreten und können beliebig oft wiederholt werden. Falls keine Angabe der Wiederholungszahl n angegeben ist, bedeutet dies eine optionale Einheit ohne Wiederholung.

3. Wiederholungen in begrenzter Anzahl, mindestens einmal, maximal k-mal dargestellt mit konstantem Wiederholungsfaktor k durch
   {<zu wiederholende Einheiten>}$^k$
   oder im Falle von optionalen Wiederholungen durch
   [<zu wiederholende Einheiten>]$^{k,}$
   wobei k eine feste ganze Zahl ist.

Mit dieser Notation ergibt sich die Definition für einen Dateibezeichner in MS-DOS wie folgt:

<Dateibezeichner>  ::= {<Zeichen>}$^8$ [.[<Zeichen>]$^3$]$^1$

mit

<Zeichen>   ::= A | B | C | ... | Z | _ | 0 | 1 | ... | 9 | ^ | $ | ~ | ! | # | % | & | - | { | } | ( | ) | @ | ` | '

Hier wurden, wie gelegentlich üblich, Abkürzungspunkte verwendet ( "..." ). In MS-DOS werden Kleinbuchstaben akzeptiert, aber nicht von Großbuchstaben unterschieden. Daher sollte strenggenommen die Definition noch folgendermaßen um eine Stufe tiefer gehen:

<A>   ::= A | a

<B>   ::= B | b

...

Bei Verwendung der BNF wird oft wegen der Notwendigkeit oder aus Bequemlichkeits- bzw. Verständlichkeitsgründen auf umgangssprachliche Ergänzungen zurückgegriffen. In diesem Sinne ist der folgende Hinweis zu interpretieren: Beginnt der Dateibezeichner mit "\", so wird vom obersten Verzeichnis ausgegangen, andernfalls vom aktuell eingestellten, dem "default"-Verzeichnis.

In kommerziellen Handbüchern zu Betriebssystemen wird häufig eine an die BNF angelehnte, aber weniger streng formale Darstellung der Befehlssyntax gewählt. Beispiel 3.1 zeigt eine Auswahl von MS-DOS-Kommandos zur Dateiverwaltung in der oben eingeführten Form.

**Beispiel 3.1: Syntax einiger wichtiger MS-DOS-Kommandos**

Variablendefinitionen:

<Verzeichnis> ::= {<Zeichen>}$^8$

<Pfad>       ::= ␣ [<Laufwerk>:] [ \ ] [ [ <Verzeichnis>\ ]$^n$ <Verzeichnis> ]

<Dir>        ::= ␣ [ \ ] [ [ <Verzeichnis>\ ]$^n$ <Verzeichnis> ]

<Datei>      ::= ␣ [<Laufwerk>:]<Dateibezeichner>

<von Datei>  ::= <Datei>

<nach Datei> ::= <Datei>

<Laufwerk>   ::= A | B | ... | Z

Verzeichniskommandos:

<Auflisten des Verzeichnisses>   ::= DIR <Pfad>

<Verzeichnis anlegen>            ::= MKDIR <Pfad>

<Verzeichnis löschen>            ::= RMDIR <Pfad>

<Verzeichnis einstellen>         ::= CHDIR <Dir>

<Laufwerk einstellen>            ::= <Laufwerk>:

Dateikommandos

<Dateiinhalt anzeigen>  ::= TYPE <Datei>

<Datei löschen>         ::= DEL <Datei>

<Datei drucken>         ::= PRINT <Datei>

<Datei kopieren>        ::= COPY <von Datei> <nach Datei>

<Umbenennen>            ::= RENAME  <von Datei>␣ <Dateibezeichner>

## 3.3. Schaltkreise, Schaltnetze und Schaltwerke

Nachdem in den vorangegangenen Kapiteln die Grobstruktur der gerätetechnischen Komponenten eines Rechners und die wichtigsten Aufgaben der Betriebssoftware beschrieben wurden, sollen im folgenden die wesentlichen Konzepte in verschieden detaillierten Betrachtungsstufen vorgestellt werden. Vom untersten, das heißt detailliertesten Niveau ausgegangen, sind dies zuerst die Stufen elektronische Schaltkreise, Schaltungslogik und Grundbausteine wie Register und Rechenwerke. Sie sind Gegenstand dieses Kapitels. Auf dem abstraktesten Niveau wird später der Rechner als "Black Box" für den Programmablauf betrachtet.

### 3.3.1. Schaltkreise

Alle Daten, die im Computer zu transportieren sind, werden durch binäre elektrische Spannungen dargestellt. Typischerweise werden dabei die Spannungspegel 0 Volt und 5 Volt gewählt. Signalübergänge vom hohen Pegel zum niedrigen und umgekehrt sind jedoch technisch nicht so realisierbar, daß sie abrupt, das heißt in beliebig kleiner Zeit, stattfinden können. Um zu vermeiden, daß nicht klar definierte Zustände bzw. Spannungspegel während der Übergangsphase als Information gewertet werden, führt man eine Synchronisation über einen sogenannten Takt ein. Der Takt teilt sich dabei auf in einen Umschalttakt und einen Abfragetakt, die zeitlich gegeneinander versetzt sind. Signalpegeländerungen können nur synchron mit dem Umschalttakt stattfinden. Die Abfrage bzw. Auswertung eines Signalpegels erfolgt andererseits nur synchron mit dem zeitlich versetzten Abfragetakt. Auf diese Weise wird sichergestellt, daß zur Zeit einer Abfrage die jeweiligen Signalpegel stabil bzw. eingeschwungen sind. Abb. 3.4 zeigt diesen Sachverhalt anhand eines Beispiels mit zwei Signalverläufen.

Es werden damit quasi nur Zustände zu diskreten Zeitpunkten betrachtet, also diskrete Vorgänge. Statt einer kontinuierlichen Funktion $x(t)$ wird eine Folge von Zuständen

$$x_0, x_1, x_2, \ldots ;$$

das heißt eine Abbildung

$$t \rightarrow x(t) \text{ mit } t \in \mathbb{N} \text{ (aber } \mathbb{N} \subset \mathbb{R})$$

betrachtet. Hier besteht ein wichtiger Unterschied zu Beschreibungen in der Physik bzw. in den Naturwissenschaften, wo häufig Differentialgleichungen zur Beschreibung von dynamischen Vorgängen verwendet werden.

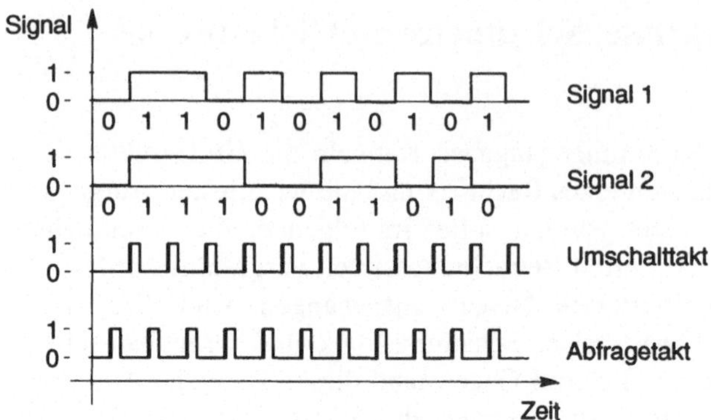


Abb. 3.4: Taktgesteuerte binäre Signale

Zur Erzeugung wenigstens nahezu rechteckiger Signalverläufe werden Schalter bzw. Schaltkreise benutzt.

### Definition 3.1: Schalter

Ein *Schalter* ist ein Element, das nur zwei Zustände annehmen kann, unabhängig vom physikalischen Aufbau (z. B. ein / aus oder offen / geschlossen).

### Definition 3.2: Schaltkreis

Ein Schaltkreis ist die Realisierung eines Schalters mit einer bestimmter Technik (z.B. Transistoren oder Dioden).

Früher wurden Schaltkreise mit Relais aufgebaut, heute sind sie durch Transistoren realisiert. Ein hierbei oft verwendeter Transistortyp ist der Metalloxydschicht-Feldeffekttransistor, kurz MOS-FET, der sich durch eine geringe Verlustleistung auszeichnet. Die ist insbesondere bei der Technik der integrierten Schaltkreise wichtig, weil dort Transistoren, Widerstände, etc. zu Tausenden oder auch Hunderttausenden auf einem Chip von einer Fläche mit wenigen Quadratmillimetern untergebracht sind. Hierbei stellt die Wärmeabfuhr, bedingt durch die Verlustleistung der Funktionselemente ein besonderes Problem dar.

Die nächst höhere Abstraktionsebene sind mehrere gekoppelte Schalter. Dadurch, daß per Definition Schalter nur zwei verschiedene Zustände annehmen können, sind sie durch Relationen auf einer zweiwertigen Menge beschreibbar. Insbesondere ist das Verhalten gekoppelter Elemente mit dem mathematischen Hilfsmittel der *booleschen Algebra* beschreibbar. Man betrachtet hierzu eine boolesche Algebra, die aus der Menge $\{0, 1\}$ definiert ist und spricht in diesem Kontext auch von *Schaltalgebra*.

Bei gekoppelten Schaltern unterscheidet man zwischen zwei Arten von Schaltungen:

1.  Schaltnetze (ohne Speicherverhalten)

2.  Schaltwerke (mit Speicherverhalten)

Schaltnetze sind dabei dadurch charakterisiert, daß sie kein Speicherverhalten haben. Das heißt, bei Änderungen von Eingangssignalen hängt das Ausgangssignal nicht von früheren Eingangswerten ab, sondern lediglich von der aktuellen Belegung. Schaltwerke hingegen haben ein Speicherverhalten. Entsprechend hängt bei ihnen das Ausgangssignal außer von den aktuellen Eingangssignalen auch noch von früheren Zuständen der Schaltung ab.


### 3.3.2. Schaltnetze

Grundlegende Elemente von Schaltnetzen sind Verknüpfungsschaltungen, genannt *Gatter* bzw. im Englischen *Gates*. Gatter verknüpfen Signale von Schaltern und erzeugen damit neue Signale. Damit üben Gatter Schaltfunktionen aus, die nichts anderes sind, als spezielle boolesche Funktionen. Abb. 3.5 zeigt die übliche symbolische Darstellung von Schaltfunktionen in Form eines Rechtecks, an dem auf der linken Seite Eingangssignale anliegen und auf der rechten Seite das sich aufgrund der speziellen Schaltfunktion ergebende Ausgangssignal. Der Typ der Schaltfunktion wird in das Rechteck hineingeschrieben.

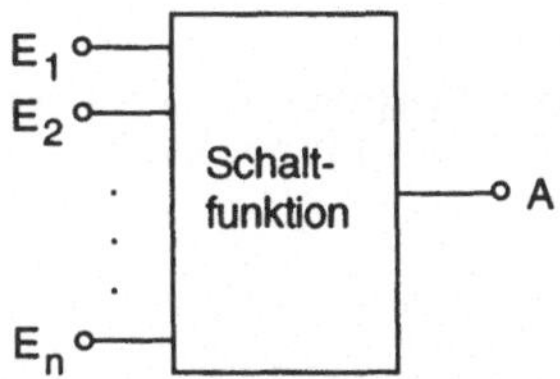


Abb. 3.5: Symbolische Darstellung einer Schaltfunktion


Aus der booleschen Algebra ist bekannt, daß drei Grundfunktionen genügen, um selbst komplizierteste boolesche Funktionen durch Zusammensetzungen aus Grundfunktionen realisieren zu können. Im Falle der Schaltalgebra sind dies die Gatter:

1.  NICHT-Gatter (Negation)

2.  UND-Gatter (Konjunktion)

3.  ODER-Gatter (Disjunktion)

Die Funktion von Gattern läßt sich übersichtlich in Form einer Wertetabelle darstellen. Dabei werden alle Kombinationen von Eingangssignalen untereinander aufgelistet und rechts davon jeweils das zugehörige Ausgangssignal. Abb. 3.6 (c) zeigt für die oben genannten Gatter die zugehörigen Wertetabellen. Nach DIN 40 900 werden die Gatter entsprechend der symbolischen Darstellung einer Schaltfunktion dargestellt (vgl. Abb. 3.6 (a)). Weitverbreitet ist jedoch noch eine Darstellung nach der älteren Norm DIN 40 700 Teil 14 (s. Abb. 3.6.b).

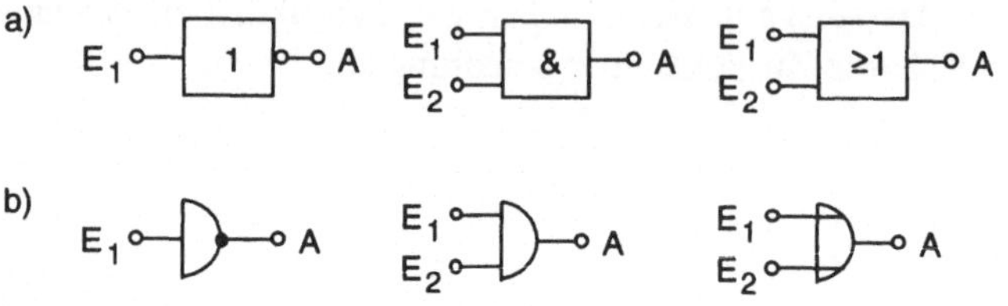


c)

| E | A |
|---|---|
| 0 | 1 |
| 1 | 0 |

| $E_1$ | $E_2$ | A |
|---|---|---|
| 0 | 0 | 0 |
| 0 | 1 | 0 |
| 1 | 0 | 0 |
| 1 | 1 | 1 |

| $E_1$ | $E_2$ | A |
|---|---|---|
| 0 | 0 | 0 |
| 0 | 1 | 1 |
| 1 | 0 | 1 |
| 1 | 1 | 1 |

d) $A = \bar{E}$ $A = E_1 \cdot E_2$ $A = E_1 + E_2$

NICHT-Gatter Negation — UND-Gatter Konjunktion — ODER-Gatter Disjunktion

Abb 3.6: Wirkung und Symbole der wichtigsten Gatter: a) Symbole nach DIN 40 900 b) Symbole nach DIN 40 700 Teil 14 c) Wertetabelle d) Namen und Beschreibung durch boolesche Gleichungen

In abstrakterer Form lassen sich Schaltfunktionen durch boolesche Gleichungen beschreiben. Hierbei werden für die Eingangs- und Ausgangssignale Variablen verwendet, wobei jede Variable den Wert 0 oder 1 haben kann. Als Operatoren sind folgende Symbole weitverbreitet:

- Für die Konjunktion: ·
- Für die Disjunktion: +
- Für die Negation: ¯

Die zunächst eigenartig erscheinende Anlehnung an die Symbole für die Grundrechenarten ist so gewählt, damit die Priorität der Bindung ersichtlich ist. So hat die Konjunktion bzw. UND-Verknüpfung mit dem Operationssymbol "·" eine höhere Priorität als die Disjunktion, das heißt ODER-Verknüpfung, mit dem Operationssymbol "+". Die Darstellung des unären Negationsoperators erfolgt durch einen Strich über die zu negierende Variable. Für die Grundgatter sind die zugehörigen booleschen Gleichungen in Abb. 3.6 (d) dargestellt..

Es sei noch bemerkt, daß in der Literatur auch häufig folgende Operatorsymbole verwendet werden [vgl. Rembold, U. (1987) und Dworatschek, S. (1989)]:

— Statt "." für Konjunktion "∧"

— Statt "+" für Disjunktion "∨"

Diese Symbolik zeigt zwar weniger anschaulich die Ausführungspriorität, gibt aber dafür weniger Anlaß zur Verwechslung mit den Grundrechenarten.

Durch Zusammenschaltung mehrerer Gatter können komplexere logische Schaltungen, auch Logikschaltungen genannt, erzeugt werden. Auf diese Weise lassen sich beliebige boolesche Funktionen als Logikschaltung realisieren. Die graphische Darstellung solcher Schaltungen in Form eines Schaltungsdiagramms erfolgt dabei in naheliegender Weise durch Linienverbindungen zwischen den Gattern.

**Beispiel 3.2: Logikschaltung**

Gegeben sei folgende boolesche Gleichung:

$$x=(a{\cdot}b)+(c{\cdot}\overline{d})$$

Eine entsprechende Logikschaltung läßt sich realisieren mit:

— Einem ODER-Gatter

— Einem NICHT-Gatter

— Zwei UND-Gattern

Abb. 3.7 zeigt das zugehörige Schaltungsdiagramm.

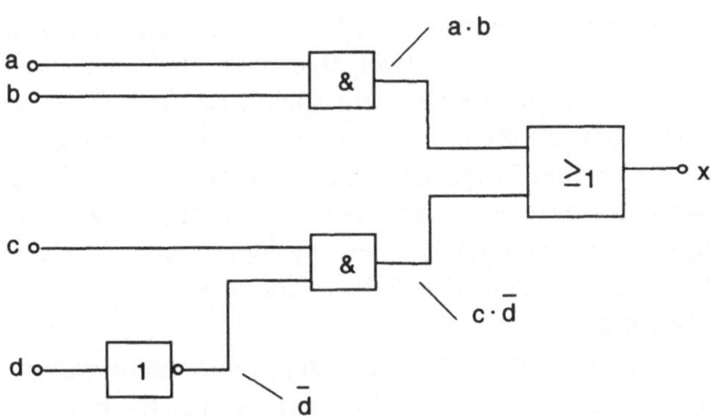


Abb 3.7: Logikschaltung mit UND-, ODER- und NICHT-Gattern

### 3.3.3. Schaltwerke

Schaltwerke unterscheiden sich von Schaltnetzen dadurch, daß sie ein Speicherverhalten aufweisen. Speicherverhalten bedeutet dabei, daß das Ausgangssignal nicht nur von Eingangssignalen abhängt, sondern auch vom *Zustand* der Schaltung. Dieser Sachverhalt soll zunächst an zwei Beispielen unserer vertrauten Umgebung erläutert werden.

**Beispiel 3.3: Speicherverhalten**

a) Gegeben sei ein Getränkeautomat. Eingaben sind dabei Geldeinwurf und Drücken einer Taste. Die Ausgabe ist eine Getränkesorte in einen Becher. Verbreitet sind die folgenden beiden Ausführungsarten:

   1. Ohne Speicherwirkung: Die Taste ist solange gedrückt zu halten, bis der Becher voll ist.

   2. Mit Speicherverhalten: Die Taste ist nur kurz anzutippen. Die Information, daß Getränk fließen soll, bleibt solange gespeichert, bis die Taste erneut angetippt wird oder, je nach Ausführung, ein entsprechendes Stoppsignal durch eine Zeitsteuerung erfolgt.

b) Betrachtet werden soll die Funktion eines Fernlichtschalters am Auto.

   1. Die Lichthupe hat dabei keine Speicherwirkung. Während der entsprechende Tasterschalter gedrückt bleibt ist das Fernlicht an, beim Loslassen des Tasters geht das Fernlicht wieder aus.

   2. Der Umschalter zwischen Abblend- und Fernlicht arbeitet mit Speicherverhalten. Je nach dem, welcher Lichtzustand vorher eingeschaltet war, ergibt sich der neue Lichtzustand nach Antippen des Schalters.

Ein Schaltwerk kann aus einem Schaltnetz durch Rückkopplung eines Ausgangssignals an einen Eingang erzeugt werden. Dies soll am Beispiel eines einfachen Speicherelements gezeigt werden. Gewählt wird dazu das einfachste sinnvolle Speicherelement mit nur zwei Zuständen, die mit 0 und 1 charakterisiert werden. Es kann damit gerade 1 Bit speichern. Abb. 3.8 zeigt ein Schaltnetz, das als Ausgangsbasis dient und aus zwei ODER-Gattern und zwei NICHT-Gattern besteht. Es hat drei Eingänge und einen Ausgang. Aus diesem Schaltnetz wird, wie in Abb. 3.9 gezeigt, durch Rückführung des Ausgangssignals an den mittleren Eingang ein rückgekoppeltes System. Genauer stellt dieses neu entstandene Gebilde ein spezielles Schaltwerk, nämlich einen 1-Bit-Speicher, auch Flipflop genannt, dar.

Dies ist nur eine von vielen Möglichkeiten, ein Schaltwerk zur Speicherung eines Bits aufzubauen. Es wird üblicherweise als RS-Flipflop bezeichnet. Nachdem diese Schaltung zunächst unabhängig von einem speziellen Umschalt- und Abfragetakt funktioniert, spricht man genauer von einem ungetakteten RS-Flipflop. "R" steht dabei als Abkürzung für Rücksetzen (englisch: reset) und "S" für Setzen (englisch: set). Dies wird deutlich, wenn man die zugehörige Wertetabelle des RS-Flipflops, wie in Abb. 3.10 angegeben, betrachtet.

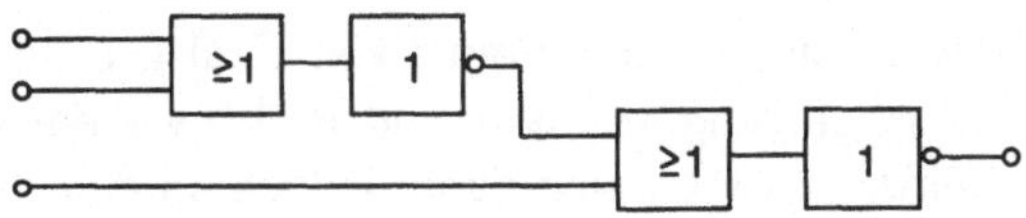

Abb. 3.8: Zwei ODER- und NICHT-Verknüpfungen

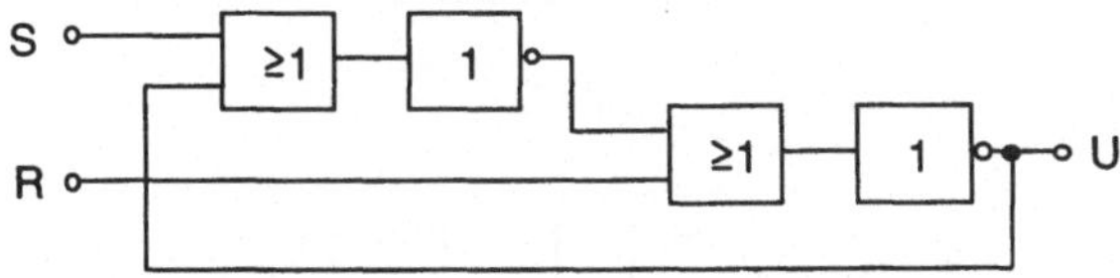

Abb. 3.9: Elektronischer 1-Bit-Speicher (ungetaktetes RS-Flipflop)

Wenn an die Eingänge S und R jeweils das Signal "0" angelegt wird, kann die Schaltung am Ausgang sowohl "1" als auch "0" liefern. Es gibt also für diese Eingangssignalkombination zwei stabile Zustände. Welches Ausgangssignal sich nun im Einzelfall ergibt, hängt davon ab, welches Signal am Ausgang zuvor anlag und durch die Rückkopplung die Eingangsbelegung mit beeinflußt hat. Um dies in der Wertetabelle zu berücksichtigen, sind zwei Spalten, bezeichnet mit $U^N$ und $U^{N+1}$, eingeführt, $U^N$ bedeutet dabei das bisherige Ausgangssignal und $U^{N+1}$ das neue sich ergebende Ausgangssignal.

| S | R | $U^N$ | $U^{N+1}$ |
|---|---|---|---|
| 0 | 0 | 0 | 0 |
| 0 | 0 | 1 | 1 |
| 0 | 1 | 0 | 0 |
| 0 | 1 | 1 | 0 |
| 1 | 0 | 0 | 1 |
| 1 | 0 | 1 | 1 |
| 1 | 1 | 0 | unzulässig |
| 1 | 1 | 1 | unzulässig |

Abb. 3.10: Wertetabelle für ein ungetaktetes RS-Flipflop

Die Darstellung von Flipflops als Logikdiagramm geschieht normalerweise in einer symmetrischen Form, wie sie in Abb. 3.11 für das RS-Flipflop gezeigt wird. Zusätzlich zum Ausgangssignal $U$ wird dabei noch ein zweiter Ausgang herausgeführt, der das komplementäre Signal von $U$, also $\overline{U}$, darstellt. Während sich bei einer Eingangsbelegung von S=1 und R=1 zwar ebenfalls ein stabiler Zustand einstellen würde, ergäben sich dabei jedoch an den beiden Ausgängen nicht mehr komplementäre Signale. Die Eingangskombination S=1 und R=1 wird daher üblicherweise als unzulässig erklärt.

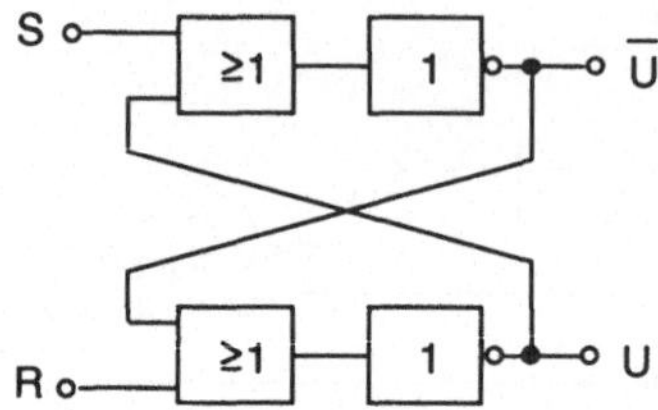

Abb. 3.11: Symmetrische Darstellung des ungetakteten RS-Flipflops

Offenbar gibt es durch die Signalrückkopplung einen Übergangszeitbereich, in welchem das bisherige Ausgangssignal seinen künftigen Pegel beeinflußt. Um nun bei der Abfrage des Ausgangssignals zu einer bestimmten Eingangsbelegung einen definierten Zustand zu haben, wendet man die bereits in Kapitel 3.3.1 erwähnte Taktsteuerung an. Man spricht dann von einem getakteten Flipflop. Seine Realisierung kann durch Hintereinanderschaltung von zwei ungetakteten RS-Flipflops erfolgen, wobei das erste vom Abfragetakt und das zweite vom Umschalttakt gesteuert wird. Abb. 3.12 zeigt das zugehörige Schaltungsdiagramm.

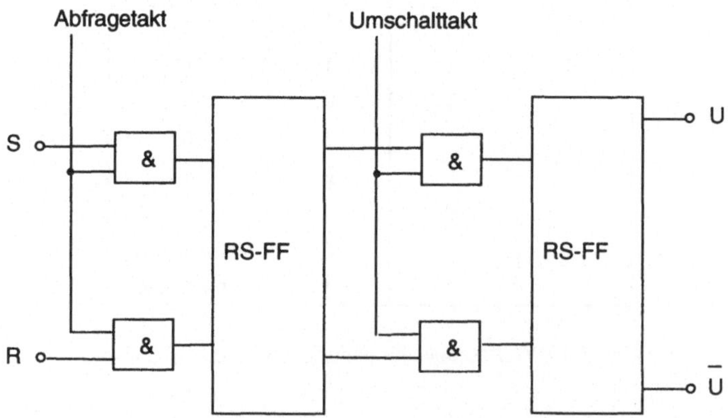


Abb. 3.12: Blockdiagramm für ein getaktetes RS-Flipflop

## 3.4. Rechenwerk

Das Rechenwerk eines Computers kann im wesentlichen aus Schaltungen aufgebaut werden, die mit Gattern und Flipflops realisierbar sind. Im folgenden soll dies am Beispiel eines Addierwerks gezeigt werden. Die Subtraktion kann bekanntlich durch das Prinzip der Komplementbildung auf die Addition zurückgeführt werden, während sich die Multiplikation durch fortgesetzte Addition und die Division durch fortgesetzte Subtraktion realisieren lassen.

Um die Operanden für eine Addition und Ergebnisse aufzunehmen, dienen spezielle Speicherschaltungen, sogenannte Register. Die Stufen, die im folgenden zur Entwicklung eines Addierwerks betrachtet werden, sind zunächst ein sogenannter Halbaddierer, dann ein Volladdierer für einstellige Binärzahlen und schließlich eine Schaltung, die die Addition von zwei n-stelligen Binärzahlen ermöglicht.

### 3.4.1. Register

Unter einem *Register* versteht man einen Speicher für eine Anzahl logisch zusammenhängender Bits. Meist ist dies ein Byte oder ein Maschinenwort, im Grenzfall auch ein einzelnes Bit, das bestimmte Vorgänge steuert. Register dienen zur kurzzeitigen Speicherung von Daten im Rechenwerk, aber auch im Speicherwerk und Steuerwerk. Die Realisierung erfolgt durch eine entsprechende Anzahl unverbundener Flipflops, wobei jedes einzelne Flipflop die Speicherung eines Bits des Registers übernimmt.

Ein spezielles Register ist der sogenannte *Akkumulator*. Er ist das zentrale Register im Rechenwerk. Er "sammelt" (accumulare = anhäufen) Ergebnisse fortlaufender Operationen, zum Beispiel Additionen. Typischerweise steht damit das Ergebnis einer Rechenoperation im Akkumulator.

### 3.4.2. Halbaddierer

Eine sehr einfache Additionsschaltung, die lediglich zwei einstellige Dualzahlen, ohne Berücksichtigung eines eventuellen Übertrags von einer vorangegangenen Stelle, addieren kann, ist der sogenannte *Halbaddierer*. Es ist jedoch zu bemerken, daß bereits in diesem Falle das Ergebnis zweistellig sein kann, das heißt, daß ein Übertrag in die nächst höhere Stelle zu erzeugen ist. Abb. 3.13 zeigt die Wertetabelle für einen Halbaddierer, der zwei einstellige Binärzahlen a und b zu addieren hat.

| a | b | S | Ü |
|---|---|---|---|
| 0 | 0 | 0 | 0 |
| 0 | 1 | 1 | 0 |
| 1 | 0 | 1 | 0 |
| 1 | 1 | 0 | 1 |

Abb. 3.13: Wertetabelle des Halbaddierers

Eine Schaltung für einen Halbaddierer läßt sich aus einfachen Grundgattern zusammenbauen (s. Abb. 3.14). Wie aus der Wertetabelle unmittelbar abzulesen
ist, hat der Ausgang S, der die Summe repräsentiert, gerade dann den logischen
Wert 1, wenn entweder a oder b den Wert 1 hat. Ein ODER-Gatter erfüllt diese
Bedingung alleine nicht, da es am Ausgang auch dann eine 1 liefert, wenn sowohl a als auch b gleich 1 sind. Um auch diesen Fall zu berücksichtigen, wird S
dadurch gebildet, daß es sich aus einer UND-Verknüpfung ergibt, wobei die beiden Eingänge das Ergebnis einer ODER-Schaltung für a und b sowie eine negier-
te UND-Verknüpfung für a und b sind. Der Übertrag Ü des Halbaddierers ist
nach der Wertetabelle genau dann 1, wenn sowohl a als auch b gleich eins sind.
Dies kann unmittelbar durch ein UND-Gatter realisiert werden.

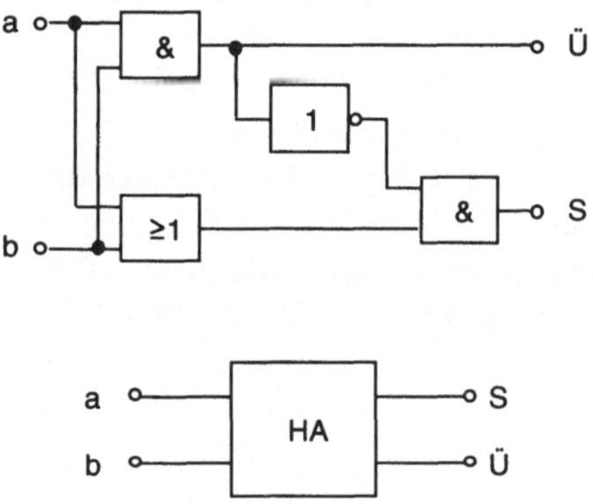


Abb. 3.14: Halbaddierer. Oben: Zusammensetzung aus Grundgattern; unten: eigenes Symbol

Heute werden üblicherweise Schaltnetze und Schaltwerke mit formalen Methoden entwickelt. Hierbei kommt es nicht lediglich darauf an, daß irgendeine
Schaltung gefunden wird, die eine vorgegebene Funktion erfüllt, sondern es
werden in der Regel auch Randbedingungen vorgegeben. Beispiele für solche
Randbedingungen sind

– eine Lösung mit einer minimalen Anzahl von Gattern,

– eine Lösung, die ausschließlich auf ganz bestimmten Gattern basiert.

Zum Studium von derartigen Entwurfstechniken sei der interessierte Leser auf weiterführende Literatur, zum Beispiel [Schiffmann, W. und Schmitz, R. (1992b)] verwiesen.

### 3.4.3. Volladdierer

Zur vollständigen Addition einer Stelle zweier mehrstelliger Dualzahlen ist noch ein eventueller Übertrag aus der entsprechenden Vorstelle zu berücksichtigen. Eine Schaltung mit dieser Funktion heißt *Volladdierer*. Abb. 3.15 zeigt die Wertetabelle eines Volladdierers, wobei als Eingangssignale die einstelligen Binärzahlen a und b, sowie der Übertrag ü von der nächst niedereren Binärstelle stehen. Die Ausgangssignale sind die Summe S und der Übertrag Ü, die sich bei der Addition der drei Eingangswerte ergeben.

| a | b | ü | S | Ü |
|---|---|---|---|---|
| 0 | 0 | 0 | 0 | 0 |
| 0 | 0 | 1 | 1 | 0 |
| 0 | 1 | 0 | 1 | 0 |
| 0 | 1 | 1 | 0 | 1 |
| 1 | 0 | 0 | 1 | 0 |
| 1 | 0 | 1 | 0 | 1 |
| 1 | 1 | 0 | 0 | 1 |
| 1 | 1 | 1 | 1 | 1 |

Abb. 3.15: Wertetabelle für einen Volladdierer

Nach der Addition von a und b ist also noch die Addition des Übertrags ü von der Vorstelle nötig. Eine Realisierung hierfür ist durch zwei Halbaddierer möglich, wie in Abb. 3.16 gezeigt ist.

Mit den bisherigen Mitteln ist die Addition *einer* Stelle von zwei mehrstelligen Dualzahlen möglich. Eine vollständige Addition mehrstelliger Dualzahlen erreicht man durch eine Kaskade von einstelligen Volladdierern. Dabei ist der Übertrag (Ausgangssignal) der Addition einer Stelle an den Eingang des Volladdierers für die nächst höhere Stelle geführt. Abb. 3.17 zeigt eine solche Schaltung für die Addition einer Dualzahl $a_n...a_1a_0$ mit einer Dualzahl $b_n...b_1b_0$.

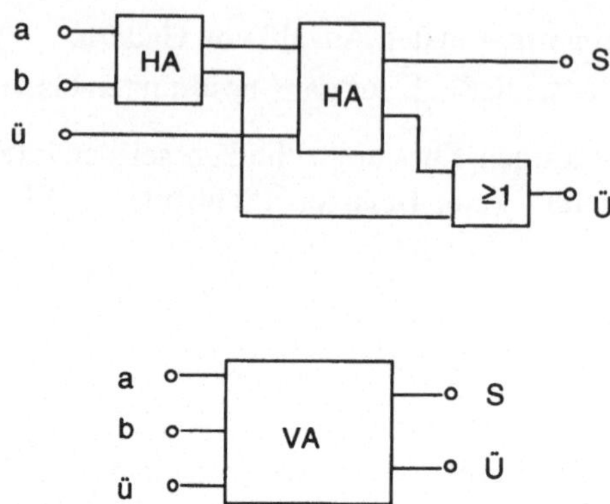

Abb. 3.16: Volladdierer. Oben: Zusammensetzung aus Halbaddierern; unten: eigenes Symbol

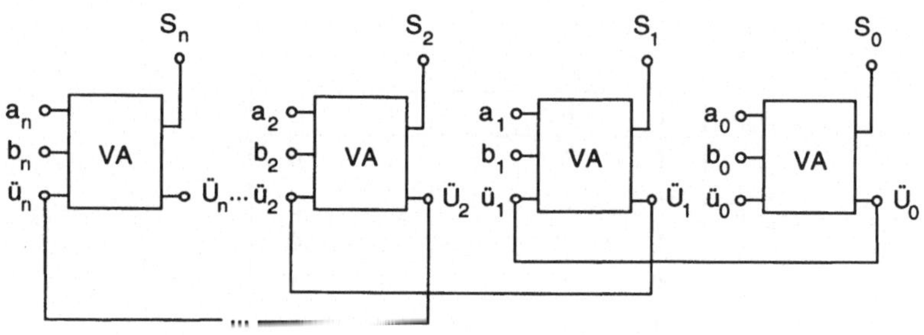

$$a_n \; ... \; a_2 a_1 a_0 + b_n \; ... \; b_2 b_1 b_0 \; = \; \ddot{U}_n S_n ... \; S_2 \, S_1 \, S_0$$

Abb. 3.17: Schaltung für Addition von Dualzahlen

## 3.5.  Arbeitsspeicher

Der Arbeitsspeicher dient dem Halten von Daten und Programmen für die Zeit der Ausführung eines Programms. In diesem Kapitel soll seine grundlegende Funktionsweise und mögliche Technologien für die physikalische Realisierung besprochen werden.

### 3.5.1. Grundsätzlicher Aufbau

Bereits in Kapitel 2 wurde der Arbeitsspeicher abstrakt als lineare Anordnung von Speicherzellen eingeführt. Der Arbeitsspeicher muß gewährleisten, daß aus Millionen Bytes unter Angabe einer Adresse ein bestimmtes Byte ausgewählt werden kann.

Um dies zu realisieren, werden $n$ Leitungen an den Arbeitsspeicher geführt, deren Signale als eine n-stellige Dualzahl interpretiert werden, die wiederum eine Adresse für den Zugriff auf ein Byte darstellt. Mit $n$ Leitungen sind damit $2^n$ Speicherzellen adressierbar. Für den Fall $n = 24$ ergibt sich so beispielsweise ein adressierbarer Bereich von $2^{24}$ Byte = 16 MByte.

Man unterscheidet folgende zwei Betriebsmodi des Arbeitsspeichers:

1.  Schreiben
2.  Lesen

Im Schreibmodus werden Daten in den Speicher "hineingeschrieben", das heißt gespeichert. Der Lesemodus ermöglicht die Zurückgewinnung (englisch: retrieval) von gespeicherter Information. Zur Einstellung des Betriebsmodus dient eine *Steuerleitung*, deren Signal den Arbeitsspeicher auf Lesen oder Schreiben setzt. Eine weitere Leitung, genannt *Selektionsleitung*, dient zur Bestimmung des Zeitpunktes für Lesen bzw. Schreiben.

Schließlich sind Leitungen notwendig, um die Daten vom Speicher zum Prozessor und umgekehrt zu übertragen. Die Anzahl $m$ dieser Leitungen bestimmt, wieviele Bits gleichzeitig, das heißt parallel, übertragbar sind. Bei m = 32 können Worte mit 32 Bit als Einheit übertragen werden.


### 3.5.2. Speichertechnologie

Die erste Computergeneration benutzte Relais zur Speicherung von binären Daten. Durch jeweils einen offenen oder geschlossenen Schaltkontakt konnten die Werte 0 und 1 eines Bits repräsentiert werden. Diese Technik wurde durch den sogenannten Magnetkernspeicher abgelöst. Ein Magnetkernspeicher besteht aus einer Vielzahl von kleinen ferromagnetischen Ringen (Magnetkernen). Jeder Magnetkern ist Informationsträger für ein Bit, wobei die Magnetisierungsrichtung des Kerns den Wert bestimmt. Durch jeden Magnetkern sind drei Leitungen gefädelt, von denen zwei zum Schreiben und einer zum Lesen dient. Durch einen Strom fester Größe durch die Schreibleitungen läßt sich ein Kern ummagnetisieren. Die gespeicherte Information bzw. Magnetisierungsrichtung erhält man dadurch, daß eine Magnetisierung in bestimmter Richtung angestoßen wird und über den Lesedraht festgestellt wird, ob eine Induktionsspannung entsteht. Letzteres ist gerade dann der Fall, wenn durch diesen Vorgang der Kern ummagnetisiert wurde. Heute haben Magnetkernspeicher lediglich noch eine historische Bedeutung und sollen daher hier nicht weiter betrachtet werden.

Bereits in Kapitel 3.3.3 wurde eine Möglichkeit besprochen, wie durch Schaltkreise Speicherzellen (Flipflops) realisiert werden können. Der rasante Fortschritt in der Technik zur Integration einer Vielzahl von Gattern auf einem Chip ermöglicht es heute, einen Arbeitsspeicher komplett auf der Basis von Halbleiterschaltkreisen zu realisieren. Nach dem derzeitigen Stand der Technik lassen sich in einem sogenannten IC (Abkürzung für *integrated circuit*) vier MBit, das heißt $4 \cdot 2^{20}$ Bit unterbringen. Man nennt solche Speicher-ICs auch Memory Chips. Durch Aufbau eines Arbeitsspeichers aus mehreren Memory Chips lassen sich Speicher von beträchtlicher Größe realisieren. In größeren Computersystemen sind heute Arbeitsspeicher dieser Technologie mit mehreren hundert Megabyte, teilweise sogar bis in den Gigabytebereich gehend, realisiert. Die Zugriffszeit von Halbleiterspeichern liegt heute im Bereich von 50 Nanosekunden. Es ist zu bemerken, daß lese- und schreibfähige Halbleiterspeicher auf der Basis von Flipflops flüchtige Speicher sind. Das heißt, sie verlieren ihre Information bei Wegnahme der Betriebsspannung.

Die Entwicklung in Richtung noch größerer Integration, das heißt mehr Schaltkreise auf einem Chip, hält unvermindert an. Als Labormuster sind bereits 64 MBit Chips betriebsfähig.


## 3.6. Steuerwerk

### 3.6.1. Aufgaben und Funktionsweise

Die Hauptfunktion des Steuerwerks ist die Steuerung der Abfolge bei der Programmausführung. Zunächst stehen die Befehle eines Programms wie die Daten im Speicher. Das Steuerwerk sorgt beim Programmablauf dafür, daß zur richtigen Zeit der richtige Befehl dem Rechenwerk zugeführt wird und das Rechenwerk mit den richtigen Daten bzw. Operanden versorgt wird. Hierzu besteht das Steuerwerk im wesentlichen aus folgenden zwei Registern:

1. Befehlsregister
2. Befehlszählregister (Befehlszähler)

Das *Befehlsregister* enthält den nächsten auszuführenden Befehl und wird vom (Daten-)Bus geladen. Entsprechend der üblichen Befehlsstruktur enthält es einen Operationsteil und einen Adreßteil. Der Operationsteil (z. B. linker Registerteil) führt über Leitungen zu der rechenwerksinternen Steuerung. Auf diese Weise läßt sich die anstehende Operation zum Rechenwerk übertragen. Der Adreßteil ist an den (Adress)-Bus angeschlossen und damit verbunden mit dem Arbeitsspeicher. Über diese Verbindung werden die zur Befehlsausführung benötigten Daten im Arbeitsspeicher adressiert. Zur Ausführung von sogenannten Sprungbefehlen hat das Befehlsregister auch eine Verbindung zum Befehlszählregister. Sprungbefehle sind Befehle, die den Programmablauf veranlassen, an einem bestimmten Befehl in der Programmkette die Ausführung fortzusetzen. Es handelt sich also quasi um einen Sprung in der Programmabarbeitung an eine andere Programmstelle.

Das *Befehlszählregister*, auch kurz *Befehlszähler* genannt, hält die Adresse des nächsten zu holenden Befehls im Speicher. In jedem Befehlsausführungszyklus erfolgt dabei normalerweise die Addition der Befehlslänge (z.B. 4 Byte). Dies gilt, solange das Programm konsekutiv abgearbeitet wird. Bei einem Sprungbefehl wird die berechnete Zieladresse in den Befehlszähler geschrieben. Der Befehlszähler ist an den (Adress-)Bus angeschlossen und gibt damit die Adresse des nächsten Befehls im Arbeitspeicher an.


### 3.6.2. Programmausführung

Vom Steuerwerk aus gesehen ist die Programmausführung ein zyklischer Vorgang mit den Phasen:

1. Nächsten Befehl holen
2. Befehl ausführen

Man spricht daher auch von einem *Befehlszyklus*. Man unterscheidet folgende Befehlstypen:

1. Transportbefehle. Sie dienen im wesentlichen dem Transport von Daten vom und zum Speicher. Beispiele sind Ladebefehle und Befehle zum Speichern von Rechenergebnissen im Speicher.
2. Arithmetische Befehle. Dies sind Befehle zur Durchführung von Rechenoperationen wie Addition, Subtraktion usw.
3. Unbedingte Sprungbefehle. Hierbei handelt es sich um Befehle, die ohne eine besondere Bedingung die Programmfortsetzung an einer anderen Stelle erzwingen.
4. Bedingte Sprungbefehle, die bewirken, daß das Programm abhängig von einer vorgegebenen Bedingung an einer bestimmten Stelle fortgesetzt werden soll. Eine Bedingung kann dabei zum Beispiel in der Form vorliegen, daß das Sprungziel von einem Rechenergebnis abhängig gemacht wird.

**Beispiel 3.4: Aussehen eines Programms**

Betrachtet werden soll ein Programm zur Durchführung des Euklidischen Algorithmus.

Gesucht ist der größte gemeinsame Teiler ggt (p,q) von zwei Zahlen p und q. Ein Lösungsweg ist bereits aus Kapitel 1.1 bekannt und besteht aus den beiden Verfahrensschritten:

Schritt 1:   p / q, Rest r

Schritt 2:   r = 0   ⇨   q ist ggt (p,q)

r ≠ 0   ⇨   p wird der Wert von q zugewiesen

q wird r als neuen Wert zugewiesen

weiter mit Schritt 1

| Adresse | Befehl | Kommentar |
|---|---|---|
| | | *Speicherplatzallokierung* |
| 00 | - | Speicherplatz für p (ganzzahlig) |
| 04 | - | Speicherplatz für q (ganzzahlig) |
| 08 | - | Speicherplatz für r (ganzzahlig) |
| | | *Durchführung von Schritt 1* |
| 12 | LOAD   00 | Lade p in Akkumulator AC |
| 16 | MODULO  04 | Bilde Rest von AC/q in AC |
| 20 | STORE  08 | Speichere Inhalt von AC in r |
| | | *Durchführung von Schritt 2* |
| 24 | IFZERO  48 | Wenn AC = 0  gehe nach Adresse 48 |
| 28 | LOAD   04 | Lade q in Akkumulator |
| 32 | STORE  00 | Speichere Inhalt von AC nach p |
| 36 | LOAD   08 | Lade r in AC |
| 40 | STORE  04 | Speichere Inhalt von AC nach q |
| 44 | JUMP   12 | Springe nach Adresse 12 zurück |
| | | *Berechnungsende* |
| 48 | STOP | Fertig, q enthält den größten gemeinsamen Teiler |

Abb. 3.18: Programm zur Ausführung des Euklidischen Algorithmus

Abb. 3.18 zeigt die Lösung schematisch in Programmform. Das Programm steht dabei in den Speicherzellen mit den Adressen 12 bis 51 (jede Zelle 4 Byte). Es enthält die bereits in Kapitel 2.5.2 besprochenen Befehle LOAD, STORE zum Holen und Speichern von Daten. Als zusätzliche Befehle werden verwendet: MODULO, IFZERO, JUMP und STOP. MODULO *op* führt die Restbildung einer Ganzzahldivision des  Akkumulatorinhalts durch einen zweiten Operanden *op* aus und fällt damit in die Klasse der arithmetischen Befehle. JUMP *adr* ist ein unbedingter Sprungbefehl, der veranlaßt, das Programm an der Stelle *adr* fortzusetzen. IFZERO *adr* gehört zur Klasse der bedingten Sprungbefehle und bewirkt, falls der Inhalt des Akkumulators gleich 0 ist, einen Sprung nach *adr*, sonst die Abarbeitung desjenigen Befehls, der als nächster im Speicher steht. STOP ist ein Befehl, der den Programmablauf beendet.

## 3.7.  Periphere Geräte

In den vorangegangenen Kapiteln stand der innere Aufbau eines Computers im Vordergrund. Dabei blieben im wesentlichen folgende Fragen noch unbeantwortet:

–  Wie kommen Daten und Programme in den Rechner hinein?
–  Wie kommen Ergebnisse heraus?
–  Wo werden langfristig Informationen gespeichert?

Um die in diesen Fragen angeschnittene Funktionalität bereitzustellen, dienen die peripheren Geräte. Man unterscheidet hier zwischen:

–  E/A-Geräten (Tastatur, Maus, Bildschirm, Drucker, Zeichenmaschinen)
–  Externen Speichern (Disketten, Magnetplatten und Magnetbänder)
–  Verbindungen mit anderen Rechnern
–  Verbindungen mit technischen Apparaturen (Meßwert- und Steuersignalaufnahme)

### 3.7.1.  Ein- und Ausgabegeräte

Ein- und Ausgabegeräte lassen sich in alphanumerische und graphische Geräte einteilen. Alphanumerische Geräte dienen dabei der Eingabe bzw. Ausgabe von textueller Information, das heißt Information, die in Form von Buchstaben und/oder Ziffern dargestellt ist. Zur alphanumerischen Eingabe wird in erster Linie die Tastatur (englisch: keyboard) verwendet. Reine alphanumerischen Ausgabegeräte sind heute relativ selten anzutreffen. Hierunter fallen einfache Schreibwerke und Drucker sowie Datensichtgeräte (englisch: displays), die nur zur Anzeige von Texten ausgelegt sind.

Durch die enormen Fortschritte in der graphischen Datenverarbeitung spielen heute Geräte zur Ein- und Ausgabe von graphischen Informationen eine besonders wichtige Rolle. Graphische Informationen sind bildhafte Darstellungen wie Diagramme, technische Zeichnungen, farbschattierte Bilder usw. Um

Graphiken interaktiv eingeben zu können, dienen Eingabegeräte zum Zeigen und Positionieren. Weitverbreitet hierfür ist die *Maus*, ein handgroßes Gerät, das auf der Unterseite mit einer oder mehreren Kugeln bestückt ist. Über die Kugel bzw. die Kugeln wird eine Bewegung der Maus auf zwei Räder übertragen, die an Analog-/Digitalwandler angeschlossen sind. Hierdurch wird die Bewegung in digitale Signale umgesetzt, die vom Computer ausgewertet werden können.

Für die Ausgabe von Graphiken wird heute zumeist die sogenannte Rastertechnik verwendet. Hierbei wird das Bild in eine Vielzahl kleiner Bildpunkte, auch *Pixels* genannt, eingeteilt. Moderne Drucker, wie beispielsweise Laser Printer oder Tintenstrahldrucker, sind als Rastergeräte ausgeführt und daher graphikfähig. Das heißt, sie sind in der Lage, sowohl Bilder als auch Schriftzüge zu drucken. Speziell zur Ausgabe von Strichzeichnungen sind Zeichenmaschinen, auch *Plotter* genannt, ausgelegt. Sie arbeiten mit einem Zeichenstift, der über eine elektronische Steuerung von einem Motor angetrieben wird. Oft sind Plotter mit einem Magazin von mehreren Stiften ausgerüstet, wodurch sich die Möglichkeit des Zeichnens mit verschiedenen Strichstärken und Farben ergibt.

Auch Bildschirme arbeiten heute fast durchweg nach dem Rasterprinzip. Obwohl eine Reihe neuer Bildschirmtechniken entwickelt wurde, basieren die allermeisten Bildschirme, die heute in der Praxis eingesetzt werden, auf der Kathodenstrahlröhre. Sie besteht im wesentlichen aus einem Glaskolben , der ein Elektronenstrahlerzeugungssystem beinhaltet und an der Frontseite mit Phosphor bedampft ist. An denjenigen Stellen, an denen der Elektronenstrahl auf die Phosphorschicht trifft, wird diese zum Leuchten angeregt. Mittels einer entsprechenden Ablenkeinrichtung kann der Elektronenstrahl an jede Stelle der Phosphorfläche positioniert werden. Abb. 3.19 zeigt den prinzipiellen Aufbau der Kathodenstrahlröhre.

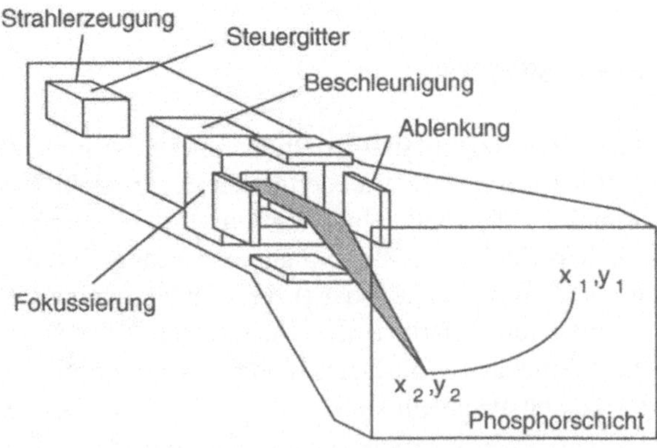


Abb. 3.19: Prinzipieller Aufbau der Kathodenstrahlröhre

Die Ausgabe des Bildes erfolgt nun in der Art, daß ausgehend von einem Bildspeicher das Bild in konsekutiven Bildpunktreihen bzw. Zeilen von oben nach unten aufgebaut wird. Im Bildspeicher ist für jeden Bildpunkt ein Intensitätswert und im Falle von Farbgeräten ein Farbcode gespeichert. Das Auslesen des Bildspeichers und Darstellen des Bildes erfolgt in der Regel ca. 50 bis 100 Mal je Sekunde, so daß sich für den menschlichen Betrachter ein kontinuierliches Bild ergibt. Durch entsprechend schnelle Änderung der Bildspeicherdaten lassen sich auch Bewegtbilder erzeugen und damit dynamische Vorgänge visualisieren. Abb. 3.20 zeigt das Prinzip des Rasterbildaufbaus.

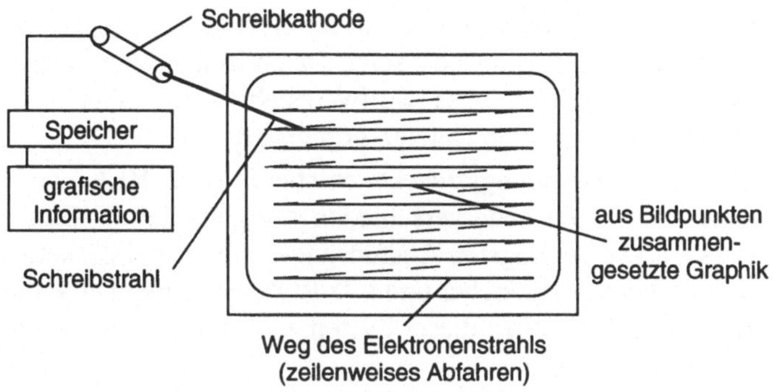


Abb. 3.20: Prinzip des Rasterbildschirms

In tragbaren Computern, den sogenannten Notebook- und Laptop-Computern, werden Flachbildschirme benutzt. Weitverbreitet sind hier das Liquid Crystal Display, kurz LCD.und das Plasma Display Panel. Mit beiden Techniken lassen sich sehr flache und leichte Bildschirme aufbauen. Beim LCD wird das Bild durch entsprechende Polarisation von einzelnen Flüssigkristallzellen erzeugt. Das vom Betrachter ausgehende Licht wird dazu zunächst durch eine Folie vorpolarisiert. Je nach Polarisationsrichtung der einzelnen Flüssigkristallzellen sieht dann der Betrachter durch eine Zelle hindurch auf den in der Regel dunklen Hintergrund oder nicht. Das Plasma Display Panel ist aus einer matrixförmigen Anordnung von kleinen mit hochverdünntem Gas (Plasma) gefüllten Zellen aufgebaut. Über bestimmte Spannungen an Elektroden können gezielt die einzelnen Plasmazellen, vergleichbar dem Anschalten einer Neonlampe, gezündet und bei entsprechend kleiner Spannung wieder gelöscht werden. Im Gegensatz zum LCD, das auf einem passiven Lichteffekt beruht, wird hier ein selbstleuchtendes Bild wie bei der Kathodenstrahlröhre erzeugt. Sowohl die LCD-Technologie als auch Plasma Displays unterliegen heute bezüglich der Auflösung, das heißt Anzahl der Bildpunkte, aus denen sich das Bild zusammensetzt, noch deutlich den Kathodenstrahlgeräten.

### 3.7.2. Externe Speicher

Nachdem der Arbeitsspeicher von der Größe her limitiert und außerdem ein flüchtiges Medium ist, werden externe Speicher zur längerfristigen Archivierung von Daten und Programmen benötigt. Im folgenden wird bei zu speichernden Informationen zwischen Daten und Programmen formal nicht weiter unterschieden und generell kurz nur von Daten gesprochen.

Der Datentransport zwischen Arbeitsspeicher und externem Speicher sowie umgekehrt erfolgt nicht in Form von beliebigen Dateneinheiten, sondern blockweise. Ein Block ist dabei eine feste Anzahl konsekutiver Bytes. Je nach Implementierung sind dies der Größenordnung nach Hunderte oder auch Tausende Bytes. Für den Programmierer ist der Transport über Blöcke konstanter Größe nicht sichtbar. Er organisiert seine Daten in logischen Sätzen und faßt Sätze zu Dateien zusammen. Aus Softwaresicht sind daher auf externen Speichern alle Daten in Form von Dateien organisiert.

Für verschiedene Anwendungszwecke existieren eine Reihe verschiedener Speichersysteme mit entsprechend verschiedenen Eigenschaften [Daniels, S. und Zeissler, R. (1982)]. Die wichtigsten Ausführungen sind dabei Diskettenspeicher, Plattenspeicher, Magnetbandspeicher und CD-ROM-Systeme. Die Funktionsweise und der grundsätzliche Aufbau dieser Systeme wird im folgenden erläutert.

**Diskettenspeicher**

Disketten (englisch: floppy disk) bestehen aus biegsamen runden Kunststoffplatten mit einer ca. 0,0025 mm starken aufgebrachten magnetisierbaren Eisenoxydschicht. Diese Platten sind in einer nahezu quadratischen Kunststoffhülle gelagert mit einer Öffnung für den Schreib-Lese-Kopf im zugehörigen Diskettenlaufwerk. Die Diskettendurchmesser sind standardisiert, wobei sich heute die Größen 5 1/4 und 3 1/2 Zoll durchgesetzt haben. Physikalisch ist die Information auf der Diskette in konzentrische Spuren und Sektoren eingeteilt (vgl. Abb. 3.21).

In einem Diskettenlaufwerk dreht sich im Betrieb die Diskette mit ca. fünf Umdrehungen pro Sekunde. Der Schreib-Lese-Kopf liegt dabei auf der Diskette auf. Die Information wird auf den Spuren innerhalb der Sektoren durch entsprechende Magnetisierung von kleinen Teilflächen gespeichert. 5,25-Zoll-Disketten haben je nach Formatierung eine frei für den Anwender verfügbare Kapazität bis zu 1,2 MByte. Bei den moderneren 3,5-Zoll-Disketten liegt die Kapazität typischerweise zwischen 720 KByte und 2,88 MByte.

**Plattenspeicher**

Plattenspeicher sind in einem festem, meist luftdicht abgeschlossenem Gehäuse untergebracht. Häufig ist dabei das Speichermedium als Plattenstapel ausgeführt. Die Platte bzw. der Plattenstapel hat eine hohe Rotationsgeschwindigkeit von typischerweise über 50 Umdrehungen pro Sekunde, wobei heute der Antrieb oft in der Nabe integriert ist. Im Gegensatz zur Diskette, die nur beim Schreib- oder Lesevorgang angetrieben wird, läuft hier der Antrieb kontinuierlich. Die Schreib-Lese-Köpfe schweben dabei auf einem Luftpolster mit ca. 1/1000 mm Abstand zur Plattenoberfläche. Abb. 3.22 zeigt den Aufbau eines Plattenspeichers. Plattenlaufwerke mit einer Grundfläche der Größe einer 3,5-Zoll-Diskette und einer Höhe von wenigen Zentimetern werden heute mit Kapazitäten im Gigabytebereich angeboten.

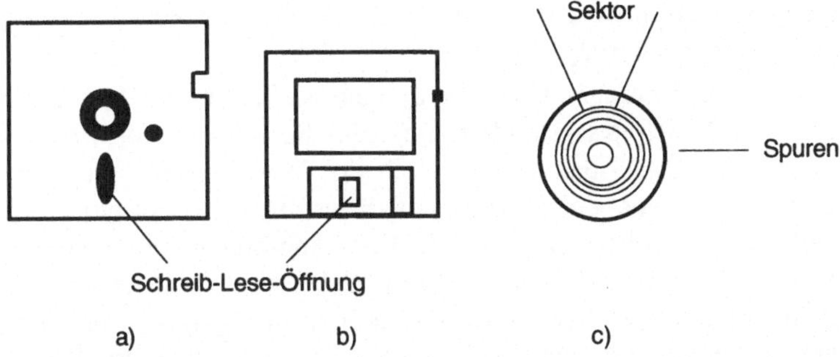


Abb. 3.21: Diskettenspeicher a) 5,25-Zoll-Diskette b) 3,5-Zoll-Diskette c) Einteilung der Diskette in Spuren und Sektoren

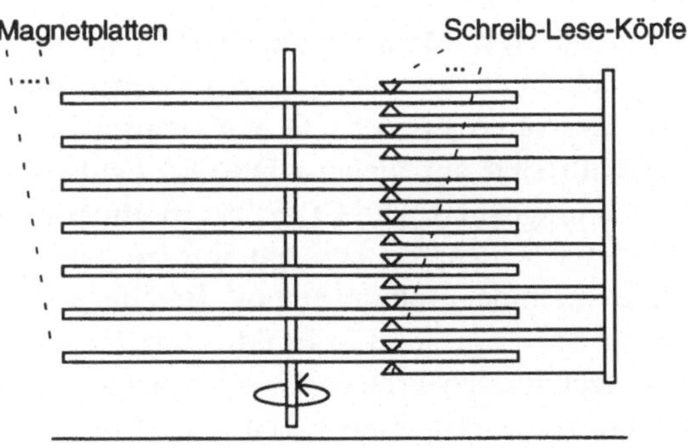


Abb. 3.22: Festplattenspeicher

Neben der Ausführung als Festplatte bzw. sogenannte Winchesterplatte, bei der Platte und Laufwerk in einem hermetisch abgeschlossenen Gehäuse wärme- und stoßunempfindlich integriert sind, gibt es auch Wechselplattensysteme. Hier läßt sich der Plattenstapel herausnehmen und austauschen, wodurch sich die

Kapazität praktisch beliebig steigern läßt. Deshalb kommen Wechselplatten-systeme auch insbesondere in großen Datenverarbeitungsanlagen zum Einsatz.

**Magnetbänder**

Für Archivierungszwecke, bei denen es nicht auf einen besonders schnellen Datenzugriff ankommt, werden häufig Magnetbandspeicher eingesetzt. Im Gegensatz zu Disketten- und Plattenspeichern, bei denen der Schreib-Lese-Kopf im Bereich von wenigen Millisekunden auf eine bestimmte Position gebracht werden kann, besteht bei Magnetbandspeichern kein wahlfreier Zugriff auf Daten. Dafür handelt es sich um ein besonders kostengünstiges Medium, das sich vorzugsweise zur Datensicherung eignet.

Es existieren Ausführungen als große Spulen mit 7, 8,5 und 10,5 Zoll Außendurchmesser, aber auch Kassettenformate, zum Beispiel in Form des Digital Audio Tapes, kurz DAT, das dem Bereich der Stereotechnik entstammt. Das Magnetband besteht aus einer Kunststoffträgerfolie, die einseitig mit einer magnetisierbaren Schicht bezogen ist. Die Anordnung der Daten erfolgt üblicherweise in 7 oder 9 parallelen Spuren, wobei eine parallele Aufzeichnung von Zeichen mit einer 7- bzw. 9-Bit-Darstellung ermöglicht wird. Der Bandanfang und das Bandende sind durch Marken, oft aus aufgedampftem Aluminium, gekennzeichnet. Auf diese Weise kann eine automatische Abfrage von Bandanfang oder -ende zum Beispiel mittels einer Fotodiode realisiert werden. Auch beim Magnetbandspeicher befindet sich der Schreib-Lese-Kopf in einem kleinen Abstand von einigen Mikrometern vom Band.

**CD-ROM**

Die Compact Disk - Read Only Memory, kurz CD-ROM genannt, ist ein Massenspeicher für ausschließlich lesenden Zugriff. Daher rührt auch die Bezeichnung *read only*. Sie wurde aus der CD-A (Compact Disk Audio)-Technologie entwickelt. Deshalb sind auf vielen CD-ROM-Laufwerken auch CD-A's abspielbar, nicht jedoch umgekehrt. Die CD-ROM ist ein besonders preisgünstiges Medium, wenn vielfache Kopien benötigt werden. Ein typisches Anwendungsbeispiel ist der Bereich der Dokumentation. Bereits heute ist es oft üblich, daß Dokumentation zu Software auf CD-ROM vom Hersteller geliefert wird. Aber auch für andere technischen Produkte wird zunehmend die CD-ROM als Dokumentationsmedium eingesetzt. Zum Lesen bzw. Anzeigen der Information wird natürlich ein Computer benötigt, allerdings ergeben sich hierbei große Vorteile bei der Suche nach gezielten Informationen durch die Möglichkeit des Einsatzes von entsprechenden Datenbanken [Roller, D. (1992)].

Die CD-ROM ist eine Scheibe mit 12 cm Durchmesser und 1.2 mm Dicke. Die Daten werden nur auf einer Seite gespeichert und sind nicht auf konzentrischen Spuren sondern spiralförmig angeordnet. Dadurch können die Daten mit einer konstanten Dichte gespeichert werden. Um die Daten mit einer festen Datenübertragungsrate zu lesen, ergibt sich jedoch die Notwendigkeit einer

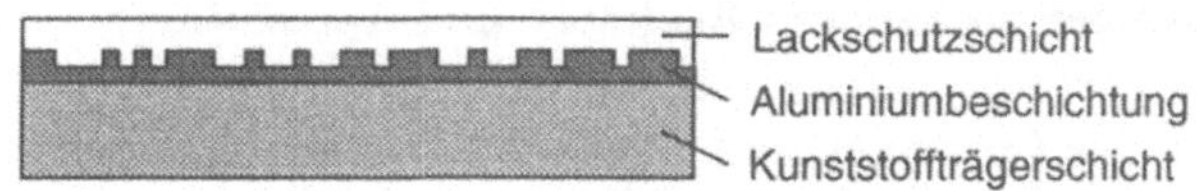


**Abb. 3.23: Aufbau einer Compact Disk**

variablen Umdrehungsgeschwindigkeit. Sie schwankt typischerweise zwischen 200 und 530 Umdrehungen pro Minute. Die Spur ist ca. 6 km lang und 0.6 µm breit.

Der Aufbau der CD besteht aus drei Schichten, einer Kunststoff-, einer Aluminium- und einer Lackschicht (s. Abb. 3.23). Die Information ist dabei in Vertiefungen der Aluminiumschicht gespeichert Ein Vertiefungsübergang entspricht der logischen "1", die Länge der Eindrücke bzw. Erhebungen entspricht der logischen "0". Das Lesen erfolgt durch Ausrichtung eines Laserstrahls auf die Aluminiumschicht. Beim Übergang von bzw. zu Vertiefungen wird das Licht diffus reflektiert, das heißt, es kommt weniger Licht zurück. Diese Situation wird dann als "1" interpretiert.

| Eigenschaft | Disketten-speicher | Plattenspeicher | Magnetband-speicher | CD-ROM |
|---|---|---|---|---|
| Kapazität | ca. 0.3 - 3 MByte | Einige MByte - GByte | Einige MByte bis 8 GByte | ca. 650 MByte |
| Mittlere Zugriffszeit | typ. 80 ms | 7 - 28 ms | 100 s | 400 ms |
| Umdrehungs-geschwindigkeit | ca. 5 Umdrehungen/s | ca. 50 Umdrehungen/s | ca. 1-5 Umdrehungen/s | variiert mit Lesekopfposition |
| Übertragungs-geschwindigkeit | 0,5 MBit/s | 5 - 32 MBit/s | 0,15 - 10 MBit/s | 1,5 MBit /s |
| Schreib-Lese-Kopf | Liegt auf Diskette auf | Schwebt auf Luftpolster | 3 -30 µm Abstand vom Band | Nicht aufliegend |

**Abb. 3.24: Typische Daten von Massenspeichern**

Die nutzbare Kapazität beträgt bei Formatierung im High Sierra Format ca. 550 MByte. Durch die Anordnung als konzentrische Spur, die mit variabler Geschwindigkeit gelesen wird, ist die mittlere Zugriffszeit relativ hoch und beträgt ca. 400 ms. In Abb. 3.24 sind die besprochenen verschiedenen externen Speichersysteme bezüglich einiger charakteristischer Eigenschaften einander gegenübergestellt.

### 3.7.3. Verbindungen zu anderen Rechnern und Apparaturen

Häufig werden heute Computer zum Zweck des Datenaustausches, aber auch um
verschiedene Ressourcen und Rechenkapazitäten gemeinsam zu nutzen, mit
anderen Computern verbunden. In diesem Sinne lassen sich gewissermaßen auch
Verbindungen zu externen Rechnern als periphere Geräte sehen. Dabei kommen
folgende zwei Verbindungsmöglichkeiten zum Einsatz:

1. Punkt-zu-Punkt-Verbindung
2. Netzverbindung

Bei der Punkt-zu-Punkt-Verbindung werden gezielt zwei Systeme miteinander
durch eine Leitung verbunden. Im Falle einer Netzverbindung sind verschiedene
Systeme netzartig miteinander verbunden, wobei ein Computer mit einem
anderen im Netz eventuell nur über andere Computer hinweg erreicht werden
kann. Bezüglich der Informationsübertragung unterscheidet man zwischen

1. Paralleler Übertragung
2. Serieller Übertragung

Bei der parallelen Übertragung werden mehrere Signale gleichzeitig übertragen.
So könnte zu Beispiel die Übertragung byteweise erfolgen. Die serielle Übertragung erfolgt Bit für Bit und ist damit im allgemeinen langsamer, kann aber dafür
auf einfacheren, zum Beispiel nicht abgeschirmten Leitungen, erfolgen.

Zur Abwicklung solcher Computer-zu-Computer-Verbindungen werden eigene technische Einrichtungen bzw. Geräte verwendet, welche die Synchronisation, Erzeugung von Steuersignalen usw. übernehmen. Oft sind diese Einrichtungen auf einer mit elektronischen Bauteilen bestückten Leiterplatte untergebracht
und werden dann auch als Interface-Karte bezeichnet.

Neben der Verbindung zu anderen Computern spielt der Anschluß von weiteren technischen Einrichtungen, insbesondere zur Steuerung von technischen,
physikalischen oder chemischen Prozessen eine wesentliche Rolle. Beispiele
hierfür sind Meßgeräte, Sensoren, Geräte zur Betriebsdatenerfassung, Werk-
zeugmaschinen und Roboter. In diesem Umfeld treten häufig sogenannte
Echtzeitanforderungen auf. Echtzeit (englisch: real time) bedeutet dabei, daß der
Computer beim Auftreten von speziellen Ereignissen innerhalb einer genau
definierten Zeit reagiert, unabhängig von irgendwelchen anderen anstehenden
Aufgaben. Bei der Realisierung von Computern, die solchen besonderen
Echtzeitanforderungen genügen, kommen spezialisierte Betriebssysteme zum
Einsatz.

# 4. Weiterentwicklungen der Rechnertechnik

Während die vorgestellten Komponenten des klassischen Von-Neumann-Computers auch heute noch verwendet werden, wurden in den letzten Jahren eine Reihe von Konzepten entwickelt, welche die Leistungsfähigkeit eines Computers noch beträchtlich steigern. Zum einen betrifft dies Erweiterungen innerhalb einzelner Komponenten des Computers und zum anderen die Entwicklung von parallel zum Einsatz kommenden Einheiten. Eine Einführung in einige wesentliche solcher Weiterentwicklungen sind das Thema dieses Kapitels.

## 4.1. Erweiterungen innerhalb von Komponenten

### 4.1.1. Mehrregister- und Mehradreßstrukturen

Im Rechenwerk des Von-Neumann-Computers ist genau ein Akkumulator vorhanden, der als zentrales Register für die Aufnahme von Operanden und Ergebnissen dient. Bei Berechnung von zusammengesetzten Ausdrücken entstehen vielfach Zwischenergebnisse, die zur Weiterverarbeitung gespeichert werden müssen. Hier setzen zur Leistungssteigerung sogenannte *Mehrregistermaschinen* an, die über mehrere Register verfügen, die als Akku verwendbar sind. Üblich sind 8 oder 16 Register, aber bei manchen Systemen werden auch bis über hundert eingesetzt. Um diese Register zu unterscheiden, sind sie im folgenden von R0 bis Rn durchnumeriert.

Wenn mehrere Register als Akkumulator zur Verfügung stehen, sind Befehle sinnvoll, die zwei Adressen beinhalten, speziell, um bei zweistelligen Operationen beide Operanden gleichzeitig in Registern zu handhaben. Man nennt solche Befehle Register-Register-Befehle. Sie sind in der Ausführung besonders schnell, da kein Speicherzugriff nötig ist. So könnte etwa ein arithmetischer Befehl MULREG R1, R2 eine in Register R1 gespeicherte Zahl direkt mit einer in Register R2 gespeicherten Zahl multiplizieren und das Ergebnis in R1 als Akkumulator schreiben. Arbeitsspeicherzugriffe entfallen dabei bzw. werden durch die wesentlich schnelleren Registerzugriffe ersetzt. Analog speichert ein

Register-Register-Transportbefehl LOADREG R2, R1 den Inhalt des Registers R1 in das Register R2. Bei Einadreßbefehlen muß im Falle mehrerer Register dasjenige angegeben werden, das als jeweiliger Akkumulator für den entsprechenden Befehl benutzt werden soll. Den Vorteil von Mehradreßbefehlen und mehreren Registern zeigt folgendes Beispiel noch deutlicher.

**Beispiel 4.1: Berechnung mit Zweiadreßbefehlen**

Der Ausdruck c = ( a + b ) ( a - b ) soll zunächst in konventioneller Weise mit Einadreßbefehlen und lediglich einem Akkumulator berechnet werden. Alternativ stehen zwei Register und Zweiadreßbefehle zur Verfügung und vergleichshalber soll ebenfalls mit einem kleinen Programm derselbe Ausdruck berechnet werden. Mit den bisher bekannten Befehlen läßt sich dies, wie in Abb. 4.1 gezeigt, bewerkstelligen.

| Einadreß-/ Einregister-Ausführung | | Zweiadreß-/ Zweiregister-Ausführung | |
|---|---|---|---|
| LOAD | a | LOAD | R1, a |
| ADD | b | LOADREG | R2, R1 |
| STORE | h | ADD | R1, b |
| LOAD | a | SUB | R2, b |
| SUB | b | MULREG | R1, R2 |
| MUL | h | STORE | R1, c |
| STORE | c | | |

Abb. 4. 1: Beispielprogramm für Berechnung mit Einadreß- und Zweiadreßmaschinen

Bei der Gegenüberstellung der beiden Lösungen fällt auf, daß in der Zweiadreß-/ Zweiregisterausführung anzahlmäßig ein Befehl gegenüber der Berechnung mit Einadreßbefehlen und einem Akkumulator eingespart werden konnte. Hinzu kommt, daß die im zweiten Falle verwendeten Register-Register-Befehle zudem schneller in der Ausführung sind.

## 4.1.2. Virtueller Speicher

Aus Kostengründen läßt sich der Arbeitsspeicher in seiner Größe nicht beliebig groß auslegen. Damit dennoch große Programme abgearbeitet werden können bzw. große Datensätze möglich sind, gibt es die Möglichkeit, Programme in Teilprogramme aufzuteilen. Dabei wird zu einer Zeit nur ein Teil des Gesamtprogramms im Speicher gehalten und je nach Notwendigkeit andere Programmteile dazu geladen. Man nennt diese Vorgehensweise auch *Overlay-Technik*. Analog kann bei großen Datenmengen der Datenbestand, der zur Rechnung benötigt wird, zum Teil auf einem externen Speicher gehalten und nur jeweils aktuell benötigte Teilbereiche in den Arbeitsspeicher geladen bzw. gegen die bisherigen Teilbereiche ausgetauscht werden. Diese Vorgehensweise erfordert eine entsprechende Organisation, das heißt Arbeit auf der Seite des Programmierers. Außerdem ist eine solche Programmkonstruktion ungünstigerweise auf eine ganz bestimmte Computerkonstellation ausgerichtet. Bei Nutzung einer anderen Maschine müßte gegebenenfalls das Programm geändert werden.

Dies führte bereits zu Anfang der sechziger Jahre zum Konzept des virtuellen Arbeitsspeichers. Hierbei wird der Arbeitsspeicher zunächst als beliebig groß angenommen, ohne daß er physikalisch vorhanden sein muß. Daher kommt auch die Bezeichnung virtuell. Natürlich muß zur tatsächlichen Speicherung auch irgendein existierender Speicher vorhanden sein. Das Prinzip des virtuellen Speichers ist eine logische Vereinigung des (physikalisch vorhandenen) Arbeitsspeichers mit einem externen Speicher. Das heißt, daß die effektive Speicherkapazität de facto erheblich erweitert werden kann, aber sicherlich endlich bleibt.

Die Organisation des virtuellen Speichers sieht eine logische Einteilung des Adreßraums in *Seiten* von typischerweise etwa 1 bis 4 KByte vor. Davon befinden sich eine Anzahl von beliebigen Seiten in physikalischen Teilen mit der Größe einer Seite, genannt *Kacheln*, im realen Arbeitsspeicher. Der Rest, das heißt der über die restlichen Seiten adressierte Teil des Speichervolumens, wird auf den externen Speicher, in der Regel ein Plattenspeicher, ausgelagert. Das Betriebssystem sorgt nun dafür, daß die jeweilige Seite, in der eine adressierte Zelle liegt, im Arbeitsspeicher steht. Hierzu muß, falls alle Kacheln belegt sind, der Inhalt einer Kachel auf den externen Speicher transportiert werden, um den physikalischen Platz für die hereinzuholende Seite zu schaffen. Der gesamte Vorgang ist für den Programmierer transparent, das heißt, er muß nicht beachtet werden.

Beim Konzept des virtuellen Speichers erfolgt die Adressierung also in einem logischen Adressraum, die physikalische Adresse kann sich dynamisch ändern und muß dem Programmierer nicht bekannt sein. Das Aus- und Einlagern von Speicherbereichen der Größe einer Seite wird auch *Seitenwechsel* oder *Paging* genannt und erfolgt über einen besonders effizienten bzw. schnellen Speichertransfer.

**Beispiel 4.2: Virtueller Speicher**

Gegeben sei eine Maschine mit einer Befehlsstruktur, die durch einen 8 Bit Operationsteil und einen 24 Bit Adreßteil gekennzeichnet ist. Das heißt, es sind $2^{24}$ Byte (16 MByte) adressierbar. Der physikalische Arbeitsspeicher habe eine Größe von $2^{18}$ Byte (256 Kilobyte). Abb. 4.2 zeigt die Aufteilung des logischen Adressraums bzw. virtuellen Speichers in 256 Kacheln des Arbeitsspeichers mit einer Größe von je einem KByte und einem reservierten Bereich auf dem externen Speicher, welcher der Größe des logischen Adreßraums entspricht. Bei dieser Konfiguration kann zu einer Zeit der Inhalt von 256 beliebigen Seiten im Arbeitsspeicher stehen.

Arbeitsspeicher

| Adresse | | Kapazität |
|---|---|---|
| 0 | Kachel 1 <br> $<$ Seite $n_1$ $>$ | $1 \cdot 2^{10}$ Byte |
| 1024 | Kachel 2 <br> $<$ Seite $n_2$ $>$ | $2 \cdot 2^{10}$ Byte |
| 2048 | Kachel 3 <br> $<$ Seite $n_3$ $>$ | $3 \cdot 2^{10}$ Byte |
| ... | ... | ... |
| 261120 | Kachel 256 <br> $<$ Seite $n_{256}$ $>$ | $256 \cdot 2^{10}$ Byte |

Plattenspeicher

| Adresse | |
|---|---|
| 0 | Reservierter Bereich <br> für <br> $<$ Seite 1 $>$ <br> ... <br> $<$ Seite 16384 $>$ |
| max | Frei verfügbarer Teil |

Abb. 4.2: Beispiel für Aufteilung eines virtuellen Speichers

Die hierdurch erreichte Flexibilität hat allerdings auch einen Preis auf der Hardwareseite. So muß vor der Ausführung eines Befehls die logische Adresse in eine physikalische Adresse umgerechnet werden und dabei hardwaresystemseitig jedesmal geprüft werden, ob eine adressierte Zelle physikalisch bereits im Arbeitsspeicher steht oder ob ein Paging angestoßen werden muß. Außerdem ist der Zugriff auf Daten, die erst über Paging erreicht werden, langsamer als ein direkter Arbeitsspeicherzugriff. Allerdings zeigt sich, daß angesprochene Adressen innerhalb einer begrenzten Programmumgebung zumeist in einem nicht zu weit voneinander entfernten Bereich liegen, so daß ein Paging relativ selten stattfindet. Virtuelle Speicher haben sich in der Praxis hervorragend bewährt.

## 4.1.3. Cache-Speicher

Bei der Durchführung von Befehlen spielt die Zeit des Speicherzugriffs eine signifikante Rolle. Hier setzt die Idee des sogenannten *Cache*-Speichers an. Cache kommt aus dem Englischen und bedeutet soviel wie Versteck, oder geheimes Lager. Der Cache-Speicher, kurz Cache ist ein besonders schneller Zwischenspeicher für Befehle und Daten und sitzt zwischen Hauptspeicher und

Steuerwerk. Die Hardware übernimmt das Laden des Caches. Folgende Strategiemöglichkeiten zum Füllen des Caches sind denkbar:

1. Die jeweils letzten Befehle und/oder Daten werden im Cache gehalten, in der Erwartung, daß auf sie demnächst nochmals zugegriffen wird.

2. Eine Anzahl nächster Befehle wird vom Arbeitsspeicher in den Cache geladen. Da Programme, solange keine Programmverzweigungen auftreten, linear ablaufen, kann in der Regel der nächste Befehl vom schnellen Cache anstelle vom Arbeitsspeicher geladen werden.

Es gibt Computer, die separate Caches für Daten und Programme haben. Außerdem ist auch eine Kombination der beiden Strategien möglich. Die ganze Vorgehensweise ist besonders dann vorteilhaft, wenn das Laden des Caches entsprechend schnell realisiert werden kann. Dies geschieht dadurch, daß zum einen ganze Datenblöcke auf einmal transferiert werden, genannt *Blocktransfer*, was erheblich effizienter ist als das separate Holen von einzelnen Zelleninhalten. Zum anderen können Zeitphasen zum Transfer benutzt werden, die für den Programmablauf momentan unkritisch sind.

Allgemein läßt sich sagen, daß eine zunehmende Geschwindigkeit beim Speicher mit ansteigendem Preis gekoppelt ist. Nach den Registern ist der Cache der schnellste Speicher und wird typischerweise deutlich kleiner als der Arbeitsspeicher gewählt. Besonders leistungsfähige Maschinen haben heute Cache-Speicher in der Größe von 256 KByte.

### 4.1.4. Mikroprogrammierung

Bereits beim Konzept des virtuellen Speichers stand der Aspekt im Vordergrund, Programme möglichst frei von einer konkreten Computerkonstellation schreiben zu können. Um Programme gar zwischen verschiedenen Rechnern übertragbar zu erhalten, können höhere Programmiersprachen benutzt werden. Allerdings ist die Grundsoftware, das heißt das Betriebssystem samt Compiler etc., nach wie vor maschinenbezogen und muß für jeden Computertyp jeweils neu geschrieben werden.

Dies führte bereits 1953 M. V. Wilke zu dem Vorschlag, Maschinenbefehle nicht direkt vom Steuerwerk ausführen zu lassen, sondern durch sogenannte Mikroprogramme [Hoffmann, R. (1983)], die wie folgt definiert sind:

**Definition 4.1: Mikroprogramm**
Ein *Mikroprogramm* ist eine Vorschrift für ein Befehlsausführung in Form einer programmierten Folge von elementaren Schritten.

Ein Mikroprogramm liegt damit also unterhalb der Befehlsebene zwischen Hardware und Software. Mikroprogramme werden auch als *Firmware* bezeichnet. Durch ein geeignetes Mikroprogramm könnte sich der Befehlssatz eines Computers soweit umdefinieren lassen, daß er sich auf diese Weise zum Beispiel dem einer anderen Maschine anpaßt.

Neben dieser Flexibilität und der damit verbundenen Übertragbarkeit von Grundsoftware auf verschiedene Computertypen bringt die Mikroprogrammierung einen weiteren wichtigen Vorteil. Sie ermöglicht potentiell eine Vereinfachung der Hardware in der Form, daß bestimmte Befehle nicht mehr notwendigerweise hardwaremäßig realisiert sein müssen, sondern als Mikroprogramme implementiert werden können. Voraussetzung dafür ist, daß ein genügend allgemeiner Satz von Elementarfunktionen zur Verfügung steht. Mikroprogramme sind andererseits in der Regel bei ihrer Ausführung langsamer als ein spezieller Hardwarebefehl.

## 4.1.5. RISC-Technik

Neben dem Konzept der Mikroprogrammierung entwickelten sich auch die Grundbefehlssätze von Computern weiter. Ein Ziel war es, immer mehr und immer komplexere Operationen direkt in Hardware zu Verfügung zu haben, um eine möglichst große Verarbeitungsgeschwindigkeit zu erhalten. Die Rechner entwickelten sich zu sogenannten *complex instruction set computers*, kurz auch als *CISC* bezeichnet. Mit dieser Entwicklung stiegen natürlich auch Aufwand und Kosten bei der Herstellung der entsprechenden Rechner.

Analysen von Programmabläufen zeigten, daß viele der speziellen Befehle nur relativ selten zur Ausführung kommen. Dabei erhebt sich die Frage, ob denn der unter Umständen relativ hohe Entwicklungs- und Herstellungsaufwand für diese selten ausgeführten Befehle sich lohnt. *RISC* steht für *reduced instruction set computer* und zielt darauf ab, nur wirklich häufig zum Ablauf kommende Befehle zu entwerfen, die andererseits aber universell genug sind, um die üblichen Programmiersprachen darauf abzubilden. Befehle [Bode, A. (1990)], die zwar bequem bzw. aus Softwaresicht zunächst wünschenswert wären, aber keine adäquate Nutzungsfrequenz hätten, werden nicht realisiert. Die benötigte Funktionalität muß in diesen Fällen softwareseitig implementiert werden.

Dadurch, daß auf einem Prozessor-Chip gegenüber dem CISC-Ansatz weniger Befehle implementiert werden müssen, kann die freigewordene Kapazität zur Geschwindigkeitsoptimierung der zu realisierenden Befehle benutzt werden. Die Praxis hat gezeigt, daß sich dieser Ansatz für die allermeisten Anwendungsfelder rechnet. Die RISC-Technik dominiert heute klar bei den leistungsfähigen Arbeitsplatzcomputern, die außerdem zunehmend an Bedeutung gewinnen.

## 4.2. Parallelarbeit in einzelnen Komponenten

Zusätzlich zu den im letzten Kapitel dargestellten Weiterentwicklungen des Von-Neumannschen Computerkonzepts läßt sich durch Parallelarbeit eine weitere Leistungssteigerung erzielen. Dies ist nicht zuletzt deshalb interessant, weil der Geschwindigkeitssteigerung in einzelnen Komponenten physikalische Grenzen gesetzt sind. Abb. 4.3 zeigt verschiedene Ansätze zur Leistungssteigerung von Computern im Überblick.

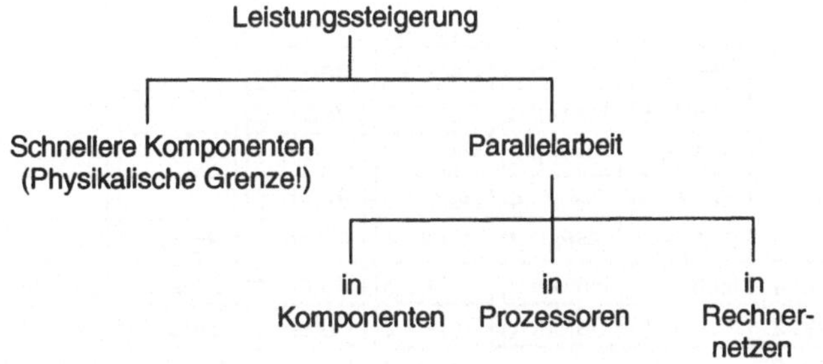


Abb. 4.3: Ansätze zur Leistungssteigerung

Bedingt durch die enormen Fortschritte der Hardwarefertigung, in der heute unter anderem ganze Prozessoren auf einem einzigen Chip beherrscht werden, ist es wirtschaftlich möglich geworden, Komponenten eines Computers mehrfach vorzusehen und zeitlich parallel an der Abarbeitung einer Aufgabe einzusetzen. Voraussetzung hierfür ist allerdings, daß sich die jeweilige Aufgabe in unabhängige Abschnitte aufteilen läßt.

### 4.2.1. Fließbandverarbeitung

Bei der Fließbandverarbeitung geht es darum, Befehle ähnlich wie bei der Montage von Produkten an einem Fließband (englisch: pipeline) zu verarbeiten. Das heißt, an mehreren Arbeitsstationen wird jeweils ein Teil eines Befehls abgearbeitet, wobei insgesamt gleichzeitig mehrere Befehle in der Pipeline in Arbeit sind. Dies setzt zunächst voraus, daß die Befehlsausführung in sequentielle Phasen aufgeteilt wird. Eine naheliegende Aufteilung eines Befehls ist in vier Phasen wie folgt möglich:

1. Befehl holen
2. Adresse berechnen

3. Operand holen

4. Operation ausführen

Allgemein werden bei einer Aufteilung in $n$ Phasen also $n$ Teilprozessoren zur Befehlsausführung eingesetzt.

### Beispiel 4.3: Fließbandverarbeitung

Gegeben sei ein Befehlsfließband mit vier Stationen. Abb. 4.4 zeigt, wie sich innerhalb von vier Befehlen, die sequentiell dem Fließband zugeführt werden, eine volle Fließbandauslastung ergibt. Ab dem vierten Befehl sind damit vier Befehle gleichzeitig in Arbeit.

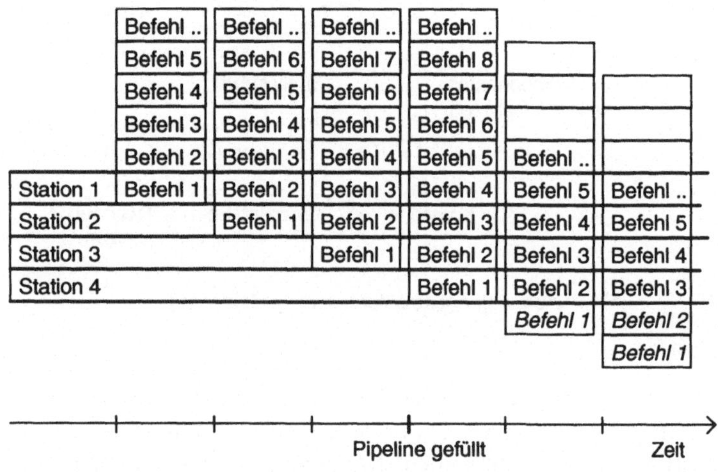


Abb. 4.4 : Befehlsfließband mit vier Stationen

Zur Betrachtung der Zeitersparnis, die sich durch ein Pipeline-Prinzip mit $n$ Phasen ergibt, sollen folgende vereinfachende Annahmen gelten:

1. Jeder Schritt habe dieselbe Ausführungsdauer.

2. Es liege eine lineare Befehlsfolge vor.

Unter diesen Annahme werden $m$ Befehle in $m + (n-1)$ Zeiteinheiten abgearbeitet. Dem gegenüber steht eine konventionelle Abarbeitungsdauer von $4m$ Zeiteinheiten, was für große m näherungsweise eine Steigerung um den Faktor vier ergibt.

In der Praxis sind hier jedoch etwas geringere Steigerungsraten zu erwarten, da beispielsweise bei einem bedingten Sprungbefehl die Adresse erst nach der letzten Phase fest steht und auch nicht alle Befehle optimal in ein festes Teilungsschema passen. Die Beschleunigung, die typischerweise erzielt wird, ist jedoch beträchtlich. Im übrigen kann die Fließbandverarbeitung auch auf komplexe Operationen, wie zum Beispiel Gleitkommarechnungen, angewandt werden und ist damit eine Technik, die bei modernen Computern konsequent benutzt wird.

### 4.2.2. Prozessoren für spezielle Zwecke

Beim Von-Neumann-Rechner gibt es einen Prozessor, das heißt ein Rechenwerk mit Steuerwerk, das für alle Aufgaben zuständig ist. Um diesen Prozessor (Hauptprozessor) zu entlasten, können für spezielle Aufgaben eigenständig arbeitende Prozessoren eingesetzt werden.

Ein typisches Beispiel hierfür sind sogenannte *Koprozessoren* wie beispielsweise Gleitkommaprozessoren. Die Gleitkommarechnung ist relativ zeitaufwendig. Mit speziellen Prozessoren, die für diese Aufgabe optimiert sind, läßt sich eine Leistungssteigerung um den Faktor zehn bis hundert bei Gleitkommarechnungen erreichen.

Speziell bei graphischen Anwendungen sind sehr häufig Matrizenmultiplikationen durchzuführen, um die Koordinaten von Bildelementen zu berechnen. In sogenannten Graphik-Workstations, das heißt Arbeitsplatzcomputern für graphische Anwendungen, werden daher im allgemeinen spezielle Prozessoren zur Matrizenmultiplikation eingesetzt.

Weitere typische Spezialprozessoren sind Prozessoren zur Durchführung der Ein- und Ausgabe von Daten. Solche Ein-/Ausgabeprozessoren, auch *Kanäle* genannt, übernehmen eigenständig die Abwicklung von Eingaben und Ausgaben über angeschlossene Geräte. Dazu haben sie einen direkten Zugriff auf den Arbeitsspeicher.

## 4.3.  Rechnernetze

### 4.3.1. Parallele Rechner

Parallelarbeit auf hohem Niveau ergibt sich durch den parallelen Einsatz ganzer Prozessoren oder gar vollständiger Computer zur Durchführung einer Aufgabe [Kober, R. (1988)]. Während die bisher angesprochenen Konzepte für den Programmierer keine, bzw. in Ausnahmefällen geringfügige Auswirkung auf die Programmgestaltung hatten, da sich im wesentlichen ihre Wirkung auf die Abarbeitung eines Befehls beschränkte, gilt dies nicht mehr bei der parallelen Verwendung von Prozessoren und vollständigen Rechnern.

Um zu einer Problemlösung sinnvoll mehrere Computer einzusetzen, sind parallele Algorithmen nötig. In den bisherigen Kapiteln wurde ein Algorithmus als sequentielle Schrittfolge betrachtet. Zur Parallelverarbeitung sind die Aufgaben durch mehrere parallel zum Ablauf kommenden Algorithmusschritte für unabhängige Teilaufgaben zu strukturieren. Abb. 4.5 verdeutlicht dies anhand der Aufgabenstellung der Addition von acht Zahlen.

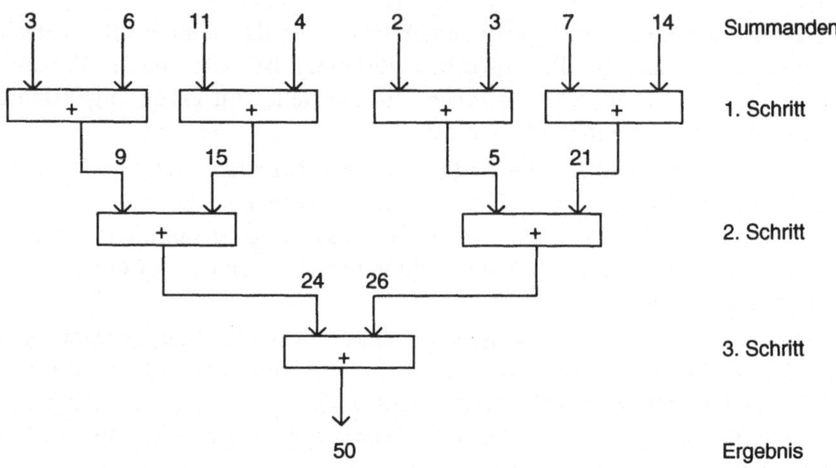


Abb. 4.5: Aufgliederung der Summierung von 8 Zahlen in Teilaufgaben und Lösung in 3 Schritten

In einem ersten Schritt lassen sich dabei jeweils vier Paare von Zahlen unabhängig voneinander addieren. Dies könnte gleichzeitig durch Einsatz von vier Prozessoren erledigt werden. Im nächsten Schritt werden die in Schritt 1 berechneten Teilsummen addiert. Hierzu genügen zwei Prozessoren. Mehr kann zu diesem Zeitpunkt nicht gleichzeitig berechnet werden, so daß sich momentan in dieser Aufgabenstellung keine Einsatzmöglichkeit der beiden anderen freigewordenen Prozessoren ergibt. Noch stärker tritt dieser Effekt im letzten Algorithmusschritt auf, der die Addition der beiden im zweiten Schritt errechneten Zwischensummen beinhaltet.

**Beispiel 4.4: Parallele Abarbeitung**

Zu berechnen sei der Wert von $z$ in folgendem Ausdruck

$$z := \frac{(x - y) \cdot (x + y)}{2 \cdot x \cdot y}$$

Eine sequentielle Vorgehensweise erfordert sechs Schritte und läßt sich folgendermaßen bewerkstelligen:

1. h1 := x-y
2. h2 := x+y
3. h1 := h1·h2
4. h2 := 2·x
5. h2 := h2·y
6. z := h1 / h2

Hierbei sind h1 und h2 Hilfsvariablen und können zum Beispiel in Registern gespeichert werden. Man erkennt, daß bei diesem Ablauf Schritt 2 von Schritt 1 unabhängig und desweiteren Schritt 4 von allen vorangegangenen Schritten unabhängig ist. Stehen drei Prozessoren zur Verfügung, lassen sich die Operationen folgendermaßen verteilen:

| Prozessor 1 | | | Prozessor 2 | | | Prozessor 3 | | |
|---|---|---|---|---|---|---|---|---|
| 1. | h1 := | x-y | h2 := | x+y | | h3 := | 2·x |
| 2. | h1 := | h1·h2 | | | | h3 := | h3·y |
| 3. | z := | h1/h3 | | | | | |

Auf diese Weise läßt sich die Rechnung statt in sechs in nur drei Zeitschritten durchführen. Zeitschritte identischer Dauer vorausgesetzt, ergibt sich in diesem Beispiel beim Einsatz von drei Prozessoren eine zeitbezogene Leistungssteigerung um den Faktor zwei.

Bereits an diesem einfachen Beispiel wurde anschaulich klar, daß sich Aufgaben nur selten, im allgemeinen nicht oder nur selten gleichmäßig auf alle Prozessoren aufteilen lassen. Ein Ziel für Multiprozessorsysteme ist es, Übersetzer zu entwickeln, die herkömmlich geschriebene Programme automatisch in parallelisierbare Einheiten übersetzen, abgestimmt auf eine spezifizierbare Zahl von Prozessoren. Derzeit liefern existierende Übersetzungsprogramme für Parallelverarbeitung nur eingeschränkte Resultate, die im Bedarfsfalle noch "von Hand" optimiert werden müssen. Wenn gar für eine Aufgabe ein nennenswerter Anteil an nichtparallelisierbaren Operationen vorliegt, läßt sich auch mit beliebig vielen Prozessoren nur sehr wenig Zeitgewinn erzielen.

Bisher wurden im wesentlichen nur parallele Prozessoren betrachtet, was impliziert, daß die Prozessoren sich einen gemeinsamen Arbeitsspeicher teilen müssen (vgl. Abb. 4.6). Nachdem der Arbeitsspeicher zu einem Zeitpunkt nur eine Schreib- oder Leseoperation ausführen kann, bedeutet dies, daß eine Sequentialisierung des Zugriffs durchgeführt werden muß, wenn mehrere Prozessoren gleichzeitig Speicherzugriff benötigen. In diesem Falle entstehen offensichtlich Wartepausen für einzelne Prozessoren. Daher ist bei diesem Konzept die sinnvolle Anzahl der Prozessoren begrenzt, wenn sie einander nicht gegenseitig behindern sollen.

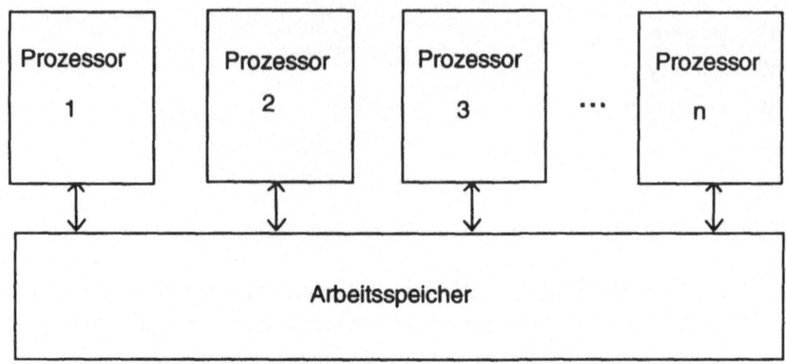


Abb. 4.6:  Parallel arbeitende Prozessoren mit Kommunikation über einen gemeinsamen Arbeitsspeicher

Eine weitergehende Lösung ist hier die Verbindung von $n$ Rechnern mit jeweils einem eigenem lokalen Speicher über Leitungen. In diesem Falle handelt es sich nicht nur um ein Multiprozessor-, sondern um ein *Multirechnersystem*.

Im allgemeinen ist jedoch die Kommunikation über einen gemeinsamen Spei-cher schneller als über Leitungsverbindungen zwischen Computern, solange es keine Zugriffskonflikte gibt. Um das Geschwindigkeitsproblem bei parallelen Rechnern zu mildern, wird üblicherweise eine parallele Übertragung mit Wort-breite eingesetzt. Es ist jedoch zu beachten, daß im Falle von $n$ Rechnern, wenn jeder mit jedem verbunden sein soll,

$$n \cdot (n-1)/2 \approx n^2/2$$

Verbindungen benötigt werden. Das heißt, die Anzahl der Leitungen im Netz wächst nahezu quadratisch mit der Anzahl der zu verbindenden Rechner. In der Praxis beschränkt man sich daher auf spezielle Verbindungstopologien.


## 4.3.2. Netztopologien

Über Leitungen verbundene Rechner werden auch Rechnernetze genannt. Abb. 4.7 zeigt sechs verschiedene Verbindungstopologien, wobei jeder Kreis einen Rechner symbolisiert und die Verbindungslinien Leitungen darstellen.

Es lassen sich bei Netzen zwei Klassen von verbundenen Rechnern unterscheiden:

- direkte Nachbarn
- mittelbare Nachbarn

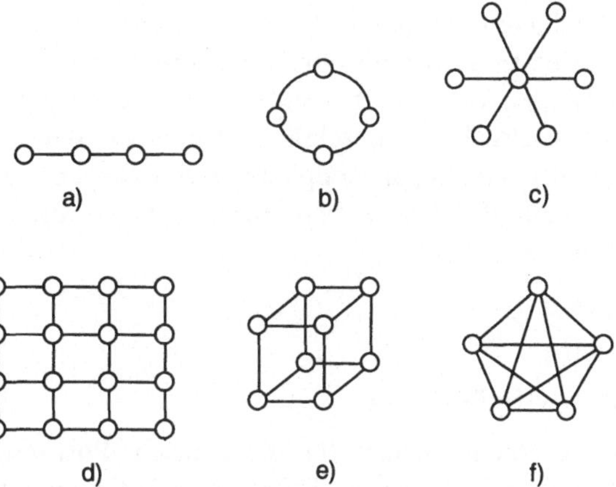

Abb. 4.7:  Verbindungstopologien für vernetzte Rechner  a) Bus,  b) Ring,  c) Stern, d)  Gitter, e)
           Würfel, f) vollständig vernetzt

Direkte Nachbarn sind solche Rechner, zwischen denen eine direkte Verbindungsleitung existiert. Mittelbare Nachbarn sind nur über einen oder mehrere andere Rechner miteinander verbunden. Dies macht einerseits die Kommunikation langsamer, da die zwischengeschalteten Rechner die Information aufnehmen und weitergeben müssen, andererseits sind die zwischenliegenden Rechner durch diese Transportfunktion zusätzlich belastet. Rechner in einem Rechnernetz werde auch *Knoten* des Netzes genannt. Zur Charakterisierung von Rechnernetzen dient folgende Definition:

**Definition 4.2: Knotengrad, Entfernung, homogenes Netz, heterogenes Netz**
Unter dem *Grad des Knotens* in einem Rechnernetz versteht man die Anzahl der abgehenden Leitungen. Die *Entfernung* zwischen zwei Knoten ist definiert als die kleinste Anzahl von Verbindungsleitungen, über die ein Knoten vom anderen aus erreicht werden kann. Ein *homogenes Netz* ist ein Netz, bei dem alle Knoten von gleichem Grad sind. Ein Netz, das nicht homogen ist, heißt *heterogen*.

In den in Abb. 4.7 dargestellten Netztopologien sind Bus, Gitter und Stern heterogen. Bus und Stern sind außerdem dadurch gekennzeichnet, daß sie die geringste Zahl der Verbindungen, nämlich jeweils $n$-1, bezogen auf die Anzahl $n$ der Knoten besitzen.

Die einzelnen Verbindungstopologien von Rechnernetzen sind für verschiedene Aufgaben unterschiedlich gut geeignet. So ist beispielsweise die Gitterstruktur gut geeignet für die Lösung von partiellen Differentialgleichungen. Allgemein bedeutet das, daß Rechnernetze zur Parallelverarbeitung im Gegensatz zu Von-Neumann-Computern nicht universell einsetzbar sind. Deshalb beschränkt sich ihr Einsatz heute noch auf Spezialanwendungen.

Die bisher betrachteten parallelen Konzepte waren getrieben von benötigter Rechenleistung. Da es sich im Falle von Rechnernetzen um Verbindungen von autonom betriebsfähigen Computern handelt, sind Rechnernetze nicht auf Anwendungen des Parallelrechnens beschränkt. Heute existiert eine Vielzahl von Rechnernetzen. Häufig sind sogar Kopplungen von Netzen realisiert. Hier handelt es sich also um ein Netz von Rechnernetzen. Weitverbreitete Anwendungsbeispiele für Rechnernetze sind:

– Elektronische Post

– Konferenzsysteme

– Vernetzte Ingenieursarbeitsplätze

Bei der Nutzung von Rechnernetzen für elektronische Post (englisch: electronic mail oder kurz e-mail) geht es darum, Informationen (hauptsächlich Texte) zwischen Computerarbeitsplätzen auszutauschen. Jeder Teilnehmer eines Electronic-Mail-Systems hat eine eigene Netzadresse, vergleichbar mit einer postalischen Anschrift. Nachrichten kann dann jeder Teilnehmer an beliebige andere Teilnehmer unter Angabe von deren Zieladresse im Netz verschicken. Dies geht soweit, daß heute beispielsweise die überwiegende Mehrheit von Naturwissenschaftlern und Ingenieuren in Forschung und Entwicklung weltweit über ein Netz von Rechnernetzen per e-mail miteinander verbunden sind.

Konferenzsysteme können als spezielle bzw. weiterentwickelte Electronic-Mail-Systeme verstanden werden. Hier sind verschiedene Teilnehmer über ein Rechnernetz zum Zweck einer Kommunikation über bestimmte Interessensbereiche miteinander verbunden. Die Zulassung zur Teilnahme an einer Computerkonferenz ist beschränkt und über Passwörter geschützt. Bei dieser Anwendung ist es, ähnlich wie bei einer konventionellen Konferenz, bei der die Teilnehmer an einem Tisch sitzen, möglich, Fragen an die Teilnehmerrunde zu stellen. Im Gegensatz zu persönlichen Besprechungen müssen bei Computerkonferenzen jedoch nicht alle Teilnehmer gleichzeitig vor ihren jeweiligen Computerbildschirmen sitzen. Vielmehr ist es so, daß alle verschickten Nachrichten in einen speziellen Speicherbereich der Adressaten geschrieben werden. Beim Zuschalten eines Teilnehmers an das Konferenzsystem werden ihm dann automatisch die aktuellen Informationen angezeigt.

Bei vernetzten Ingenieursarbeitsplätzen geht der Zweck für die Verbindung der Computer weit über den Austausch von Informationen hinaus. Bei komplexen Produktentwicklungen, wie zum Beispiel neuen Flugzeugen, Fahrzeugen oder Produktionsanlagen, sind gleichzeitig ein Vielzahl von Ingenieuren beteiligt. Hier geht es einerseits darum, Datensätze, wie zum Beispiel CAD-Modelle, auszutauschen, andererseits wird gefordert, bestimmte Ressourcen einer Vielzahl von Arbeitsplätzen über das Netz verfügbar zu machen, wie zum Beispiel die Möglichkeit, Zeichnungen eines Automobils im 1:1-Format auszudrucken oder die Möglichkeit, Höchstleistungsrechner zum Zweck einer komplexen Simulation einzusetzen.

Allgemein spricht man je nach Zweck des Rechnernetzes von einem *Datenverbund*, *Funktionsverbund* oder *Lastverbund*. Beim Datenverbund geht es, wie der Name schon sagt, darum, Daten innerhalb des Netzes für die einzelnen Knoten gemeinsam nutzbar zu machen. Beim Funktionsverbund wird die Möglichkeit geschaffen, daß auf bestimmte Funktionen, die an einem Knoten des Netzes verfügbar sind, auch von anderen Knoten aus zugegriffen werden kann. Im Lastverbund hingegen steht die Auslastung des Netzes im Vordergrund. Dabei können an einem Knoten anliegende Aufgaben zur Bearbeitung an weniger ausgelastete Knoten übergeben werden. Das Ergebnis wird dann an den delegierenden Knoten zurückgespielt. Der Anwender sieht dabei im allgemeinen nicht mehr, an welcher Stelle bzw. an welchen Stellen im Netz sein Rechenauftrag bearbeitet wird.

Rechner eines Netzes können von verschiedenen Herstellern sein und damit verschiedene interne Informationsdarstellungen und Steuersignale benutzen. Um zu vermeiden, daß zwischen der Vielzahl von möglichen Implementierungen jeweils eigene Übertragungsmodi entwickelt werden müssen, wird die Kommunikation zwischen solchen heterogenen Netzknoten standardisiert. Dabei werden die spezifischen Signale in ein standardisiertes Format umgewandelt. Die Vorschrift über die Art der zur Übertragung kommenden Signale wird auch *Übertragungsprotokoll* oder kurz *Protokoll* genannt. Am Empfänger-Knoten wird die standardisierte Darstellung erneut gewandelt und zwar in die spezifische Darstellung des empfangenden Knotenrechners.

| Header | Nachricht | Trailer |
|---|---|---|

Abb. 4.8: Struktur eines Übertragungsblocks bei Rechnernetzen

Die Information wird dabei üblicherweise bitseriell blockweise übertragen, wobei Prüfbits zur Fehlererkennung oder Korrektur hinzugefügt werden. Vor und nach der zu übertragenden Information, das heißt der eigentlichen Nachricht, werden umfangreiche Steuerinformationen mitgeschickt. Die Steuerinformation vor der Nachricht wird auch *Header* genannt und dient der Adressierung, dem Verbindungsaufbau und der strukturellen Beschreibung der nachfolgenden Information. Die Steuerinformation am Schluß eines Blocks, genannt *Trailer*, dient im wesentlichen dem Abbau der logischen Verbindung. Die Steuerinformation kann insgesamt sogar umfangreicher als die eigentliche Nachricht sein. Abb. 4.8 zeigt das allgemeine Aufbauschema eines Übertragungsblocks.

### 4.3.3. Lokale Netze

Wenn alle Rechner eines Netzes innerhalb einer Entfernung von ca. 2,5 km liegen, kann man sie mittels eines *lokalen Netzes* (englisch: *local area network* oder kurz *LAN*) verbinden. Solche lokalen Netze sind üblicherweise private Verbindungsleitungen, die als Koaxkabel  oder als Glasfaserleitung (Lichtleiter) ausgeführt sind. Koaxkabel sind relativ preiswert und werden derzeit zumeist mit einer Datenübertragungsrate von ca. 10 MBit/sec betrieben. Glasfaserverbindungen erlauben einerseits wesentlich höhere Datenübertragungsraten (Größenordnung 100 MBit/sec) und ermöglichen andererseits einen störsicheren Betrieb insbesondere in Einsatzbereichen mit großen elektromagnetischen Störfeldern, wie sie beispielsweise in Maschinenhallen mit Starkstrombetrieb auftreten können.

Die Ausbildung von lokalen Rechnernetzen erfolgt zumeist als Bus-, Ring- oder Sternstruktur, wobei Bus- und Ringstruktur in der Praxis derzeit überwiegen. Bei der Busstruktur überwachen alle angeschlossenen Knoten die Daten auf dem Bus bezüglich der Adresse und übernehmen die an sie bestimmten Nachrichten. Bei der Ringstruktur werden die Nachrichten üblicherweise in Form von sogenannten *Token* von einem Knoten zum nächsten weitergereicht, bis ein Token an seiner Zieladresse angelangt ist. Während hier einerseits die Zwischenknoten eine aktive Rolle spielen und daher zunächst stärker als im Falle der Busstruktur belastet sind, ergibt sich andererseits der Vorteil, daß in einem Ring zwei Übertragungswege zwischen zwei Knoten benutzt werden können. Zum Beispiel kann eine Meldung auf dem einen Weg geschickt werden und die Antwort oder Empfangsbestätigung auf dem anderen Weg erfolgen, wodurch sich eine besseren Auslastung des Netzes ergeben kann.


### 4.3.4. Weitverkehrsnetze

Rechnernetze, bei denen die Knoten größere Distanzen als beim LAN aufweisen, werden als *Weitverkehrsnetze* (englisch: *wide area network* oder kurz *WAN*) bezeichnet. Bei Weitverkehrsnetzen erfolgt die Übertragung normalerweise über öffentliche Netze. Die Distanzen sind dabei im wesentlichen unbeschränkt. Physikalisch können zum Beispiel Telefonleitungen oder Funkstrecken benutzt werden.

Bei Netzen, die Knoten in verschiedenen Erdteilen umfassen, erfolgt die Übertragung zwischen den Erdteilen beispielsweise per Funk über Satelliten, während innerhalb eines Kontinents die Verbindungen der Knoten noch häufig mit terrestrischen Subnetzen erfolgen. Während bei lokalen Netzen die Übertragungsrate im Bereich von MBit/sec bis GBit/sec liegt, beträgt sie bei Weitverkehrsnetzen heute typischerweise 64 KBit/sec bis 100 MBit/sec. Für die Spezifikation von Datenübertragungsraten ist auch die Einheit *Baud* gebräuchlich, wobei ein Bit/sec einem Baud entspricht.

# 5. Programmentwicklung

Nachdem in den vorangegangenen Kapiteln der Aufbau und die Funktionsweise eines Computers dargestellt wurde, geht es in diesem Kapitel um die Konstruktion von Programmen zum Lösen von konkreten Aufgaben. Nach einer Einführung in die typischen Phasen der Programmentwicklung wird eine Methode zur formalen, jedoch von einer konkreten Programmiersprache unabhängigen Beschreibung von Algorithmen eingeführt. Anschließend werden Ansätze für Werkzeuge zur rechnergestützten Programmentwicklung besprochen und schließlich eine Einordnung von Programmiersprachen auf verschiedenen Niveaus gegeben.

## 5.1. Vom Problem zum Programm

Ein praktisches Problem liegt normalerweise nicht in einer Form vor, die zur unmittelbaren Bearbeitung mit dem Computer geeignet ist. Ausgehend von einer Problemstellung, läßt sich die übliche Vorgehensweise bis zur vollständigen Lösung des Problems in folgende Phasen einteilen:

1. Problembeschreibung vervollständigen und analysieren
2. Entwerfen eines Algorithmus zur Lösung
3. Verifikation bzw. Überprüfung des Algorithmus
4. Implementierung, das heißt Erstellung des Programms
5. Testen und Fehler beseitigen
6. Softwarewartung

In jeder Phase sind dabei die Ergebnisse geeignet zu dokumentieren, um einerseits einen nachvollziehbaren Entwicklungsstand und andererseits verbindliche Beschreibungen zur Kommunikation innerhalb eines Entwicklungsteams zu haben.

Im folgenden werden die Aufgaben, die in den einzelnen Phasen zu bewerkstelligen sind, detaillierter ausgeführt. Die hier beschriebene Entwicklungsmethodik hat sich in der Praxis für Programme bis ca. 20 000 Programmzeilen bewährt. Für umfangreichere Entwicklungsvorhaben sollten zusätzliche Richtlinien und methodische Ansätze verwendet werden, die beispielsweise für jede Phase genaue Zielkriterien festlegen und beschreiben, unter welchen Bedingungen die Entwicklung mit der folgenden Phase fortgesetzt werden kann und wer jeweils die Entscheidungsbefugnis hat. Außerdem kommen bei großen Projekten Softwarewerkzeuge und formale Methoden zur rechnergestützten Entwicklung, wie sie in Kapitel 5.4 beschrieben werden, zum Einsatz.


### 5.1.1. Problemanalyse

Probleme sind zunächst oft nur unvollständig beschrieben. Bevor ein konkretes Lösungsverfahren angegeben werden kann, müssen erst sämtliche Randbedingungen spezifiziert werden. Beispiele für Randbedingungen sind die genaue Art und der Umfang von Eingabedaten. Ebenso muß die Art und die Darstellungsweise für die Ergebnisse festgelegt werden. Außerdem ist anzugeben, wie in Sonderfällen zu verfahren ist.

Hierzu wird in einem ersten Schritt eine Istanalyse durchgeführt und anschließend ein Sollkonzept entwickelt. Bei der Istanalyse wird die Problemstellung unter Einbezug aller Randbedingungen und Sonderfälle ermittelt und dokumentiert. Das Sollkonzept beinhaltet die Anforderungen an die zu entwickelnde Software und gegebenenfalls eine Beschreibung der Änderungen der Rahmenbedingungen für die künftige Vorgehensweise. Diese Anforderungen beziehen sich nicht auf die Realisierung von Funktionen mittels eines Programms, sondern beschreiben die Anforderungen aus der Problemsicht.

Im Anschluß an die Entwicklung des Sollkonzepts folgt die Durchführung einer Machbarkeitsstudie. Hierbei wird untersucht, ob sich die entwickelte Vorstellung unter gegebenen Rahmenbedingungen, insbesondere Zeit und Kosten, überhaupt realisieren läßt. Soweit die präzisierte Problemstellung zu einer Klasse von Problemen gehört, für die prinzipielle Lösungsverfahren bereits bekannt sind, wird sie entsprechend eingeordnet, und die Untersuchung gezielt bezüglich der bekannten Verfahren durchgeführt. Bei negativem Ausgang der Machbarkeitsstudie führt dies zu einer Revision der Anforderungen oder gar zur Aufgabe des Projektes. Im Falle eines positiven Resultats wird ein Projektplan erstellt, der den Rahmen für die weitere Vorgehensweise vorgibt. Hierbei werden insbesondere der Einsatz des Entwicklungspersonals und der Hilfsmittel festgelegt und ein Zeitplan erstellt. Die Anforderungen des Sollkonzepts werden in einem Dokument, genannt *Pflichtenheft*, festgehalten, das eine verbindliche Basis für die weitere Softwareentwicklung bildet.

## 5.1.2. Entwurf eines Lösungsverfahrens

Nachdem bei der Problemanalyse die Anforderungen an eine Lösung aus Problemsicht definiert werden, erfolgt in der Entwurfsphase die Entwicklung eines konkreten Lösungsverfahrens, das die gegebenen Anforderungen in ein Gesamtsystem umsetzt. Als Lösungsverfahren wird hier eine algorithmische Vorschrift, das heißt ein Algorithmus, verstanden. Bereits im ersten Kapitel wurde der Begriff des Algorithmus als ein schrittweise arbeitendes Verfahren benutzt. Eine informale Definition ist:

**Definition 5.1: Algorithmus**

Ein *Algorithmus* ist eine Verarbeitungsvorschrift mit folgenden Eigenschaften:

1. Sie liegt in Form einer endlichen Beschreibung vor (*Finitheit*), zum Beispiel als Text mit endlicher Länge oder als Diagramm.

2. Sie ist eindeutig (*Determiniertheit*), das heißt, sowohl die Wirkung der Operationen als auch ihre Reihenfolge ist eindeutig festgelegt , eventuell in Abhängigkeit von Eingabedaten und Zwischenergebnissen.

3. Bei der Ausführung der Verarbeitungsvorschrift wird nach endlich vielen Schritten ein Endzustand erreicht (*Terminierung*). Die Verarbeitung ist dann zu Ende.

**Beispiel 5.1: Keine Algorithmen**

a) Die Regeln des Schachspiels als Vorschrift. Verletzt ist hier die Determiniertheit, da es im allgemeinen mehrere Zugmöglichkeiten gibt.

b) Die üblichen Rechenregeln zur Berechnung der Dezimaldarstellung von Brüchen. Hier ist keine endliche Durchführbarkeit (Terminierung des Verfahrens) gesichert, wie am Beispiel 1/3 = 0,33... zu erkennen ist.

c) Die Vorschrift: "Bestimme für je zwei natürliche Zahlen a, b die Summe a+b durch Nachschauen in der Tabelle von Abb. 5.1.

| a\b | 0 | 1 | 2 | 3 | 4 | 5 | ... |
|-----|---|---|---|---|---|---|-----|
| 0 | 0 | 1 | 2 | 3 | 4 | 5 | ... |
| 1 | 1 | 2 | 3 | 4 | 5 | 6 | ... |
| 2 | 2 | 3 | 4 | 5 | 6 | 7 | ... |
| ... | ... | ... | ... | ... | ... | ... | ... |

Abb. 5.1: Zuordnungstabelle

Verletzt ist dabei die Eigenschaft der Finitheit, das heißt Endlichkeit der Beschreibung.

**Beispiel 5.2: Algorithmen**

a) Eine Vorschrift zum Bedienen eines Warenautomaten in der Form:

```
(1)        Geld einwerfen
(2)        Falls Geld akzeptiert:
(2.1)          Wähltaste drücken
(2.2)          Ware entnehmen, fertig
(3)        Falls Geld nicht akzeptiert:
(3.1)          Rückgabeknopf drücken
(3.2)          Geld entnehmen, fertig.
```

Strenggenommen müßte jedoch das Verhalten des Automaten näher definiert werden. Sonst wären weitere Zustände denkbar, wie etwa bei (2.2) "keine Ware vorhanden" oder bei **Fehler! Textmarke nicht definiert.** (3.2) "es kommt kein Geld zurück".

b) Kochrezepte, soweit dabei die Reihenfolge der einzelnen Zubereitungsschritte eindeutig festgelegt ist.

c) Die aus der Schule bekannten Lösungsvorschriften für lineare und quadratische Gleichungen sowie das Hornerschema zur Auswertung von Polynomen.

In der Informatik sind jedoch auch Verarbeitungsvorschriften interessant, die zu nichtabbrechenden Aktionsfolgen führen. Beispiele hierfür sind:

– das Betriebssystem eines Computers

– Programme für Verkehrsüberwachung

– die Überwachung und Steuerung kontinuierlicher Prozesse aller Art (z.B. Kraftwerkssteuerung)

Im Sinne der Definition 5.1 sind dies keine Algorithmen. Es handelt sich hierbei um Prozesse. Prozesse haben zwar Zustände, aber kein Ergebnis.

Beim Entwurf einer Realisierung der Anforderungen des Pflichtenhefts wird angestrebt, die Gesamtlösung in voneinander unabhängig realisierbare Module aufzuteilen, um die Bearbeitung durch mehrere Personen zu vereinfachen bzw. überhaupt erst zu ermöglichen. Weitverbreitet ist dabei der Ansatz einer hierarchischen Modularisierung. Bei diesem Lösungsansatz wird die Aufgabe in wenige Teilaufgaben zerlegt, deren Lösung innerhalb separater Module angestrebt wird. Bei der Entwicklung dieser Module wiederum wird nach dem selben Prinzip verfahren. Dies wird solange fortgesetzt, bis Teilaufgaben auf elementare Weise gelöst werden können. Man nennt diese Vorgehensweise auch Verfahren der *schrittweisen Verfeinerung.* Wichtig ist in diesem Zusammenhang, daß die Schnittstellen der Module genau beschrieben werden, so daß die Module unabhängig voneinander entwickelt und getestet werden können.

Das Ergebnis der Entwurfsphase wird in Form einer Spezifikation dokumentiert. In dieser Spezifikation werden für jedes Modul Schnittstellen, Funktion und Anwendung beschrieben. Zusätzlich wird ein Gesamtüberblick über die Abhängigkeiten und Wechselwirkungen der Module untereinander gegeben.

### 5.1.3. Verifikation des Algorithmus

Eine Überprüfung der Korrektheit des entwickelten Lösungsverfahrens ist erforderlich, um im Fehlerfalle die Erstellung eines a priori falschen Programms zu vermeiden. Die Einsparung unnötiger Arbeit ist allerdings nur ein Grund für Überlegungen zur Korrektheit des entwickelten Algorithmus. Computerbasierte Lösungen kommen normalerweise nur dann zum Einsatz, wenn die Lösung nicht trivial ist, deshalb ist die Prüfung der Korrektheit eines Programmergebnisses durch den Anwender oft nicht möglich. Ein falsches Resultat kann schwerwiegende Folgen haben, man denke beispielsweise an ein Buchhaltungsprogramm oder ein Programm zur Steuerung eines Kernkraftwerks.

Korrektheitsbeweise sind meist nicht durchführbar. Dies hängt unter anderem damit zusammen, daß bei der Beschreibung eines Algorithmus nur beschränkt formale Methoden zum Einsatz kommen. In der Praxis benutzt man deshalb häufig nur heuristische Überlegungen. Dies impliziert bereits die Notwendigkeit von Tests eines solchen in Programmform umgesetzten Algorithmus selbst dann, wenn die im folgenden beschriebene Implementierungsphase fehlerlos erfolgte.

### 5.1.4. Implementierung

Die Beschreibung eines Algorithmus in umgangssprachlicher Form ist als Ausführungsvorschrift für den Computer noch nicht unmittelbar geeignet, da sie nicht eindeutig interpretierbar ist. Auch eine Beschreibung in Diagrammform, wie etwa als Flußdiagramm, löst diese Problematik nicht. Die Beschreibung eines Algorithmus ist vielmehr in eine dem Computer angepaßte (Programmier-) Sprache zu überführen. Eine solche Beschreibung heißt *Programm*.

**Beispiel 5.3: Algorithmusschritt als Programmteil**
In umgangssprachlicher Form sei folgender Algorithmusschritt gegeben: "Der Wert der Zahl z soll sich aus der Summe der Werte der Zahlen x, y ergeben".
In der Programmiersprache PASCAL ergibt sich hierfür die folgende Anweisung:
z := x + y;

Jede Programmiersprache verfügt, abgestimmt auf den vorgesehenen Einsatzzweck, über:

— einen Vorrat an elementaren Operationen,

— verschiedene Datentypen und

— Ausdrucksmittel zur Steuerung der Reihenfolge der Operationen.

Der Einsatzbereich einer Programmiersprache ergibt sich unter anderem aus den zur Verfügung stehenden Datentypen. Zu jedem Datentyp gehören bestimmte zulässige Operationen der Sprache. Es kann beispielsweise so sein, daß ein spezieller Operator nur auf Werte eines Datentyps anwendbar ist oder daß ein Operator unterschiedliche Wirkungen je nach Datentyp der Operanden hat. Die Ausdrucksmittel zur Steuerung der Reihenfolge von Operationen erlauben den Aufbau von sogenannten Kontrollstrukturen.

**Beispiel 5.4: Datentyp**

In umgangsprachlicher Formulierung sei eine "Liste von 100 ganzen Zahlen" gegeben.

In PASCAL kann dies durch folgende Deklaration ausgedrückt werden:

*var* a: *array* [ 0..99 ] *of* integer;

Gemäß der Spezifikation der Module sind bei der Implementierung in einer zu wählenden Programmiersprache Datenstrukturen und Kontrollstrukturen zu definieren und schließlich eine vollständige Folge von Anweisungen zu programmieren.

Die Dokumentation der Implementierung erfolgt durch eine übersichtliche Darstellung des Programmtextes, zum Beispiel durch Einrücken von Zeilen und Einfügen von Leerzeilen. Außerdem werden aussagekräftige Bezeichner, das heißt Namen für Variable, Konstante, Unterprogramme usw., verwendet und der eigentliche Programmtext durch genügend viele Kommentare ergänzt. Ebenso wichtig sind eine Übersichtsbeschreibung des Programmaufbaus und die Angabe von Hinweisen über  spezielle Einschränkungen.


## 5.1.5. Testen und Fehlerbeseitigung

Programmfehler können einerseits durch eine falsche Umsetzung eines entwickelten Algorithmus entstehen und andererseits dadurch, daß bereits Fehler im zugrunde liegenden Algorithmus vorhanden sind. Die Notwendigkeit für das Testen und eine entsprechende Fehlerbehandlung ist damit unmittelbar klar. Man unterscheidet zwei Arten von Fehlern:

1. syntaktische Fehler
2. logische Fehler

Bei den *syntaktischen Fehlern* handelt es sich um Verstöße gegen die Syntax der Programmiersprache. Sie sind insofern unproblematisch, als sie bereits vom Compiler bemerkt werden. Es wird eine entsprechende Fehlermeldung ausgegeben und erst gar kein lauffähiges Programm erzeugt.

Schwerwiegender sind die logischen Fehler. Bei dieser Fehlerart unterscheidet man weiter zwischen

a) Laufzeitfehlern und
b) strukturellen Fehlern.

Ein *Laufzeitfehler* entsteht dadurch, daß ein syntaktisch korrektes Programm bei der Durchführung eine nicht ausführbare oder als unzulässig erkannte Operation auszuführen versucht. Zwei typische Beispiele hierfür sind eine Division durch Null und ein Zugriff auf nicht vorhandene Größen, was häufig durch eine unbeabsichtigte Bereichsüberschreitung bei Feldern verursacht wird.

*Strukturelle Fehler* entstehen beispielsweise durch eine nicht korrekte Umsetzung des Algorithmus. Es erscheint jedoch im allgemeinen keine Fehlermeldung, da weder die Syntax der verwendeten Programmiersprache verletzt wurde, noch notwendigerweise ein Laufzeitfehler auftritt. Weil das Programm aber nicht genau dem vorgegebenen Algorithmus entspricht, liefert es für einige oder auch alle Eingabedaten falsche Resultate. Diese Fehler sind schwer zu erkennen, da sie oft nur in ganz speziellen Sonderfällen auftreten. Bestimmte strukturelle Fehler können für den Anwender zunächst zu plausiblen Resultaten führen, wenn sich die erhaltenen Ergebnis nicht zu sehr vom korrekten Ergebnis unterscheiden, was beispielsweise durch Rundungsfehler verursacht sein kann.

Beim Test auf Fehler wird das Ein-/Ausgabeverhalten der Implementierung gegenüber der Spezifikation überprüft. Man unterscheidet zwischen:

- Modultest
- Integrationstest
- Installationstest
- Abnahmetest

Beim *Modultest* wird die Funktionstüchtigkeit der einzelnen Module überprüft. Ein Problem dabei ist, daß Module im allgemeinen nicht eigenständig lauffähig sind. Daher müssen hier oft umfangreiche Testumgebungen entwickelt werden. Der Integrationstest zielt auf die Überprüfung des Zusammenbaus aller getesteten Einzelmodule ab. Wenn die Entwicklung nicht auf der Zielmaschine, das heißt nicht auf derselben Computerumgebung erfolgte, wie sie für den praktischen Einsatz geplant ist, muß zusätzlich noch ein *Installationstest* durchgeführt werden, um zu testen, ob sich die entwickelte Software auch auf der Zielhardware ordnungsgemäß verhält. Spätestens nach dem Installationstest sind Programme auch bezüglich ihrer Effizienz zu untersuchen und je nach Ergebnis zu verbessern. Dies ist besonders wichtig für Programme, die zur häufigen Benutzung vorgesehen sind. Mögliche Gesichtspunkte sind dabei:

- der Zeitbedarf bzw. die Ablaufgeschwindigkeit
- der Betriebsmittelbedarf, das heißt Speicherplatz, Belegung externer Geräte wie Drucker, Plotter usw.
- Stabilität und Genauigkeit, speziell bei numerischen Problemen

Der Auftraggeber der Entwicklung unternimmt schließlich nach der Auslieferung bzw. Abgabe der Lösung einen *Abnahmetest*, bei dem er überprüft, ob die Lösung dem Pflichtenheft und der Spezifikation genügt.

Die im Rahmen der Tests gefundenen Fehler werden behoben und die Behebung durch erneute Tests verifiziert. Wichtig ist dabei, daß bei Programmänderungen auch jeweils die Dokumentation entsprechend abgeändert wird.

### 5.1.6. Wartung

Anwendungsprogramme werden nach der Erstellung oft über viele Jahre hinweg eingesetzt. Während dieser Zeit ergibt sich hauptsächlich aus zwei Gründen die Notwendigkeit einer Wartung der Software.

Erstens kommen trotz sorgfältiger Testmaßnahmen bei der Programmentwicklung viele Fehler üblicherweise erst im Laufe des Anwendungsbetriebs zum Vorschein. Zum Teil können solche Fehler den Betrieb erheblich einschränken und müssen deshalb behoben werden.

Der zweite Hauptgrund für die Notwendigkeit der Softwarewartung kommt daher, daß sich die Umgebung des Betriebs der Software üblicherweise weiterentwickelt. Neue Computermodelle mit weiterentwickelten Betriebssystemen können beispielsweise eine neue Übersetzung des Anwendungsprogramms oder auch Programmänderungen notwendig machen. Ebenso ist es oft erstrebenswert, neue Ein- oder Ausgabegeräte zu unterstützen, was wiederum entsprechende Programmänderungen bzw. -ergänzungen nach sich zieht.

Da sich die Wartungsphase gewöhnlich über mehrere Jahre erstreckt, ist oft die Person nicht mehr verfügbar, die einen zu behebenden Fehler bei der Entwicklung verursacht hat oder einen Programmteil der zu erweitern ist. Hier wird die Bedeutung der Entwicklungsdokumentation besonders deutlich.

## 5.2.  Entwurf und Beschreibung von Algorithmen

Die drei ersten der im vorangegangenen Kapitel beschriebenen Entwicklungsphasen, bis hin zu einem verifizierten Algorithmus, werden im folgenden anhand eines konkreten Problembeispiels durchgeführt. Die Umsetzung des entwickelten Lösungsverfahrens in ein lauffähiges Computerprogramm wird in Kapitel 6 mittels der Programmiersprache PASCAL gezeigt.

### 5.2.1. Vorgehen am Beispiel Maximumsuche

Folgende Problemstellung bildet den Ausgangspunkt für den hier ausgeführten beispielhaften  Entwurf eines Lösungsverfahrens: Gegeben sei eine Liste von Zahlen. Gesucht ist das Maximum, das heißt die größte dieser Zahlen.

Die Vorgehensweise zur Entwicklung einer Lösung bzw. eines Algorithmus für diese Problemstellung beschränkt sich auf einen der Einfachheit des Beispiels angemessenen Umfang der Einzelschritte.

**Problemanalyse**

Die oben gegebene Aufgabenstellung ist relativ grob und läßt folgende Fragen noch offen:

1. Steht die Länge der Liste fest? Wenn nein, wie erfährt man die Länge? Kann die Liste auch leer sein?
2. Sind die Zahlen der Liste beliebig oder aus einem bestimmten Bereich? Handelt es sich beispielsweise um ganze Zahlen, rationale Zahlen, positive und/oder negative Zahlen?
3. Ist die Liste bereits sortiert? Wenn ja, nach welchem Kriterium (auf- oder absteigend)?
4. Wie soll die Lösung aussehen? Ist der Wert des Maximums auszugeben oder zum Beispiel die Position des Maximums innerhalb der Liste. Was ist, wenn das Maximum nicht eindeutig ist, was soll als Resultat bei einer leeren Liste erscheinen?
5. Woher erhält man die Liste? Steht sie bereits im Speicher oder soll sie eingelesen werden?

Die Problemstellung wird durch Festlegung der folgenden Randbedingungen präzisiert. Dies kann als vereinfachte Form eines Pflichtenhefts angesehen werden.

1. Die Anzahl der Listenelemente sei bekannt. Dabei kann die Liste auch leer sein.
2. Es handelt sich ausschließlich um ganze Zahlen.
3. Die Liste liegt ungeordnet vor.
4. Bei nichtleerer Liste soll sowohl der Wert als auch die Position des ersten Auftretens des Maximums mit einem erläuternden Text ausgeben werden. Bei leerer Liste soll eine entsprechende Meldung erfolgen.
5. Die Liste ist bereits im Speicher vorhanden.

Eine Einordnung in eine allgemeinere Klasse von Problemen mit bekannten Lösungsverfahren entfällt, da es sich um das erste (hier) behandelte Problem handelt. Es ist andererseits ein überschaubares Problem, so daß eine Aufspaltung in einfachere Teilprobleme nicht angezeigt ist. Es soll daher vollständig von einer Person gelöst werden.

**Entwurf eines Algorithmus**

Zunächst werden relevante Daten mit geeigneten bzw. aussagekräftigen Namen belegt, um bessere Formulierungsmöglichkeiten zu erhalten. Hierzu werden folgende Bezeichnungen vereinbart:

LISTE[n]:    n-tes Element der Liste  
ANZAHL:    Länge der Liste  
MAXIMUM: Wert des Maximums  
MAXPOS:    (erste) Position des Maximums

Als Lösungsansatz wird folgende Vorgehensweise gewählt:

1. Prüfe der Reihe nach für jede Zahl der Liste, ob sie größer ist als alle davor stehenden Zahlen. Das heißt, es wird geprüft, ob die Zahl größer als das Maximum der davor stehenden Zahlen ist.

2. Falls ja, markiere diese Zahl.

3. Nach vollständiger Abarbeitung der Liste ist die zuletzt markierte Zahl das gesuchte Maximum.

Dieser Lösungsansatz erfordert, daß der Reihe nach die Zahlen LISTE[1], LISTE[2], ... überprüft werden. Zu diesem Zweck ist die Einführung einer Größe I sinnvoll, welcher der Wert eines Ausdrucks X zugewiesen werden kann. Im vorliegenden Fall wird I der Reihe nach die Werte 1, 2, ... annehmen. Eine solche Größe I wird *Variable* genannt, da ihr Wert durch eine Zuweisung änderbar ist. Als Schreibweise für eine derartige Wertzuweisung wird vereinbart:

$$I \Leftarrow X$$

Sie ist folgendermaßen zu interpretieren:

1. Bestimme den Wert des Ausdrucks X.
2. Weise den Wert von X der Variablen I zu.
3. Falls der Ausdruck X auch die Variable I enthält, so wird zur Berechnung der derzeitige Wert von I berücksichtigt und erst nach Berechnung des Ausdrucks X bei der Zuweisung I mit dem Wert von X neu belegt.

Als weitere Konvention erfolgt die Schreibweise für den Wert einer Größe X kurz durch $\langle X \rangle$.

**Beispiel 5.5: Wertzuweisung**

| Zuweisung | Wert von I ($\langle I \rangle$) |
|---|---|
| $I \Leftarrow 4$ | 4 |
| $I \Leftarrow 2 + 5$ | 7 |
| $I \Leftarrow I + 14$ | 21 |
| $I \Leftarrow I / 3$ | 7 |

Mit diesen eingeführten Vereinbarungen ergibt sich folgender verfeinerte Lösungsansatz für die Maximumsuche:

```
(1)        Falls ANZAHL ≤⇐ 0 ist
(1.1)          dann schreibe "Liste leer"
(1.2)          sonst
(1.2.1)        MAXPOS ⇐ 1
(1.2.2)        MAXIMUM ⇐ LISTE[ 1 ]
(1.2.3)        I ⇐ 2
```

```
(1.2.4)           solange I ≤ ANZAHL ist, führe durch
(1.2.4.1)             falls LISTE[ I ] < MAXIMUM ist
(1.2.4.1.1)               so MAXIMUM ⇐ LISTE[ I ]
(1.2.4.1.2)               MAXPOS ⇐ I
(1.2.4.2)               I ⇐ I + 1
(1.2.5)           schreibe "Wert des Maximums:", <MAXIMUM>
(1.2.6)           schreibe "Position des Maximums:", <MAXPOS>
```

Es ist zu bemerken, daß dieser Ansatz nicht eine lineare Abfolge von Aktionen beschreibt, sondern in Abhängigkeit von Bedingungen (ANZAHL ≤ 0, I ≤ ANZAHL, ...) Aktionen wiederholt werden oder eine aus mehreren möglichen Aktionen ausgewählt wird. Außerdem ist diese verbale Beschreibung noch keineswegs eindeutig. So ist zum Beispiel nicht eindeutig definiert, welche Aktionen wiederholt auszuführen sind. Die Schachtelung der Operationen wurde lediglich durch optische Hilfsmittel wie Einrücken und Numerierung von Zeilen dargestellt.

## 5.2.2. Formalisierte Sprachmittel

Zur eindeutigen Beschreibung von Algorithmen werden im folgenden formalisierte Sprachmittel eingeführt. Eine Beschreibung in einer solchen Sprache nennt man auch *Pseudocode*. Für jedes Konstrukt dieser Algorithmenbeschreibungssprache ist festzulegen:

1. die exakte Form (*Syntax*)
2. die exakte Bedeutung (*Semantik*)

Um den Formalismus hier nicht unnötig weit zu treiben, erfolgt eine Beschränkung der standardisierten Formulierung auf:

- den Zuweisungsoperator "⇐"
- Kontrollstrukturen (Sprachmittel zur Steuerung der Reihenfolge von Aktionen)
- Ein-/Ausgabe

Bedingungen, Ausdrücke, Formeln, usw. werden weiterhin in der üblichen mathematischen bzw. umgangssprachlichen Notation geschrieben. Die einzuführenden formalen Sprachmittel sind so ausgewählt, daß sich die hiermit formulierten Algorithmen problemlos in Programme einer konkreten Programmiersprache, wie beispielsweise PASCAL, umsetzen lassen.

Zur Erläuterung verschiedener Konstrukte werden Ablaufdiagramme verwendet. Sie werden in vielen Fachgebieten eingesetzt und sind bezüglich ihrer Darstellung in DIN 66001 normiert. Abb. 5.2 gibt einen Überblick über die grundlegenden Symbole.

Grundsätzlich ließen sich ganze Programme durch Ablaufdiagramme beschreiben. Hierfür wurden jedoch andere Diagrammdarstellungen, die sogenannten *Struktogramme* oder auch nach ihren Schöpfern *Nassi-Shneiderman-Diagramme* genannt, entwickelt. Sie zeichnen sich dadurch aus, daß sie zu einer übersichtlichen Programmstruktur führen, indem beispielsweise unbedingte Sprünge nicht darstellbar und damit gewissermaßen nicht erlaubt sind. Solche Sprünge bzw. Verzweigungen zu beliebigen Stellen eines Ablaufs machen die Struktur eines Programms erfahrungsgemäß unübersichtlich und schwer nachvollziehbar. Sie bilden damit eine Quelle für viele Fehlermöglichkeiten.

Für die Darstellung der simplen Konstrukte der im folgenden einzuführenden Beschreibungssprache wird jedoch auf Struktogramme verzichtet und die dem Leser eher geläufigen Ablaufdiagramme verwendet.

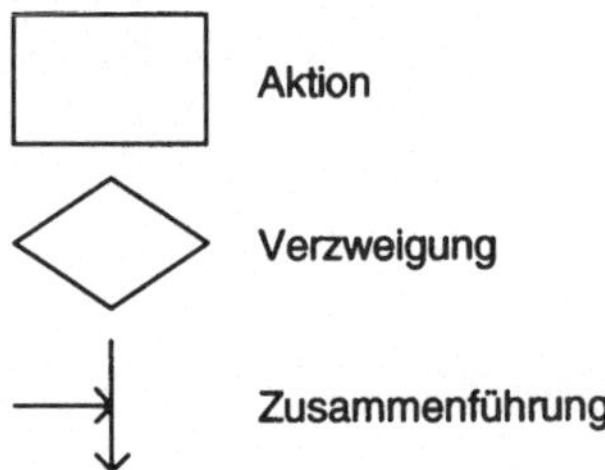


Abb. 5.2: Grundlegende Symbole für Ablaufdiagramme nach DIN 66001

**Ein-/Ausgabe**

Für die Eingabe von Werten für Variablen X, Y, Z, ... lautet die Darstellung:

    EINGABE( X, Y, Z, ...)

Die Ausgabe der Werte von Größen X, Y, Z, ..., die Variable, Konstante, Texte oder allgemeinere Ausdrücke sein können, wird geschrieben als:

    AUSGABE( X, Y, Z, ...)

**Verzweigungen**

Bei Verzweigungen wird in Abhängigkeit von einer Bedingung B eine von zwei verschiedenen Aktionsfolgen A1 und A2 durchlaufen. Im Beispiel der Maximumsuche liegt eine Verzweigung an der Stelle "Falls ANZAHL $\leq$ 0" vor.

Während Abb. 5.3 eine Verzweigung als Ablaufdiagramm zeigt, wird sie wie folgt geschrieben:

    wenn B dann A1 sonst A2 wennende

Das Ende der Aktionsfolge A1 wird durch das Wortsymbol *sonst*, das Ende der Aktionsfolge A2 und gleichzeitig das Ende der Verzweigung durch das Wortsymbol *wennende* gekennzeichnet. Für den Sonderfall, daß A2 leer ist, lautet die formale Beschreibung:

    wenn B dann A wennende

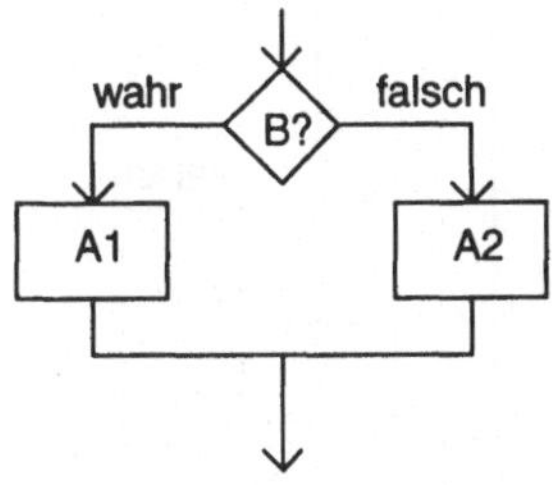


Abb. 5.3: Ablaufdiagramm der Verzweigung

## Schleifen

Unter einer Schleife versteht man die wiederholte Ausführung von Operationen. Die Beendigung dieser Wiederholungen hängt von einer Bedingung B ab. Bei der Verzweigung wurde *vor* dem Ausführen der Aktionenfolge geprüft, ob sie zu durchlaufen ist. Bei vielen Anwendungsproblemen ist es jedoch praktischer, diese Prüfung erst *nach* jedem Schleifendurchlauf vorzunehmen. Häufig ist auch bereits beim Eintritt in die Schleife die Zahl der Durchläufe bekannt. In allen drei Fällen ist die Schleife festgelegt durch:

– die Operationen bei jedem Schleifendurchlauf, genannt *Schleifenrumpf* und

– eine Abbruchbedingung, genannt *Schleifenbedingung*.

Schleifen lassen sich nach der Art der Abbruchbedingung wie folgt klassifizieren:

1. Prüfung vor jedem Schleifendurchlauf
2. Prüfung nach jedem Schleifendurchlauf
3. Zahl der Durchläufe bei Beginn festgelegt

Für alle drei Klassen werden nun formale Sprachmittel angegeben.

*Prüfung vor Schleifendurchlauf*
Hierbei werden die Aktionen A solange wiederholt, bis die Bedingung B nicht erfüllt ist, das heißt, den Wert "falsch" annimmt (s. Abb. 5.4). Ist die Bedingung schon vor dem ersten Durchlauf nicht erfüllt, wird die Schleife nie durchlaufen. Bleibt B hingegen nie unerfüllt, so werden die Aktionen endlos durchlaufen, was zu einem Programm führt, das sich nicht selbst terminiert. Es ist daher in der Regel notwendig, daß die Aktionen A so beschaffen sind, daß die Bedingung B irgendwann den Wert "falsch" annimmt.

Das formale Sprachmittel für diesen Schleifentyp ist gegeben durch:
*solange* B *durchführe* A *durchführstopp*

Das Ende der Aktionenfolge A wird durch das Wortsymbol *durchführstopp* definiert.

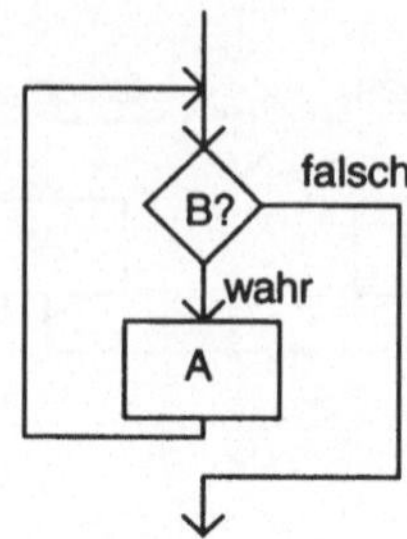

Abb. 5.4: Ablaufdiagramm für Schleife mit Abbruchprüfung vor dem Durchlauf

*Prüfung nach Schleifendurchlauf*

Bei diesem Schleifentyp wird die Aktionsfolge A zunächst mindestens einmal durchlaufen. Ein weiterer Durchlauf schließt immer dann an, wenn die Bedingung B nach dem Durchlauf den Wert "falsch" hat (s. Abb. 5.5).

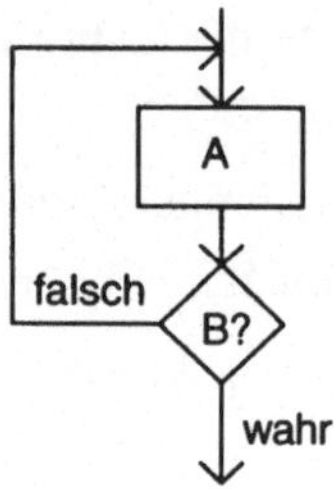

Abb. 5.5: Ablaufdiagramm für Schleife mit Abbruchprüfung nach dem Durchlauf

Als formale Schreibweise wird gewählt:

> *wiederhole* A *bis* B

*Zahl der Durchläufe zu Beginn festgelegt*

Bei diesem Schleifentyp wird eine Zählvariable ZV verwendet, die zu Beginn einen Anfangswert AW erhält. Bei jedem Schleifendurchlauf wird ZV inkrementiert, das heißt ihr Wert um 1 erhöht. Die Schleife wird abgebrochen, sobald die Zählvariable ZV einen Endwert ZV >EW erreicht hat (s. Abb. 5.6). Die formale Darstellung lautet:

> *für* ZV = AW *bis* EW *durchführe* A *durchführstopp*

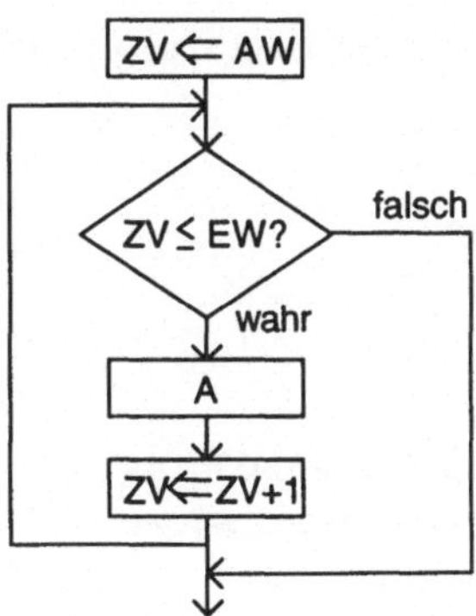



Abb. 5.6: Ablaufdiagramm der Zählschleife

Diese Schleifenform läßt sich durch eine "Solange"-Schleife simulieren durch:

ZV ⇐ AW
*solange* ZV ≤ EW
*durchführe*  A
ZV ⇐ ZV + 1
*durchführstopp*

Der Beispielalgorithmus "Maximumsuche" läßt sich nun unter Verwendung der eingeführten Sprachmittel, speziell unter Anwendung einer Schleife mit Prüfung der Bedingung (ANZAHL) vor dem Durchlaufen, darstellen als:

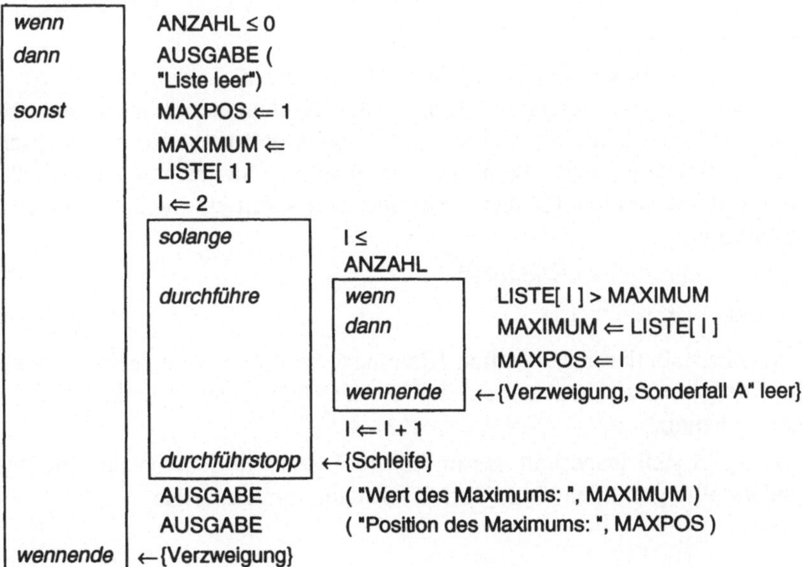

Eine alternative Formulierung unter Benutzung einer Zählschleife für das Abarbeiten der Listenelemente ist:

```
wenn    ANZAHL ≤ 0
dann    AUSGABE ( "Liste leer" )
sonst   MAXPOS ⇐ 1
        MAXIMUM ⇐ LISTE[ 1 ]
        für I = 2 bis ANZAHL
        durchführe wenn   LISTE[ I ] > MAXIMUM
                   dann   MAXIMUM ⇐ LISTE[ I ]
                          MAXPOS ⇐ I
                   wennende
        durchführstopp
        AUSGABE( "Wert des Maximums: ", MAXIMUM )
        AUSGABE( "Position des Maximums: ", MAXPOS )
wennende
```

Der Algorithmus ist auch mit diesen Darstellungen noch nicht vollständig festgelegt. So fehlen etwa jegliche Angaben darüber, was die einzelnen mit Namen belegten Größen bedeuten. Aus der bisherigen Formulierung geht zum Beispiel noch nicht hervor, daß LISTE eine Liste von ganzen Zahlen ist. Aus diesem Grund gehört zur vollständigen Beschreibung auch noch ein sogenannter *Deklarationsteil*, in dem sämtliche im Algorithmus benutzten Objekte aufgelistet und beschrieben werden. Damit ein Algorithmus aufrufbar ist, wird er mit einem Namen bezeichnet. Außerdem wird er mit einer Kurzbeschreibung versehen, damit ein möglicher Anwender einfach sieht, wozu er dient.

**Kommentare**

Erläuternden Text in umgangssprachlicher Form, der nicht den Ablauf der Aktionen beeinflußt, nennt man einen Kommentar. Kommentare können und sollen an geeigneter Stelle eingefügt werden, um einen Algorithmus für den Menschen leicht nachvollziehbar und überprüfbar zu machen. Sie dienen ausschließlich dem besseren Verständnis für den Leser und sind damit eine wichtige Form der Dokumentation.

Kommentare schreibt man wie folgt:

```
{ beliebiger Text ohne "}" }
```

Der Text innerhalb der geschweiften Klammern wird hier neben seiner Funktion als Kommentarbeispiel zusätzlich zur Erläuterung einer syntaktischen Einschränkung benutzt.

Somit ergibt sich insgesamt das in Abb. 5.7 gezeigte Schema für eine Algorithmendarstellung mit den eingeführten formalen Sprachmitteln.

<table>
<tr><td>algorithmus:</td><td>Name des Algorithmus</td></tr>
<tr><td colspan="2">{ Kurzbeschreibung des Algorithmus }</td></tr>
<tr><td>objekte:</td><td>Auflistung aller Objekte, die<br>zur vollständigen Beschreibung<br>des Algorithmus benötigt werden</td></tr>
<tr><td colspan="2">Aktionen des Algorithmus</td></tr>
</table>

Abb. 5.7: Schema für formalisierte Algorithmendarstellung

Eine endgültige Formulierung des Beispiels "Maximumsuche" ist:

```
algorithmus  MAXIMUMSUCHE
{Es werden der Wert und die Position des ersten Auftretens des Maximums einer ungeord-
neten Liste ganzer Zahlen bestimmt}
objekte LISTE:      Liste ganzer Zahlen
        ANZAHL:    Ganze Zahl (≥ 0)
        MAXIMUM: Ganze Zahl
        MAXPOS:  Ganze Zahl (≥ 1)
{Aktionen}
wenn    ANZAHL ≤ 0
dann    {ist die Liste leer}
        AUSGABE ( "Liste leer" )
sonst   {ist die Liste nicht leer}
        MAXPOS ⇐ 1        {1. Kandidat}
        MAXIMUM ⇐ LISTE[ 1 ]     {1. Kandidat}
        I ⇐ 2
        solange I ≤ ANZAHL
        {noch ungeprüfte Listenelemente}
        durchführe  wenn   LISTE[ I ] > MAXIMUM
            dann    {LISTE[ I ], I sind neue Kandidaten}
                MAXIMUM ⇐ LISTE[ I ]
                MAXPOS ⇐ I
            wennende
            I ⇐ I + 1
            {Nummer des nächsten Kandidaten}
        durchführstopp
        {MAXIMUM, MAXPOS haben den richtigen Wert}
        AUSGABE( "Wert des Maximums: ", MAXIMUM )
        AUSGABE( "Position des Maximums: ", MAXPOS )
wennende
```

Zu Überprüfen bleibt noch die Korrektheit des Algorithmus. Im vorliegenden Falle kann die Richtigkeit durch Induktion über den Wert von ANZAHL gezeigt werden. Dies erfolgt so, daß zunächst für ANZAHL $\leq$ 0 und ANZAHL = 1 ein korrektes Verhalten geprüft wird und dann ein Schluß von $n$ auf $n+1$ durchgeführt wird. Ausführlich notiert bedeutet das:

1. ANZAHL $\leq$ 0:

   Die Liste ist leer, das heißt, die einzige Aktion ist eine entsprechende Ausgabe. Der Algorithmus verhält sich also soweit korrekt.

2. ANZAHL = 1:

   Das Maximum ist das einzige Element der Liste. Die Schleife wird nicht durchlaufen und somit behalten MAXIMUM und MAXPOS die anfänglich zugeordneten Werte LISTE[1] und 1, was korrekter Weise das Maximum bzw die Position des Maximums darstellt.

3. ANZAHL $\geq$ 2:

   a) Es wird angenommen, daß für die ersten $n$ Listenelemente mit Hilfe des Algorithmus bereits ein Maximum gefunden wurde und sowohl dessen Wert in MAXIMUM als auch dessen Position innerhalb der Liste in MAXPOS gespeichert wurden (Induktionsannahme).

   b) Es ist nun zu zeigen, daß der Algorithmus unter dieser Voraussetzung auch für I=$n$+1 das Maximum und dessen Positon liefert (Induktionsschluß). Ist LISTE[I] > MAXIMUM, dann erhält MAXIMUM den Wert LISTE[I] und MAXPOS den Wert I. Im anderen Fall enthält MAXIMUM offensichtlich bereits einen Wert, der nicht kleiner als MAXIMUM ist und der Wert von MAXPOS ist die Positon des Maximums.

   Die Korrektheitsaussage ergibt sich damit für jedes I, folglich auch für I = ANZAHL, da dann die Schleife nicht mehr durchlaufen wird und der Algorithmus mit dem richtigen Ergebnis terminiert.


### 5.2.3. Syntaxdiagramme

Die Syntax der bisher betrachteten Konstrukte ließ sich noch einfach mit Worten beschreiben. Bei komplizierteren Strukturen werden verbale Erklärungen unübersichtlich und letztendlich unbrauchbar. Aus diesem Grund benötigt man einfacher zu überschauende Hilfsmittel zur Beschreibung der Struktur von formalsprachlichen Konstruktionen. Neben der in Kapitel 3.2 eingeführten Backus-Naur-Form (BNF) ist die Verwendung von sogenannten Syntaxdiagrammen eine weitere Möglichkeit.

**Definition 5.2: Syntaxdiagramm**
Ein *Syntaxdiagramm* ist eine grafische Darstellung der formalen Struktur eines Objektes.

Während die BNF den Vorteil hat, daß sie sich leicht automatisch auswerten läßt, trifft dies für Syntaxdiagramme nicht zu. Dafür sind Syntaxdiagramme anschaulicher und gelten als leichter verständlich. Abb. 5.8 zeigt die Grundelemente eines Syntaxdiagramms.

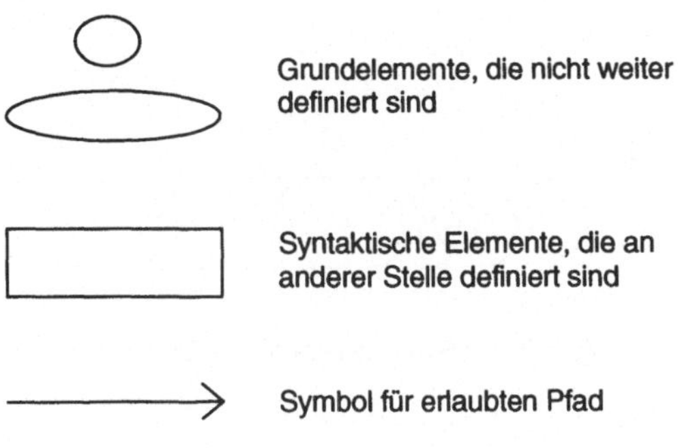


Abb. 5.8: Darstellungselemente eines Syntaxdiagramms

Die Interpretation eines Syntaxdiagramms geht folgendermaßen vor sich: Grundsätzlich ist beim Einstiegspunkt zu beginnen. Dies ist diejenige Stelle, bei welcher ein erlaubter Pfad ohne Fortsetzung eines anderen Elements beginnt. Das Syntaxdiagramm ist immer in Pfeilrichtung weiterzuverfolgen. Bei Ankunft am Ausstiegspunkt wird das Diagramm verlassen. Der Ausstiegspunkt ist dadurch gekennzeichnet, daß ein Pfeilsymbol für einen erlaubten Pfad nach rechts keine Fortsetzung hat. Bei Verzweigungen darf ein beliebiger Fortsetzungspfad gewählt werden.

Eine Folge von Zeichen bzw. syntaktischen Einheiten ist *korrekt bezüglich eines Syntaxdiagramms*, wenn ein erlaubter Weg durch das Diagramm führt, bei dem genau der Reihe nach Einheiten der vorliegenden Zeichenfolge angetroffen werden.

Es gibt auch Regeln, die mit Syntaxdiagrammen nicht oder nur relativ umständlich beschreibbar sind. Typische Beispiele hierfür sind Ausnahmen, das Einhalten von Grenzwerten und ähnliches. In solchen Fällen sind umgangssprachliche Ergänzungen nötig. In Abb. 5.9 und Abb. 5.10 wird beispielsweise durch drei Punkte angedeutet, daß im Syntaxdiagramm für *Buchstabe* alle Großbuchstaben der ASCII-Tabelle zwischen C und X einzusetzen sind und im Falle von *Ziffer*, die Definition auch alle Dezimalziffern zwischen 2 und 7 beinhalten soll. In Abb. 5.11 wird auf die Definitionen von Buchstabe und Ziffer Bezug genommen und ein weiteres Konstrukt namens *Bezeichner* definiert.

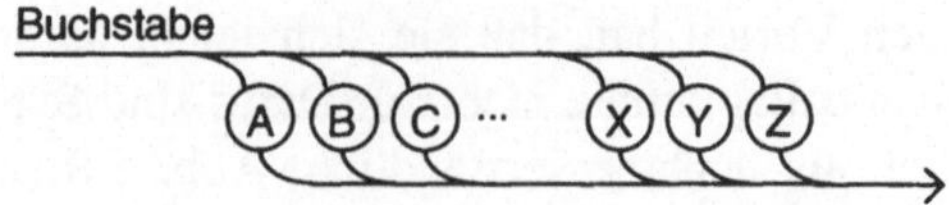

Abb. 5.9: Syntaxdiagramm für Buchstabe

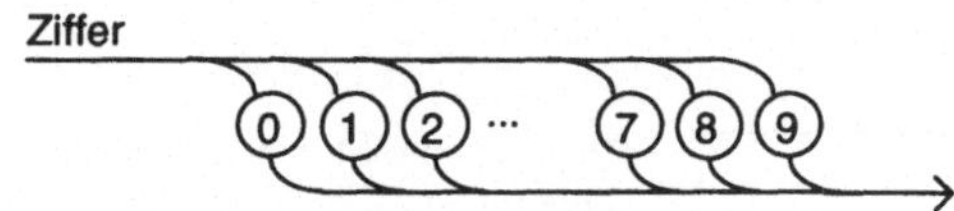

Abb. 5.10: Syntaxdiagramm für Ziffer

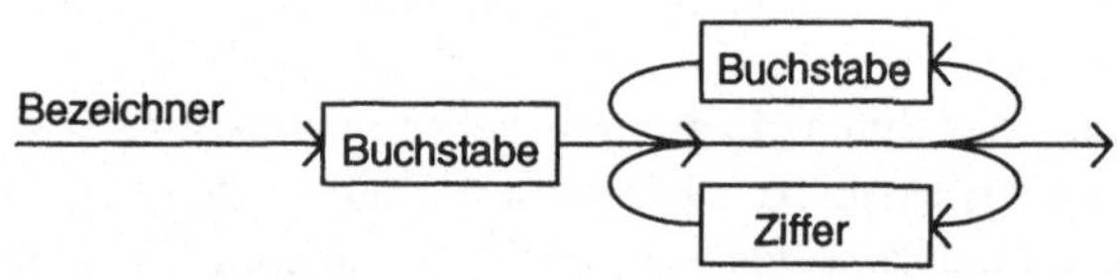

Abb. 5.11: Syntaxdiagramm für Bezeichner

**Beispiel 5.6: Korrekt gemäß Syntaxdiagramm**

Aufgabe: Es ist zu prüfen, ob nach den Syntaxdiagrammen von Abb. 5.9 bis Abb. 5.11 die Symbolfolge AB1C ein korrekter Bezeichner ist.

Lösung: AB1C ist ein korrekter Bezeichner.

Begründung: Als erstes Zeichen wird ein Buchstabe gefordert. A ist ein Buchstabe. Danach kann ein Buchstabe oder eine Ziffer stehen. B ist ein Buchstabe. Der Teilkonstrukt AB ist somit korrekt. Danach kann ein Buchstabe oder eine Ziffer stehen. 1 ist eine Ziffer. Somit ist ebenfalls AB1 ein korrekter Bezeichner. Als nächstes Symbol darf wieder ein Buchstabe oder eine Ziffer stehen. C ist ein gültiger Buchstabe. Danach hört die zu prüfende Zeichenkette auf. Da das Syntaxdiagramm an dieser Stelle verlassen werden kann, ist AB1C ein korrekter Bezeichner.

Häufig nimmt ein Syntaxdiagramm auf sich selbst bzw. eine Gruppe von Syntaxdiagrammen gegenseitig aufeinander Bezug. Man spricht in diesen Fällen von *rekursiven Syntaxdiagrammen.*

Abb. 5.12 zeigt ein vereinfachtes Syntaxdiagramm für einen arithmetischen Ausdruck in der Sprache PASCAL. Es wird hierbei vorausgesetzt, daß die Einheit *Zahl* anderweitig geeignet erklärt ist. Im Syntaxdiagramm wird auf einen arithmetischen Ausdruck zweimal Selbstbezug genommen. Bemerkung: Es handelt sich um eine Definition, die alle üblichen arithmetischen Ausdrücke beschreibt.

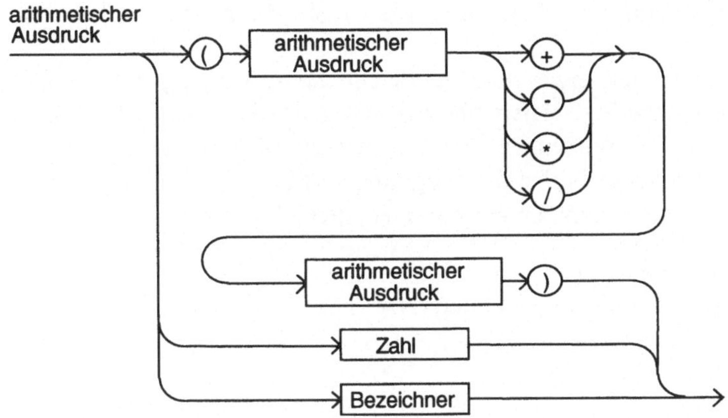


Abb. 5.12: Syntaxdiagramm für arithmetischen Ausdruck

**Beispiel 5.7: Arithmetischer Ausdruck**

Aufgabe: Es ist zu prüfen, ob folgender Ausdruck korrekt bezüglich des Syntaxdiagramms von Abb. 5.12 ist:

((X+3)*(AB-(U-V)))

Lösung: Die gegebene Symbolfolge ist ein korrekter arithmetische Ausdruck.

Begründung:

1. AB, U, V, X, 3 sind als Bezeichner bzw. Zahlen korrekte arithmetische Ausdrücke.

2. Wegen 1. sind auch (X+3) und (U-V) korrekte arithmetische Ausdrücke.

3. Wegen 1. und 2. ist (AB-(U-V)) ein korrekter arithmetischer Ausdruck.

4. Wegen 2. und 3. ist ((X+3)*(AB-(U-V))) ein korrekter arithmetischer Ausdruck.

## 5.3. Werkzeuge zur rechnergestützten Programmentwicklung

Der starke Preisverfall in der Hardware und eine zunehmende Komplexität bei den Softwarelösungen haben eine starke Verlagerung der Gesamtkosten eines Systems in Richtung der Softwarekosten bewirkt. Die Kosten der Softwareentwicklung sind extrem personalintensiv. Die Produktivität bei der Softwareentwicklung sinkt dabei in der Regel überproportional mit zunehmender Komplexität bzw. Größe von Programmen. Besonders für große Projekte ist daher eine Unterstützung durch mächtige Entwicklungswerkzeuge wichtig.


### 5.3.1. Bedeutung und Zielsetzung für CASE-Werkzeuge

CASE ist eine seit etwa 1985 gebräuchliche Abkürzung für "computer aided software engineering". Hierunter versteht man die Bearbeitung von Software mittels Softwarewerkzeugen, den sogenannten *CASE-Werkzeugen* oder *CASE Tools*. Es handelt sich also um Programme, die der Bearbeitung von Software-komponenten, also anderen Programmen, dienen. Beispiele sind:

- Programmeditoren
- Dateisysteme zur Entwicklungsverwaltung
- Spezifikationssysteme
- Dokumentengeneratoren

Nicht zu den CASE-Werkzeugen gehören demnach beispielsweise:

- NC-Programme (Programme zur numerischen Steuerung von Maschinen), weil sie nicht der Bearbeitung von Software dienen
- Programmiersprachen, diese werden nicht zu den Werkzeugen gezählt
- eine Kartei mit Angaben über wiederverwendbare Module, sofern sie nicht auf einem Rechner realisiert ist

Die Zielsetzung für den Einsatz von CASE-Werkzeugen hat mehrere Facetten. Ein wesentlicher Punkt ist die Steigerung der Produktivität in der Softwareentwicklung. Dies ist besonders wichtig für große Projekte, da hier durch die Berücksichtigung von vielfältigen Abhängigkeiten die Produktivität, gemessen an den (Zeit-) Kosten pro Zeile entwickeltem Code, besonders ungünstig ist. Die Erfahrung zeigt, daß der Aufwand zur Erstellung eines größeren Programms ohne CASE-Werkzeuge nichtlinear mit der Programmlänge steigt. Ein weiteres Ziel, das gleichzeitig angestrebt wird, ist die Verbesserung der Qualität von Softwareprodukten. Softwarequalität ist nicht nur bestimmt durch die Fehlerhäufigkeit, sondern auch durch die dem Benutzer zur Verfügung gestellte Funktionalität, die Benutzbarkeit, die Zuverlässigkeit und die Robustheit der Software. Durch den Einsatz von CASE-Werkzeugen sowohl in den frühen Entwicklungsphasen (Problemanalyse und Entwurfsphase), als auch für die Implementierung, sollen die genannten Qualitätsmerkmale bei der Entwicklung angemessen berücksichtigt werden. Ein weiterer Punkt ist das Ziel, durch CASE-Werkzeuge für das Projektmanagement Softwareentwicklungsprojekte besser planbar zu machen und sie dadurch termingerecht abwickeln zu können.

### 5.3.2. Die Entwicklung von CASE

Bereits bevor der Begriff CASE entstand, hat es schon Softwarewerkzeuge gegeben, die sowohl die Codebearbeitung als auch die Spezifikationsphase unterstützten. Man sprach von einem *Software Engineering Environment*. In den letzten zehn Jahren wurden jedoch markante Fortschritte erzielt.

Zunächst hat sich die Benutzungsschnittstelle wesentlich verbessert. Die zeilenorientierte Ein- und Ausgabe wurde durch eine graphische Schnittstelle mit Mehrfenstertechnik (englisch: *multi windowing*) ersetzt. Die Mehrfenstertechnik ermöglicht dabei, daß verschiedene Programme (Werkzeuge) auf einem physikalischen Bildschirm gleichzeitig zur Verfügung stehen und so der Informationsabgleich effizient durchgeführt werden kann. Dies wurde möglich durch die Verfügbarkeit schneller Arbeitsplatzcomputer mit hochauflösenden Bildschirmen.

Die zunächst als "Insellösungen" vorhandenen Werkzeuge für verschiedene Phasen wurden weiterentwickelt zu integrierten Entwurfswerkzeugen, die es ermöglichen, Ergebnisdaten einer Phase als Eingangsdaten in einer folgenden Phase zu benutzen.

Durch voranschreitende Standardisierung auf der Seite der Betriebssysteme (UNIX, DOS und OS/2) sind moderne CASE-Werkzeuge auf einer Vielzahl von Rechnersystemen verfügbar und können damit auf sehr unterschiedlicher Hardware eingesetzt werden. Dies ist besonders wichtig im Hinblick auf die Kosten, die für Schulung des Projektpersonals auf die Entwicklungswerkzeuge anzusetzen ist. Ein einheitlicher Satz von Werkzeugen für alle Projekte mindert hier den Aufwand und läßt oft den Einsatz von CASE-Werkzeugen erst rentabel erscheinen.

### 5.3.3. Architekturen und Grundkonzepte

An ein CASE-Werkzeug werden Anforderungen gestellt, die weitgehend bereits seine Architektur festlegen:

1. Mächtige Funktionen zur Unterstützung des gesamten Entwicklungszyklus oder zumindest mehrerer Phasen sollen zur Verfügung stehen. Die Menge dieser Funktionen muß offen bleiben, um zukünftige Fortschritte bezüglich neuer effizienter CASE-Werkzeuge mit einbinden zu können. Man spricht in diesem Zusammenhang auch von einer "offenen Funktionsvielfalt".

2. Der Benutzer möchte jedoch nicht die Vielfalt dieser Teile sehen, sondern eine einheitliche Bedienschnittstelle bzw. Benutzungsoberfläche. Dies verkürzt einerseits die Einlernzeit und reduziert andererseits Benutzungsfehler.

3. Die einzelnen Werkzeuge für die verschiedenen Phasen und Problemstellungen müssen integriert sein. Dies bedeutet, daß sie ohne weiteren Handlungsbedarf seitens des Benutzers direkt miteinander kommunizieren können.

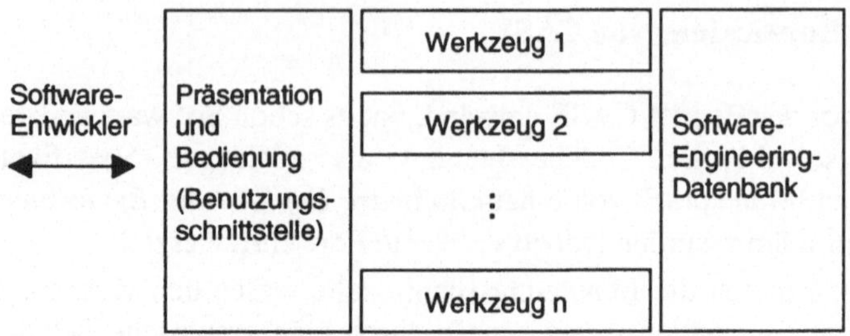



Abb. 5.13:  Architektur eines integrierten CASE-Werkzeugs

Damit entsteht die in Abb. 5.13 gezeigte Architektur, die gelegentlich auch
"Software-Rack" genannt wird, in Anlehnung an die Begriffswelt der Gerätetechnik. Zwischen einer uniformen "Frontplatte" (Benutzungsschnittstelle) und
einem "Backplane Bus" (Software-Engineering-Datenbank) liegen die verschiedenen Werkzeuge. Die CASE-Werkzeuge lassen sich einteilen in solche, die
bestimmten Phasen zugeordnet werden können, und in andere, die auf mehreren
oder allen Ebenen zum Einsatz kommen. Zu den universellen Werkzeugen gehören:

– Editoren
– Dateisysteme
– Dateivergleicher
– Datenbanksysteme
– Werkzeuge für das Configuration Management
– Reportgenerierung

Typische CASE-Werkzeuge zur spezifischen Unterstützung spezieller Phasen
sind:

– Spezifikationssysteme
– Entwurfswerkzeuge
– Codegeneratoren
– Testtreiber, Testinstrumentierer
– Werkzeuge zur Verwaltung von Änderungen


### 5.3.4. Systemansätze für CASE

Bei einem CASE-System ist logisch zwischen drei Komponenten zu unterscheiden:

– einer Methode,

– einer Sprache und

– den Werkzeugen.

Eine Methode hat den Charakter einer Handlungsanweisung, also eines Regelwerks oder Rezepts. Die zu einem System gehörende Sprache oder Notationsform ist eine Konvention für die Kommunikation. Ein typisches Beispiel hierfür sind Datenflußdiagramme. Ein Werkzeug speichert Information oder formt sie um, insbesondere auch in eine andere Sprache. Beispiele sind das Dateisystem und der Compiler. Alle diese drei Komponenten zusammen bilden ein System, sofern sie gemeinsame Konzepte unterstützen.

Man unterscheidet Systeme, welche die frühen Phasen (Analyse, Spezifikation und Entwurf) unterstützen, von solchen, die für die Bearbeitung von Code ausgelegt sind. Im ersten Falle spricht man auch von *upper CASE,* während die Systeme für Codebearbeitung zur Kategorie *lower CASE* gehören. Im folgenden werden exemplarisch einige Systeme beider Kategorien bezüglich ihres methodischen Ansatzes, ihrer Sprache und der Unterstützung durch Werkzeuge beschrieben.

**CASE-Systeme zur Unterstützung früher Entwicklungsphasen**

*a) SADT (Structured Analysis and Design Technique)*
SADT entstand bereits in den siebziger Jahren und gehört zu den bekanntesten Methoden für eine graphisch orientierte Beschreibung von Spezifikationen [Balzert, H. (1983)]. Sie benutzt eine datenflußorientierte Entwicklungstechnik, die sogenannten *SADT-Diagramme.* Diese sind hierarchisch geordnet und implizieren eine schrittweise Verfeinerungstechnik. Sie bestehen aus zwei Darstellungsmethoden für eine Spezifikationsbeschreibung, den Actigrams und Datagrams:

– *Actigrams* identifizieren Funktionen als zentrale Elemente der Beschreibungen. Daten sorgen für die Ein- und Ausgabe der Funktionen.

– *Datagrams* benutzen Daten als zentrale Elemente der Beschreibungen. Funktionen sorgen für die Ein- und Ausgabe der Daten.

Diese zwei Typen von Diagrammen repräsentieren den Datenfluß aus zwei verschiedenen Gesichtspunkten. Die zugrundeliegende Sprache von SADT ist eine graphische Spezifikationssprache, die es dem Benutzer ermöglicht, ein System durch Aktivitäten und Daten zu beschreiben. Es sind verschiedene Werkzeuge verfügbar, die eine Unterstützung für die Erstellung der Diagramme bieten und außerdem eine Analyse und eine semantische Überprüfung ausführen.

*b) SA (Structured Analysis)*

Bei diesem Ansatz [deMarco, T. (1978)] wird eine Systemspezifikation durch sogenannte *Data Flow Diagrams (DFDs)* beschrieben. DFDs beinhalten Daten und Prozesse. Außerdem wird ein *Data Dictionary (DD)* angelegt, in welchem die benutzten Objekte beschrieben werden. Die Methode gliedert sich im wesentlichen in zwei Schritte:

- Der erste ist die Entwicklung von sogenannten *Context-Diagrams*, in denen die Verbindung des Systems zu seiner Umgebung gezeigt wird.
- Im zweiten Schritt wird das System solange verfeinert, bis jeder atomare Prozeß dargestellt wird.

DFDs bilden eine graphische Sprache, in der die verschiedenen Komponenten durch Symbole wie Rechtecke, Kreise, Pfeile und Balken dargestellt werden. Bei der Verfeinerung wird eine Pseudocodeform in einer BNF-ähnlichen Notation verwendet.

Es existieren eine Reihe von Systemen, die SA unterstützen. Die typischen Werkzeuge für SA sind dabei:

- ein DFD-Prozessor zum Editieren und Bearbeiten von DFDs
- ein Data Dictionary System Prozessor, der die Verfeinerung von Datenstrukturen unterstützt
- ein sogenannter Minispec-Processor für die Beschreibung von algorithmischen Strukturen (Minispecs)
- ein Werkzeug zur Querprüfung zwischen DFDs, DD und Minispecs

*c) EPOS (entwicklungs- und projektmanagement-orientiertes Spezifikationssystem)*

EPOS wurde ursprünglich an der TU München entwickelt. Dieses System lehnt sich an das Prinzip von SADT an. Insbesondere unterstützt EPOS aber auch das Projektmanagement. Die Sprache von EPOS gliedert sich in drei Teile:

- EPOS-R: Eine Sprache zur Anforderungsbeschreibung (requirements definition)
- EPOS-S: Eine semiformale Sprache für den Systementwurf
- EPOS-P: Eine semiformale Sprache für das Projektmanagement

Einige graphische Darstellungen können durch die Sprachen generiert werden. Die Werkzeuge bestehen aus:

- EPOS-M: Werkzeuge für Projektmanagement
- EPOS-A: Analysator und Reportgenerator
- EPSO-D: Dokumentationsgenerator (zum Beispiel für Petri-Netze, Nassi-Shneiderman-Diagramme)
- EPOS-C: Benutzungsschnittstelle von EPOS

**Systeme für Bearbeitung von Code**

*a)  Werkzeuge zur Unterstützung der traditionellen Programmierung*
Hierzu gehören:

- der Editor zur Erstellung des Programmtextes (zum Beispiel *vi* in UNIX)
- Werkzeuge zur Verwaltung von verschiedenen Programmentwicklungsständen, sogenannten Versionen (zum Beispiel *sccs* in UNIX)
- Compiler zur Übersetzung der Anwenderprogramme (Quellprogramme) in eine maschinenausführbare Form
- Werkzeuge, sogenannte *Utilities*, zur Unterstützung des Zusammenfügens verschiedener Programmteile (zum Beispiel *make* in UNIX)
- sogenannte *Source-level-debugger* als Werkzeuge, die eine Behebung von Fehlern im Quellprogramm unterstützen (zum Beispiel *dbx* oder *xdb* in UNIX)

*b) Moderne "lower CASE" Systeme*

Diese Systeme integrieren in erster Linie Werkzeuge in einer benutzungsfreundlichen graphischen Umgebung und unterstützen eine Koordination der einzelnen Werkzeuge durch geeignete Kommunikationsmechanismen. Ein typischer Vertreter für diese Klasse von Systemen ist *Softbench* (*SB*) von Hewlett Packard [HP (1991)]. Softbench beinhaltet eine Reihe von fensterbasierten Werkzeugen für die Entwicklung und den Test von Programmen. Hierzu gehören der:

- *SB Development Manager* zur Koordinierung aller Dateien und Verzeichnisse, die zu einem Projekt gehören
- *SB Editor* zum Editieren von Programmdateien
- SB Builder zur Steuerung des Übersetzens und Bindens von Programmodulen
- *SB Debugger* zur Fehlerbehebung in einem ausführbaren Programm
- *SB Static Analyzer* zur Analyse der statischen Struktur eines Programms

Die Basis von Softbench ist der sogenannte *Broadcast Message Server*, der die Kommunikation zwischen den einzelnen Werkzeugen koordiniert und steuert.

### 5.3.5. Probleme und Einschränkungen

CASE-Werkzeuge haben nach dem derzeitigen Stand der Technik einerseits typischerweise noch eine Reihe funktionaler Restriktionen, andererseits müssen beim praktischen Einsatz noch einige Hürden überwunden werden.

Während die Benutzungsoberfläche heutiger Systeme relativ weit entwickelt ist, stellt sich die Konzeption der "Rückseite" (vgl. Abb. 5.13) noch weniger ausgereift dar. So fehlt zum Beispiel noch ein standardisiertes Datenmodell, das sich für alle Werkzeuge eignet. Dies macht die Integration verschiedener existierender Werkzeuge schwierig bzw. unmöglich. Ein anderes Problem ist die Propagierung von Änderungen. Wenn beispielsweise eine Änderung in der Spezifikation vorgenommen wird, nachdem bereits Code entwickelt wurde, so sollte das Werkzeug die Anpassung des Programmcodes möglichst weitgehend  unterstützen.

Typische zu überwindende Schwierigkeiten beim Einsatz von CASE-Werkzeugen sind:

- Der Aufwand zur Auswahl eines geeigneten Systems ist relativ groß. Dies rührt daher, daß derzeit allgemein noch wenig Erfahrung existiert. Die Werkzeuge sind außerdem nicht leicht überschaubar. Fast niemand kennt mehrere Werkzeuge gleichzeitig.

- Aufgrund der noch geringen Stückzahlen und des andererseits erheblichen Entwicklungsaufwands ist der Preis für gute Werkzeuge noch verhältnismäßig hoch.

- Die umfangreiche Einarbeitung ist mit einem erheblichen Zeitaufwand für die Schulung verbunden.

- Die Akzeptanz ist beschränkt. Neue Werkzeuge, die zum Verlassen der gewohnten Vorgangsweise zwingen, stoßen anfänglich oft auf Widerstand

- Die Kompatibilität zwischen verschiedenen CASE-Werkzeugen ist unbefriedigend. Die Schnittstellen sind uneinheitlich und beeinträchtigen daher die Flexibilität in der Nutzung.


## 5.4.  Programmiersprachen

Es gibt heute hunderte von Programmiersprachen mit verschiedenem Sprachniveau. Allgemein unterscheidet man zwischen:

- Maschinensprachen
- Assemblersprachen
- problemorienterte Sprachen

Im folgenden werden die Charakteristika dieser Klassen von Programmiersprachen beschrieben.


### 5.4.1. Maschinensprachen

Maschinensprachen bilden das unterste Niveau der Programmiersprachen auf das letztlich jedes Programm vor dem Ablauf auf dem Computer gebracht werden muß. In einer Maschinensprache erfolgt die Darstellung aller Befehle unmittelbar in binärer Form. Solche Programme sind daher rechnerspezifisch und können nicht auf Computern mit anderem Befehlssatz verwendet werden.

Programme werden sehr selten in Maschinensprache erstellt. Gründe hierfür sind die geringe Produktivität, die sich durch die schlechte Lesbarkeit und die damit verbundene Schwierigkeit der Fehlerbeseitigung ergibt und die beschränkte Mächtigkeit der Befehle.


### 5.4.2. Assemblersprachen

Bei Assemblersprachen wird der Operationscode durch eine mnemotechnische Darstellung ersetzt, wie sie in Kapitel 3.6 bereits benutzt wurde. Dadurch lassen sich Assemblerprogramme effizienter erstellen als vergleichbare Maschinenprogramme, obwohl es sich bezüglich der Mächtigkeit um dieselben Befehle handelt. Ein weiterer Unterschied zu Maschinenprogrammen ist die Möglichkeit einer symbolischen Darstellung von Programm- und Datenadressen. Diese Adressen können also durch Namen bezeichnet und angesprochen werden, statt durch Binär- oder Hexadezimalzahlen. Konstante werden ebenfalls in gewohnter Weise dargestellt und müssen nicht binär angegeben werden.

Assemblieren bedeutet soviel wie Zusammenbauen. Beim Assemblieren eines in Assemblersprache vorliegenden Programmes wird dieses automatisch in ein Maschinenprogramm übersetzt. Man unterscheidet folgende Klassen von Assemblerbefehlen:

1.  Befehle zum Erzeugen eines Maschinenbefehls
2.  Befehle zur Definition von Daten
3.  Befehle zur Adreßzuordnung
4.  Befehle zur Assemblersteuerung

In der Regel ist die Übersetzung in ein Maschinenprogramm eine Eins-zu-eins-Zuordnung. Das heißt, eine symbolische Anweisung entspricht einem Maschinenbefehl. Ein Ausnahme hiervon sind die Befehle zur Assemblersteuerung. Man nennt diese Befehle auch *uneigentliche Befehle* oder *Metabefehle*. Ein Beispiel für einen solchen Befehl ist die Festlegung, ab welcher Speicheradresse der übersetzte Code stehen soll. Assemblerprogramme sind genau wie Maschinenprogramme maschinenabhängig und lassen sich nicht auf andere Rechner mit anderem Befehlssatz übertragen.

Assemblerprogramme werden unter anderem dann erstellt, wenn spezielle Prozessortypen, für die keine höheren Programmiersprachen zu Verfügung stehen, verwendet werden. Eine weitere Anwendung ergibt sich für die Einbindung von extrem zeitkritischen Programmstücken in Programme, die ansonsten in einer problemorientierten Sprache erstellt sind.


### 5.4.3. Problemorientierte Programmiersprachen

Für spezielle Anwendungsgebiete wurde eine Vielzahl von höheren Programmiersprachen entwickelt, die nicht an der Art des Computers, sondern an der Art des Problemfelds ausgerichtet sind (vgl. Abb. 5.14).

Eine der ältesten problemorientierten Programmiersprachen ist FORTRAN. Der Name FORTRAN entstand als Abkürzung für den englischen Ausdruck "formula translator". Wie der Name bereits andeutet, wurde diese Sprachen für mathematisch orientierte Probleme, also vorwiegend für den Bereich der Ingenieur- und Naturwissenschaften, entwickelt. FORTRAN ist auf schnelle Ausführbarkeit hin ausgerichtet und bietet nur beschränkte Strukturierungsmöglichkeiten. Diese Sprache fand eine enorme Verbreitung, wobei die Compiler für die verschiedenen Computer typischerweise sehr effizient implementiert sind. Nicht zuletzt aufgrund der Vielzahl existierender Programme wird FORTRAN auch heute noch eingesetzt.

Eine ähnlich weite Verbreitung fand COBOL für Anwendungen im kaufmännischen Bereich. COBOL steht als Abkürzung für den englische Ausdruck "common business oriented language". Es ist in diesem Anwendungsbereich auch heute noch die dominierende Programmiersprache.

Aus ALGOL-60, das Ende der fünfziger Jahre vor allem für mathematisch orientierte Problemstellungen entwickelt wurde und die erste Programmiersprache war, deren Syntax formal (mittels Backus-Naur-Form) definiert wurde, entstanden neuere Sprachen wie zum Beispiel ALGOL-68. Für ALGOL-68 wurden allerdings nur für relativ wenige Computermodelle Compiler entwickelt. Diese Sprache wurde zumeist im Hochschulbereich eingesetzt und beeinflußte nachhaltig die Entwicklung weiterer Sprachen, wie PASCAL und MODULA.

PASCAL bietet eine sehr gute Unterstützung für strukturiertes Programmieren und fand neben einer großen Verbreitung im Hochschulbereich auch einen verhältnismäßig breite Anwendung in der Industrie. Aus PASCAL wurde durch Erweiterung um ein Modulkonzept die Sprache MODULA. Während MODULA in der Praxis so gut wie gar nicht eingesetzt wird, dient es jedoch aufgrund seiner didaktisch gut geeigneten Konzepte oft als Grundlage für die Ausbildung in der Informatik [Appelrath, H.-J. und Ludewig, J. (1992)].

Mitte der sechziger Jahre entstand die Sprache PL/I, die in sich die Konzepte von FORTRAN, COBOL und ALGOL vereinigt. Sie ist sehr umfangreich und sowohl für wissenschaftliche als auch kommerzielle Anwendungen und zur Systemprogrammierung (Betriebssysteme) geeignet. PL/I ist relativ schwer zu überschauen und hat sich nicht sehr weit durchgesetzt.

Ähnlich umfangreich ist die Sprache ADA, deren Entwicklung vom amerikanischen Verteidigungsministerium gefördert wurde und die als Zielstellung hatte, im militärischen Bereich alle bisherigen Sprachen abzulösen und damit eine Vereinheitlichung zu erreichen. Durch die Komplexität der Sprache ist auch die Entwicklung von Übersetzern und Programmierumgebungen sehr aufwendig. Im zivilen Bereich wird ADA wenig eingesetzt.

| Name | Einführung | Bemerkungen | Verbreitung |
|---|---|---|---|
| FORTRAN | 1957 | Für mathematische Berechnungen | sehr groß |
| ALGOL-60 | 1960 | Vorwiegend für mathematisch orientierte Probleme.<br>Heute bedeutungslos | mittel |
| COBOL | 1960 | Für kommerzielle Anwendungen<br>Auch heute noch dominierend | sehr groß |
| LISP | 1962 | Eine der Hauptsprachen der (KI) | mittel |
| BASIC | 1963 | Einfache Anfängersprache | groß |
| PL/I | 1965 | Sehr umfangreich<br>Für technische und kommerzielle Anwendungen | klein |
| ALGOL-68 | 1968 | Für allgemeine Probleme<br>Praktisch nur im Hochschulbereich eingesetzt | klein |
| PASCAL | 1971 | Unterstützung von strukturiertem Programmieren<br>Großer Einfluß auf weitere Sprachentwicklung | mittel |
| C | 1973 | Vielbenutzt im UNIX-Umfeld | groß |
| PROLOG | 1977 | KI-Sprache<br>Unterstützung des logischen Schließens | klein |
| MODULA | 1980 | Weiterentwicklung von PASCAL | klein |
| ADA | 1980 | Sehr umfangreich<br>PASCAL- und PL/I-Nachfolge | klein |
| SMALLTALK | 1980 | Pioniersprache des objektorientierten Paradigmas | klein |

Abb. 5.14: Übersicht über höhere Programmiersprachen

Aufgrund seiner Einfachheit fand das Anfang der sechziger Jahre entwickelte BASIC eine sehr große Verbreitung auf kleinen Computern. BASIC existiert in vielerlei Dialekten, so daß eine Übertragung von BASIC-Programmen oft nicht direkt möglich ist. Für leistungsfähige Arbeitsplatzrechner, insbesondere unter dem Betriebssystem UNIX, dominiert heute die Sprache C [Kernigham, B.W. und Ritchie, D.M. (1990 )]. C verbindet Eigenschaften von assemblerähnlichen Programmiersprachen mit denen höherer Sprachen und unterstützt besonders die Entwicklung von Programmen, bei denen ein effizienter Ablauf wichtig ist.

LISP und PROLOG sind heute vielbenutzte Programmiersprachen für Anwendungen auf dem Gebiet der Künstlichen Intelligenz (KI), wobei PROLOG speziell eine gute Unterstützung des logischen Schließens bietet. Als Pioniersprache des Paradigmas der sogenannten objektorientierten Programmierung gilt SMALLTALK [Goldberg, A. und Robson, D. (1989)]. Während im Bereich der Forschung objektorientierte Programmiertechniken weitverbreitet sind, werden sie in der Praxis derzeit noch selten angewandt.

# 6. Allgemeiner Aufbau von PASCAL-Programmen

In diesem und den folgenden Kapiteln sollen wichtige Konzepte von höheren Programmiersprachen am Beispiel von PASCAL besprochen werden. PASCAL wurde 1972 von Nicklaus Wirth entwickelt [Jensen, K. und Wirth, N. (1985)] und ist nach dem französischen Mathematiker Blaise Pascal benannt. Die Sprache PASCAL stellt mächtige Ausdrucksmittel zur Verfügung und unterstützt insbesondere die strukturierte Programmierung. Sie ist außerdem leicht erlernbar und es gibt inzwischen effiziente Übersetzer für eine Vielzahl von Computern, insbesondere auch PCs, so daß sie sich gerade auch für die Ausbildung im Hochschulbereich gut eignet und vielerorts benutzt wird.

<table>
<tr><td>program</td><td>P ( INPUT, OUTPUT ) ;</td></tr>
<tr><td colspan="2">Deklarationen</td></tr>
<tr><td>begin<br><br>end.</td><td>Anweisungsteil</td></tr>
</table>

Abb. 6.1: Schema eines PASCAL-Programms

Der formale Grundaufbau eines PASCAL-Programms entspricht praktisch genau der in Kapitel 5 eingeführten formalisierten Algorithmenbeschreibung. Abb. 6.1 zeigt das Programmaufbauschema, bestehend aus dem Programmkopf, dem Deklarationsteil und dem Anweisungsteil. Die syntaktische Form eines PASCAL-Programms ist in Abb. 6.2 in Form eines Syntaxdiagramms dargestellt.

Zunächst werden elementare Bestandteile von PASCAL eingeführt. Zur Veranschaulichung der einzuführenden Begriffe dient eine PASCAL-Version des bereits in Kapitel 5 benutzten Beispielalgorithmus zur Suche eines Maximums in einer Liste, erweitert um eine Dateneingabe.

Um einen Überblick über den Sprachaufbau zu geben, ist hier das PASCAL-Programm zur Maximumsuche den Erläuterungen der einzelnen Sprachkonstrukte vorangestellt:

```
program MAXIMUMSUCHE (INPUT, OUTPUT);
{Es werden der Wert und die Position einer einzulesenden Liste von höchstens 100 ganzen
Zahlen bestimmt.}
{Deklarationen:}
const   MAXANZAHL = 100;
            {maximale Listenlänge}
var     ANZAHL, MAXIMUM, MAXPOS, I: INTEGER;
            LISTE: array [1..MAXANZAHL] of INTEGER;
{Aktionen:}
begin {MAXIMUMSUCHE}
     {Einlesen der Listenlänge:}
     READ( ANZAHL );
     {Anzahl ≤ 100 ?}
     if ANZAHL > MAXANZAHL
     then WRITELN( 'Falsche Eingabe !' )
     else     if ANZAHL ≤ 0
         then WRITELN( 'Die Liste ist leer !' )
         else { jetzt ist 1 ≤ ANZAHL ≤ 100 }
         begin {Suche und Ausgabe}
             {Liste einlesen}
             for I := 1 to ANZAHL do READ(LISTE[I]);
             {Maximumsuche}
             MAXPOS := 1;
             MAXIMUM := LISTE[ 1 ]; {1. Kandidat}
             I := 2;
             while I ≤ ANZAHL do
             begin {Suche}
                 {Prüfung des I-ten Listenelements}
                 if LISTE[ I ] > MAXIMUM
                 then {Anpassung erforderlich}
                 begin
                     MAXIMUM := LISTE[ I ];
                     MAXPOS := I
                 end;
                 I := I + 1 {Nr. des nächsten Kand.}
             end {Suche beendet};
             {Ausgabe:}
             WRITELN('Wert des Maximums:', MAXIMUM);
             WRITELN('Position des Maximums:', MAXPOS);
         end {Suche und Ausgabe};
     end {Programmende für MAXIMUMSUCHE}.
```

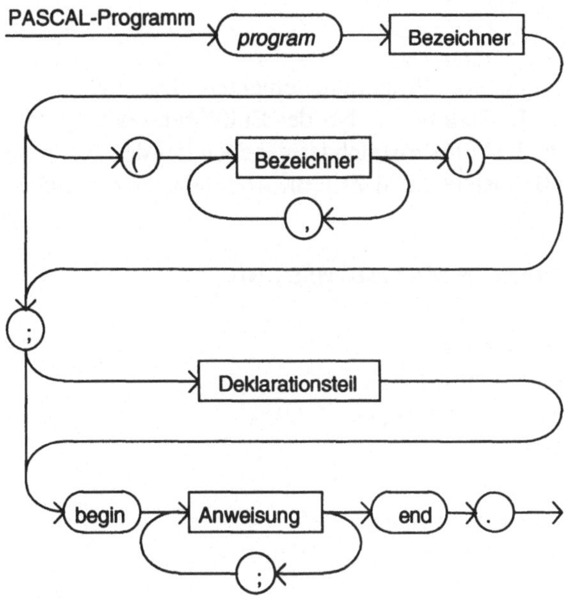


Abb. 6.2: Syntaxdiagramm eines PASCAL-Programms

## 6.1.  Lexikalische Einheiten

PASCAL unterscheidet als lexikalische Einheiten:

- Bezeichner (identifiers)
- Schlüsselwörter (keywords, reserved words)
- Konstante (constants, literals)
- Kommentare (comments)
- Operatoren (operators)
- Trennzeichen (separators)

Im folgenden wird die *Form* (Syntax) und *Bedeutung* (Semantik) der einzelnen Einheiten beschrieben.

### 6.1.1. Bezeichner

Bezeichner dienen zur Benennung von Programmelementen. Die Syntax für Bezeichner entspricht genau der Definition, die bei der Einführung der Syntaxdiagramme in Kapitel 5 (s. Abb. 5.11) für Bezeichner gegeben wurde. Damit ist ein Bezeichner eine Folge von Buchstaben und Ziffern, wobei das erste Zeichen ein Buchstabe sein muß.

**Beispiel 6.1: Bezeichner im Programm MAXIMUMSUCHE**

| Bezeichner: | Bedeutung: |
|---|---|
| MAXIMUMSUCHE | Name des Programms |
| INPUT, OUTPUT | Benennung der E/A-Dateien |
| MAXANZAHL | Benennung einer Konstanten |
| LISTE, ANZAHL, | |
| I, MAXIMUM, | |
| MAXPOS | Benennungen von Variablen |
| READ, WRITELN | Benennung der E/A-Routinen |

Bezeichner können entsprechend der Definition beliebig lang sein. Zur Unterscheidung werden aber in Abhängigkeit von der Implementierung des jeweiligen Compilers nur eine begrenzte Anzahl von Zeichen herangezogen. Das heißt, daß zum Beispiel bei 16 charakteristischen Zeichen die beiden Bezeichner

```
ELEMENTVERSCHIEBUNG
ELEMENTVERSCHIEBEMATRIX
```

nicht als verschieden interpretiert werden. Außerdem gelten folgende Regeln:

1. Die Verwendung von Schlüsselwörtern als Bezeichner ist verboten.
2. Groß- und Kleinbuchstaben dienen nicht zur Unterscheidung.


### 6.1.2. Schlüsselwörter

Schlüsselwörter haben eine durch die Programmiersprache festgelegte Bedeutung, die vom Programmierer nicht geändert werden kann. Die Bedeutung der einzelnen Schlüsselwörter wird im Laufe der nächsten Kapitel erläutert. PASCAL besitzt folgende 35 Schlüsselwörter in alphabetischer Reihenfolge:

| | | | | | |
|---|---|---|---|---|---|
| *and* | *array* | *begin* | *case* | *const* | *div* |
| *do* | *downto* | *else* | *end* | *file* | *for* |
| *function* | *goto* | *if* | *in* | *label* | *mod* |
| *nil* | *not* | *of* | *or* | *packed* | *procedure* |
| *program* | *record* | *repeat* | *set* | *then* | *to* |
| *type* | *until* | *var* | *while* | *with* | |

Eine besondere Kennzeichnung innerhalb von PASCAL-Programmen erfolgt nicht. Der Übersichtlichkeit halber sind jedoch im folgenden Schlüsselwörter *kursiv* gedruckt.

### 6.1.3. Konstanten

Konstanten sind nicht veränderbare Daten innerhalb eines Programms. In PASCAL wird unterschieden zwischen:

– Zahlkonstanten
– Zeichenketten
– logische Konstanten
– Mengenkonstanten
– Zeigerkonstante *nil*

Hier werden zunächst nur Zahlkonstanten und Zeichenketten besprochen. Die Einführung von Mengenkonstanten und Zeigerkonstanten erfolgt in den Kapiteln 8 und 9.

**Zahlkonstanten**

*(a) Ganze Zahlen*

Eine ganze Zahl ist eine vorzeichenlose ganze Zahl, genannt *unsigned Integer* (vgl. Abb. 6.3) und kann wahlweise zusätzlich + oder - als Vorzeichen besitzen.

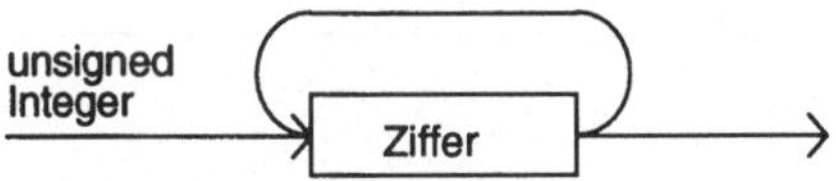


Abb. 6.3: Syntaxdiagramm für unsigned Integer

Die größte zulässige ganze Zahl hat den vordefinierten Namen MAXINT. Ihr Wert ist implementierungsabhängig (zum Beispiel $2^{31}$-1).

**Beispiel 6.2: Ganze Zahlen als Zahlkonstanten**

17, 123456, -15, +365

*(b) Festkommazahlen*

Festkommazahlen sind, wie im Syntaxdiagramm von Abb. 6.4 gezeigt, definiert und setzen sich aus einer vorzeichenlosen ganzen Zahl (unsigned Integer) vor dem Dezimalpunkt und einer unsigned Integer nach dem

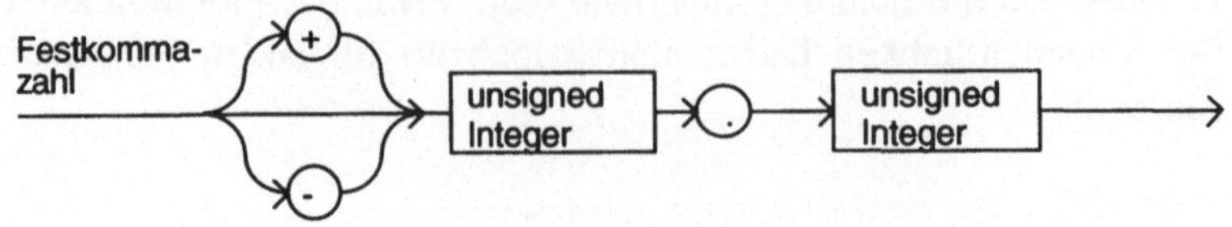

Abb. 6.4: Syntaxdiagramm für Festkommazahl

Dezimalpunkt zusammen. Zusätzlich kann vor der Zahl ein Vorzeichen stehen.

**Beispiel 6.3: Festkommazahlen als Zahlkonstante**
3.456, -1.234, +0.11, -123.456

*(c) Gleitkommazahlen*
Gleitkommazahlen werden in der Regel zur Darstellung sehr großer oder sehr kleiner Zahlen benutzt. Ihre Syntax ist in Abb. 6.5 gezeigt.

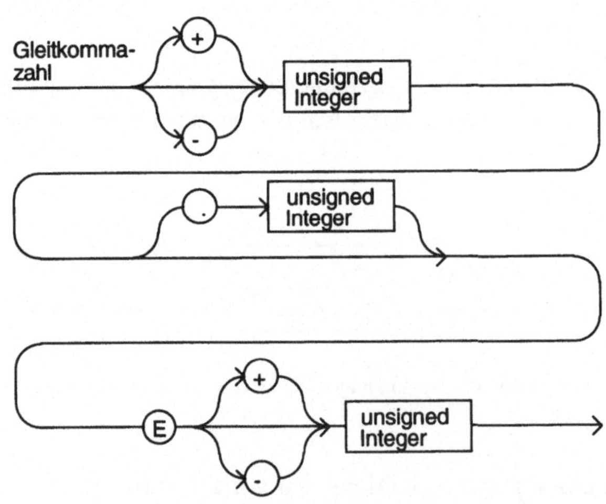

Abb. 6.5: Syntaxdiagramm für Gleitkommazahl

Eine Gleitkommazahl läßt sich damit in der Form $m\,E\,e$ schreiben. Hierbei gilt:

— $m$ ist eine ganze Zahl oder Festkommazahl und stellt die Mantisse dar

— $E$ ist die Basis (im allgemeinen 10)

— $e$ ist der Exponent in Form einer ganzen Zahl

Durch *m E e* wird der Zahlwert m·$10^e$ dargestellt. Nach der Syntax sind Exponenten von Gleitkommazahlen beliebig groß, die einzelnen Implementierungen legen aber systemabhängige Obergrenzen fest.

**Beispiel 6.4: Gleitkommazahlen**
0.123E12, -12.34E-6, 12E-3


## Zeichenketten

Eine Zeichenkette besteht aus einer Aneinanderreihung von Symbolen des PASCAL-Alphabets, die vorne und hinten durch je einen Apostroph begrenzt ist (s. Abb. 6.6).

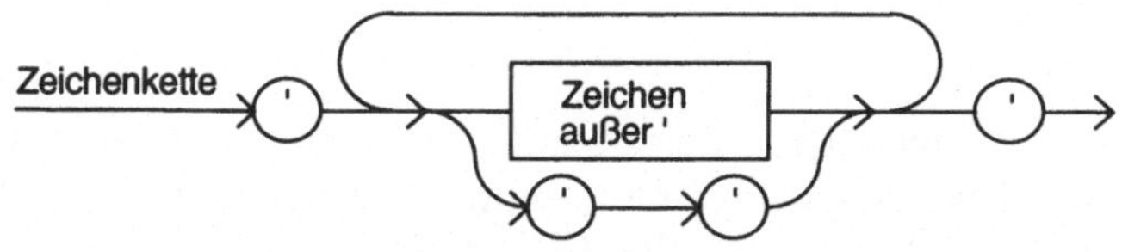


Abb. 6.6: Syntaxdiagramm für Zeichenkette


Die Menge der Zeichen des PASCAL-Alphabets ist implementierungsabhängig. Sie umfaßt aber immer mindestens

- die Buchstaben
- die Dezimalziffern
- das Leerzeichen (sofern Leerzeichen in Texten besonders gekennzeichnet werden, so geschieht dies durch ⊔ )
- folgende Interpunktions- und Sonderzeichen: . , ; : ! ? + - * / = < > ( ) '

Das Apostroph hat als Begrenzungszeichen eine Sonderstellung. Eine Verwendung innerhalb der Zeichenkette ist, im Gegensatz zu anderen Sonderzeichen, nicht bzw. nur auf folgende Weise möglich. Wenn in einem als Zeichenkette darzustellenden Text ein Apostroph vorkommt, wird dieser durch zwei unmittelbar aufeinander folgende Apostrophe (kein Doppelapostroph!) dargestellt.

**Beispiel 6.5: Zeichenketten**

'STUTTGART'
'Breitwiesenstraße 20-22'
'Die Liste ist leer'
'Jetzt geht''s los'

## 6.1.4. Kommentare

Zur Erläuterung und Gliederung von Programmen und Programmteilen dienen Kommentare. Sie dürfen an beliebiger Stelle im Programm stehen, allerdings nicht innerhalb von lexikalischen Einheiten. Kommentare dienen lediglich der leichteren Lesbarkeit und dem besseren Verständnis des Benutzers bzw. Bearbeiters eines Programms und haben keinen Einfluß auf den Programmablauf. Bei der Übersetzung in Maschinencode bleiben sie unberücksichtigt.

Abb. 6.7: Syntaxdiagramm für Kommentar

Abb. 6.7 zeigt die syntaktische Form eines Kommentars, die durch Eingrenzen eines beliebigen Texts in geschweifte Klammern gegeben ist. Für die Klammerzeichen "{" und "}", die nicht in allen Implementierungen vorhanden sind, können ersatzweise die Darstellungen "(*" und "*)" verwendet werden, die immer möglich sind. Zu beachten ist, daß innerhalb eines Kommentartexts keine schließende Klammer "}" erlaubt ist. Obwohl nach der Syntax möglich, empfiehlt es sich allerdings, auch auf öffnende Klammern "{" innerhalb eines Kommentars zu verzichten.

## 6.1.5. Operatoren

Operatoren bewirken beim Ausführen eines Programms bestimmte Aktionen. In PASCAL sind folgende Operatoren definiert:

1. Ein Zuweisungsoperator

   Er entspricht genau dem Symbol "⇐" der formalisierten Algorithmendarstellung. Die korrespondierende PASCAL-Darstellung ist :=

2. Weitere Operatoren:

   – Negationsoperator:            *not*
   – Multiplikationsoperatoren:    * / *div mod and*
   – Additionsoperatoren:          + - *or*
   – Vergleichsoperatoren:         < <= = <> >= > *in*

   Diese Operatoren sind nur auf jeweils genau definierte Datentypen anwendbar. Die Bedeutung der einzelnen Operatoren wird im Zusammenhang mit der Besprechung der Datentypen in PASCAL erläutert.

**Beispiel 6.6: Zuweisung**

Die Zuweisung

I ⇐ I+1

hat in PASCAL die Form

I := I+1


### 6.1.6. Trennzeichen

Zur Abgrenzung von Programmelementen gegeneinander werden Trennzeichen benutzt. In PASCAL stehen hierfür folgende Trennzeichen zur Verfügung:

( ) [ ] . .. , ; : =   ⊔

Besonders häufig steht in einem Programm das Semikolon. Es trennt die Anweisungen des Programms voneinander. Das Symbol ⊔ repräsentiert das Leerzeichen. Das Zeichen = hat je nach Kontext zwei verschiedene Bedeutungen:

1. Operator in logischen Ausdrücken
2. Trennzeichen in Konstanten- und Typdeklarationen

Für die nicht in jeder Implementierung vorhandenen Zeichen [ und ] werden immer die Ersatzdarstellungen (. und .) akzeptiert. Die weitere Bedeutung der einzelnen Zeichen wird mit deren Benutzung bei den jeweiligen Konstrukten erklärt.


## 6.2.  Datendeklaration

Daten sind alle Objekte, die ein Programm verarbeitet. Man unterscheidet zwischen Konstanten und Variablen. Bei Konstanten kann der Wert innerhalb des Programms nicht geändert werden. Variablen hingegen können durch Wertzuweisungen während des Programmablaufs mit jeweils neuen Werten belegt werden.

**Beispiel 6.7: Konstanten und Variablen**

Im Programm MAXIMUMSUCHE sind folgende Konstanten und Variablen enthalten:

Konstanten:    a) Zahlkonstanten: 0,1, 2, 100, MAXANZAHL

                   b) Zeichenketten: 'Falsche Eingabe', ...

Variablen:     ANZAHL, MAXIMUM, MAXPOS, I, LISTE

Es gelten folgende Regeln:

1. Variablen werden immer durch Bezeichner dargestellt.
2. Konstanten können durch ihre natürliche Form (zum Beispiel 0, 1, 2, 100, 'Falsche Eingabe', ...) dargestellt werden.
3. Bei Zahlkonstanten und Zeichenketten ist eine Darstellung durch Bezeichner möglich (zum Beispiel MAXANZAHL).
4. Die Bezeichner für die jeweiligen Daten eines Programms müssen durch *Deklarationen* eingeführt werden.


### 6.2.1. Konstantendeklarationen

Der Konstantendeklarationsteil eines Programms wird durch das Schlüsselwort *const* eingeleitet. Danach folgt eine Reihe von Bezeichnern, zu denen jeweils mittels des Symbols "=" eine Konstante assoziiert wird (s. Abb. 6.8).

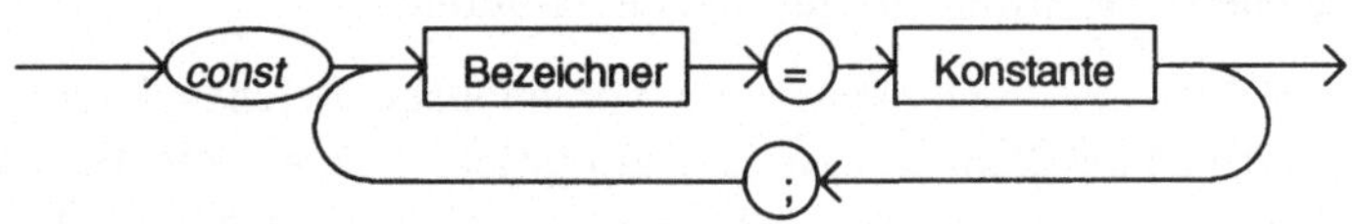


Abb. 6.8: Syntaxdiagramm für Konstantendeklaration


Als Konstanten sind dabei zulässig:

- Zahlkonstanten
- Zeichenketten
- Konstantenbezeichner

Bei Zahlkonstanten sind Bezeichner mit Vorzeichen erlaubt (zum Beispiel UGRENZE = -GRENZE), nicht zulässig sind jedoch arithmetische Ausdrücke (wie z.B. 20+3*7 oder ANFANGSWERT+DELTA).

Durch die Schreibweise der Konstanten ergibt sich eindeutig ihr Typ. Einige Konstantenbezeichner sind bereits vordefiniert und müssen bzw. dürfen daher nicht deklariert werden. Dies sind:

- MAXINT (größte zulässige ganze Zahl)
- TRUE, FALSE (logische Konstanten)
- *nil* (Zeigerkonstante)

Ein Programm muß nicht notwendigerweise Konstantendeklarationen enthalten. Wenn aber Konstanten benutzt und damit auch deklariert werden sollen, muß dieser Deklarationsteil vor den Variablendeklarationen und vor eventuellen Typendeklarationen stehen.

**Beispiel 6.8: Konstantendeklarationen**

```
const   MASCHINENZAHL  = 250;
        PI             = 3.14;
        OBER_GRENZE    = 1E50;
        THEMA          = 'Informatikeinführung'
```

## 6.2.2. Variablendeklarationen

Der Variablendeklarationsteil eines Programms beginnt mit dem Schlüsselwort *var*. Die genaue Definition zeigt das Syntaxdiagramm von Abb. 6.9. Das dort vorkommende Element Typ ist entweder ein Typbezeichner oder eine Typdefinition. Datentypen sind Gegenstand des nachfolgenden Kapitels.

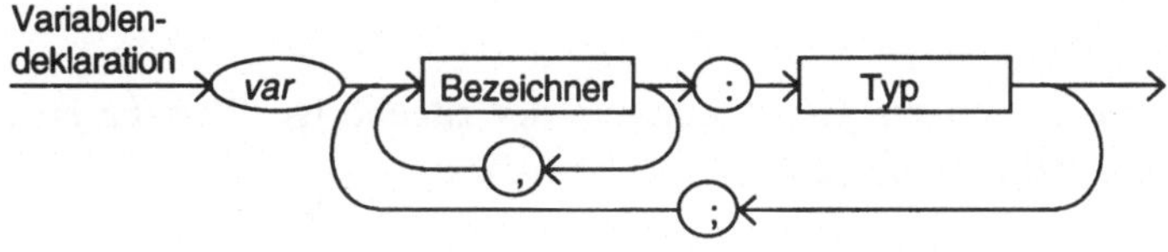


Abb. 6.9: Syntaxdiagramm für Variablendeklaration

Folgende Regeln sind bezüglich der Variablendeklaration zu berücksichtigen:

1. Alle im Programm verwendeten Bezeichner müssen im signifikanten Anfangsteil unterschiedlich sein. Ausnahmen ergeben sich im Falle von lokalen Definitionen, die im Zusammenhang mit Prozeduren und Funktionen in Kapitel 7 eingeführt werden.
3. Bezeichner müssen mit Ausnahme der vordeklarierten Bezeichnern vor der ersten Verwendung deklariert werden. Bei der Deklaration von Zeigern, die in Kapitel 9 besprochen werden, gelten Sonderregeln.

**Beispiel 6.9: Variablendeklarationen**

Durch fünf Variablen wird die Beschreibung einer Eishockeymannschaft eingeführt und zwar jeweils durch Angabe von Namen und Typ:

```
var TORDIFFERENZ, PUNKTE :    INTEGER;
    DURCHSCHNITTSALTER :      REAL;
    AUFGESTIEGEN :            BOOLEAN;
    KLASSE :                  CHAR;
```

Die in diesem Beispiel verwendeten Typen INTEGER, REAL, BOOLEAN und CHAR bedeuten in gleicher Reihenfolge: Ganze Zahl, reelle Zahl, logische Konstante und Zeichen. Eine Definition wird im nächsten Kapitel gegeben.

## 6.3.  Grundlegende Datentypen

Datentypen werden durch vordefinierte Bezeichner dargestellt. Allgemein sind Datentypen charakterisiert durch:

1.  eine Menge von Werten,

2.  eine Menge von Operationen, die auf diesen Werten zugelassen sind.

Die sogenannten PASCAL-Grundtypen sind:

    BOOLEAN
    CHAR
    INTEGER
    REAL

Im folgenden werden für jeden Grundtyp der zugehörige *Wertebereich* und die erlaubten *Operationen* angegeben.

### 6.3.1.  BOOLEAN

Daten vom Typ BOOLEAN sind logische Konstanten. Der Wertebereich von BOOLEAN besteht aus:

    TRUE
    FALSE

Erlaubte Operationen sind zunächst die üblichen logischen Operationen *not*, *and*, *or*. Dabei ist *not* eine monadische Operation der Form

    *not* :    BOOLEAN → BOOLEAN

Sie hat als Argumentbereich Daten des Typs BOOLEAN und liefert als Ergebnis Daten desselben Typs. Die Operationen *and* und *or* sind zweistellige Zuordnungen wie folgt:

    *and, or* :    BOOLEAN × BOOLEAN → BOOLEAN;

Die genauen Zuordnungen dieser Operatoren sind den Tabellen aus Abb. 6.10 zu entnehmen, wobei in diesen Wertetabellen T=TRUE und F=FALSE bedeutet.

| A | not |
|---|-----|
| F | T |
| T | F |

| A | B | and |
|---|---|-----|
| F | F | F |
| F | T | F |
| T | F | F |
| T | T | T |

| A | B | or |
|---|---|----|
| F | F | F |
| F | T | T |
| T | F | T |
| T | T | T |

Abb. 6.10: Wertetabellen für Operationen auf booleschen Variablen

Der Wertebereich von BOOLEAN ist folgendermaßen geordnet:

FALSE < TRUE

Damit sind auf Daten des Typs BOOLEAN auch die Vergleichsoperatoren anwendbar mit Ausnahme des Operators *in*, dessen Argumentbereich Mengen sind.

Unter Verwendung der Vergleichsoperatoren lassen sich einige weitere logische Grundoperationen simulieren:

Implikant:         $A \rightarrow B$   =   $A <= B$

Äquivalenz:        $A \equiv B$   =   $A = B$

exklusives ODER:   $A \oplus B$   =   $A <> B$

## 6.3.2. CHAR

Der Wertebereich von CHAR besteht aus einzelnen Symbolen, Zeichen genannt. Die zugelassenen Symbole sind implementierungsabhängig. Immer gültig sind jedoch:

— alle Buchstaben, dabei jedoch nicht immer Umlaute
— alle Dezimalziffern
— das Leerzeichen
— die Sonderzeichen: + - * / . , ; : = ( ) '

Zu beachten ist, daß nicht in allen Implementierungen zwischen Groß- und Kleinbuchstaben unterschieden wird. Falls Groß- und Kleinbuchstaben unterstützt sind, werden diese als jeweils verschiedene Symbole interpretiert. Es gelten folgende Regeln:

1. Symbole aus CHAR werden in Programmen durch Apostrophe eingegrenzt. Sie werden damit dargestellt wie Zeichenketten mit einem Zeichen (Beispiele: 'A', '7').

2. Der Wertebereich von CHAR ist geordnet. Die Ordnung ist implementierungsabhängig, aber es gilt immer:

   — 'A' < 'B' < 'C' < 'D' < 'E' < ... < 'Z'
   — 'a' < 'b' < 'c' < 'd' < 'e' < ... < 'z' (sofern vorhanden)
   — '0' < '1' < '2' < '3' < '4' < ... < '9'

Dabei kann die relative Position von Großbuchstaben, Kleinbuchstaben, Dezimalziffern und Sonderzeichen je nach Implementierung verschieden sein.

Als Operationen sind gültig:

1. Alle Vergleichsoperationen mit Ausnahme von *in*. Zu beachten ist jedoch, daß Vergleiche von Größen ungleichen Typs, wie zum Beispiel 7 = '7' im allgemeinen nicht definiert sind. Vergleiche mit

   >, >=, <, <=

   sollten sich beschränken auf:
   - Großbuchstaben mit Großbuchstaben
   - Kleinbuchstaben mit Kleinbuchstaben
   - Dezimalziffern mit Dezimalziffern

2. Die Standardfunktionen CHR, ORD, PRED und SUCC.

Eine Zusammenstellung aller in PASCAL definierten Standardfunktionen mit einer Kurzbeschreibung ist in Abb. 6.11 gegeben. Die für Daten des Typs CHAR zulässigen Standardfunktionen sind wie folgt definiert:

1. CHR: N $\rightarrow$ CHAR

   CHR(n) liefert das n-te Symbol des geordneten Wertebereichs von CHAR. Als Argument darf nur eine natürliche Zahl n mit

   $$0 \le n \le n_{max}$$

   angegeben werden. Dabei hängt die Obergrenze $n_{max}$ von der Anzahl der zulässigen Symbole der jeweiligen Implementierung ab.

2. ORD: CHAR $\rightarrow$ N

   ORD ist die Umkehrfunktion von CHR, das heißt, ORD('A') ist beispielsweise die Positionsnummer von 'A' im Wertebereich von CHAR.

3. PRED, SUCC: CHAR $\rightarrow$ CHAR

   PRED(X) ist direkter "Vorgänger", SUCC(X) direkter "Nachfolger" von X in CHAR. Genauer ausgedrückt ergeben sich PRED(X) und SUCC(X) für ein Argument X als

   PRED(X) = CHR(ORD(X)-1)

   SUCC(X) = CHR(ORD(X)+1)

Die Anwendung von PRED ist dabei auf das erste und von SUCC auf das letzte Element des Wetebereichs von CHAR nicht zulässig.

### 6.3.3. INTEGER

Der Wertebereich von INTEGER umfaßt die im Rechner darstellbaren ganzen Zahlen. Der Bereich geht von -MAXINT, gelegentlich auch von -MAXINT-1, bis MAXINT (z.B.: MAXINT = $2^{31}$-1).

Auf INTEGER definierte Operationen sind:

1. die einstelligen Operationen: +, - (Vorzeichen)
2. die zweistelligen arithmetischen Operationen: +, -, *, *div*, *mod*
3. alle Vergleichsoperationen (außer *in*)
4. Standardfunktionen, wie in Abb. 6.11 angegeben

Die Wirkung der Operatoren + und - als Vorzeichen und * als Multiplikationsoperator sind selbsterklärend. Zu beachten ist, daß das Ergebnis der Operation im Wertebereich von INTEGER liegen muß. Der Operator *div* bedeutet eine ganzzahlige Division, das heißt, das Ergebnis wird dem Betrag nach auf die nächst kleinere ganze Zahl gerundet. In anderer Schreibweise ausgedrückt ergibt dies:

A *div* B = [ A / B ].

Der Operator *mod* liefert den Teilungsrest bei der ganzzahligen Division und ist folgendermaßen definiert:

Für B > 0 und mit REST = A - (A *div* B) * B ist

$$A \; mod \; B = \begin{cases} \text{REST:} & \text{REST} \geq 0 \\ \text{REST + B:} & \text{REST} < 0 \end{cases}$$

Damit ist das Ergebnis von A *mod* B immer nicht negativ. Für B $\leq$ 0 is A *mod* B nicht definiert.

    **Beispiel 6.10: Operatoren div und mod**

    5 *div* 2    = 2

    5 *mod* 2    = 1

    -5 div 2    = -2

    -5 mod 2    = 1

    -5 div -2    = 2

    Unzulässig wäre die Operation

    -5 mod -2

| Funktions-name | Parameter-Typen | Ergebnis-Typen | Beschreibung |
|---|---|---|---|
| ABS(X) | INTEGER o. REAL | wie 'Parameter' | Betrag von X |
| ARCTAN(X) | INTEGER o. REAL | REAL | Arcustangens von X |
| CHR(X) | INTEGER | CHAR | X-tes Zeichen (vgl. ASCII-Tabelle) |
| COS(X) | INTEGER o. REAL | REAL | Cosinus von X |
| EOF(F) | FILE | BOOLEAN | TRUE, falls End-of-file erreicht; FALSE, sonst |
| EOLN(F) | FILE | BOOLEAN | TRUE, falls End-of-line erreicht; FALSE, sonst |
| EXP(X) | REAL o. INTEGER | REAL | $e^X$ |
| LN(X) | REAL o. INTEGER | REAL | Logarithmus von X |
| ODD(X) | INTEGER | BOOLEAN | TRUE, falls X ungerade; FALSE, sonst |
| ORD(X) | BOOLEAN, CHAR o. 'Benutzerdef. Aufzählungstypen' | INTEGER | Position von X (im Typ von X), erste Position 0 |
| PRED(X) | Aufzählungstypen, außer REAL | wie 'Parameter' | Vorgänger von X |
| ROUND(X) | REAL | INTEGER | X gerundet auf 0 Nachkommastellen |
| SIN(X) | REAL o. INTEGER | REAL | Sinus·von X |
| SQR(X) | REAL o. INTEGER | wie 'Parameter' | $x^2$ |
| SQRT(X) | REAL o. INTEGER | REAL | $\sqrt{X}$ |
| SUCC(X) | wie PRED(X) | wie 'Parameter' | Nachfolger von X |
| TRUNC(X) | REAL | INTEGER | 'Vorkommateil' von X (nicht gerundet) |

Abb. 6.11: PASCAL-Standardfunktionen

## 6.3.4. REAL

Der Wertebereich des Datentyps REAL besteht aus ganzen Zahlen, Festkomma-zahlen und Gleitkommazahlen. Es können nur endlich viele reelle Zahlen dar-gestellt werden!

**Definition 6.1: Ausdehnung, Genauigkeit**

Die *Ausdehnung* des Wertebereichs von REAL ist gegeben durch die größte und die kleinste darstellbare positive Zahl.

Die *Genauigkeit* ist definiert als maximaler relativer Fehler bei der Rechnerdar-stellung von reellen Zahlen.

Operationen auf REAL sind:

1. die Vorzeichen: +, -
2. die arithmetischen Operationen: +, -, *, /
3. alle Vergleichsoperationen außer *in*
4. Standardfunktionen, wie in der Tabelle von Abb. 6.11 angegeben

                                    

Zu beachten ist, daß Rechnungen mit reellen Zahlen, die in einem Programm durch Zahlen des Typs REAL erfolgen, fast zwangsläufig mit Fehler behaftet sind, da sowohl die Ausgangszahlen als auch (Zwischen-) Ergebnisse der Operationen in der Regel nicht exakt dargestellt werden können. Darstellungs- und Rundungsfehler können sich bei ungünstigen Ausgangssituationen selbst bei kurzen Rechnungen soweit aufschaukeln, daß das Ergebnis der Rechnung wertlos wird. Die Ergebnisse von derartigen Berechnungen sind daher kritisch zu beurteilen.

## 6.4. Ausdrücke und Wertzuweisung

### 6.4.1. Ausdrücke

Ein Ausdruck ist eine Rechenvorschrift zur Ermittlung eines Wertes. Seine Bestandteile sind    Operanden und Operatoren. Dabei können alle in Kapitel 6.1.5 vorgestellten Operatoren verwendet werden. Mögliche Operanden sind:

1. Variablen
2. Konstanten
3. Aufrufe von Standardfunktionen

Weitere Operanden werden in Kapitel 8 im Zusammenhang mit dem Konzept der Mengen eingeführt.

Jede Variable und jede Konstante gehört zu einem eindeutig bestimmten Typ. Auch das Ergebnis eines Aufrufs einer Standardfunktionen ist von definiertem Typ. Es ist daher eine eindeutige Typzuordnung für jeden Ausdruck möglich.

**Beispiel 6.11: Ausdrücke**

Gegeben sei folgende Deklaration:

```
const   K       = 250;
        BLANK = ' ';
        PI      = 3.14;
var     ZAHL1, ZAHL2        : INTEGER;
        AUS, EIN            : BOOLEAN;
        RADIUS, ALPHA       : REAL;
        SYMBOL, KLASSE      : CHAR;
```

Dann sind folgendes korrekte Ausdrücke:

a)  INTEGER-Ausdrücke:
```
ZAHL1-ZAHL2*ORD(KLASSE)
ORD(SYMBOL)-ORD(BLANK)+3
250
```

b)  REAL-Ausdrücke:
    RADIUS*SIN(ALPHA)
    ALPHA/PI
    ALPHA

c)  BOOLEAN-Ausdrücke:
    10>=ZAHL1
    EIN=AUS
    TRUE and ('A'<'B')

d)  CHAR-Ausdrücke:
    CHR(10)
    'A'
    PRED(KLASSE)

**Auswertung von Ausdrücken**

Die Auswertungsreihenfolge bei zusammengesetzten Ausdrücken ist durch die Bindungsstärke der Operatoren, Klammern und Funktionsaufrufe festgelegt. Die Reihenfolge der Prioritäten ist folgendermaßen definiert:

1.  Klammern

2.  Funktionsaufrufe

3.  Negationsoperator

4.  Multiplikationsoperatoren

5.  Additionsoperatoren

6.  Vergleichsoperatoren

Bei gleicher Priorität erfolgt die Auswertung von links nach rechts. Mehrfache Anwendung von Vergleichsoperationen, wie zum Beispiel

    TRUE=TRUE>FALSE,

ist nicht zulässig. Diese Prioritäten entsprechen üblichen mathematischen Regeln.

**Beispiel 6.12: Auswertung von Ausdrücken**

Zu zwei vorgegebenen Ausdrücken wird jeweils in einer zugehörigen Abbildung der Auswertungsbaum und anschließend der entsprechende voll geklammerte Ausdruck angegeben.

a)  Gegeben sei der Ausdruck:
    (A+B*C)-(5+3-7*5+20)

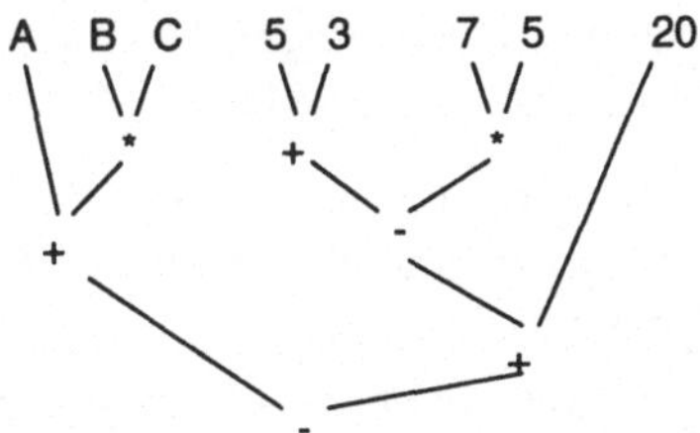



Abb. 6.12: Auswertungsbaum für den Ausdruck (A+B*C)-(5+3-7*5+20)

Voll geklammerter Ausdruck:
(A+(B*C))-(((5+3)-(7*5))+20)

b)  Gegeben sei der Ausdruck:
AUS *or* (SYMBOL=CHR(ZAHL1-ZAHL2)) *and* ODD(ZAHL1)

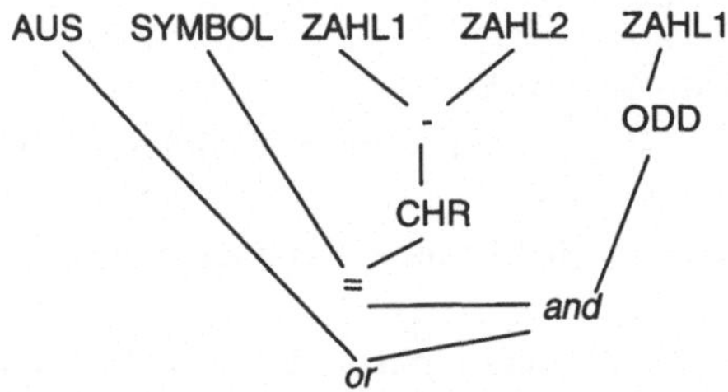



Abb. 6.13:Auswertungsbaum für den Ausdruck
AUS *or* ((SYMBOL=(CHR(ZAHL1-ZAHL2))) *and* (ODD(ZAHL1)))

Voll geklammerter Ausdruck:
AUS *or* ((SYMBOL=(CHR(ZAHL1-ZAHL2))) *and* (ODD(ZAHL1)))

Zusätzliche, das heißt nicht unbedingt nötige Klammern erleichtern häufig die Lesbarkeit und verringern die Fehleranfälligkeit. Sie haben keinen Einfluß auf die Laufzeit des Programms. Bei Auswertung von Ausdrücken werden allerdings in der Regel alle Teilausdrücke ausgewertet, selbst wenn sie zur Bestimmung des Werts eigentlich nicht erforderlich sind. Dies ist eine mögliche Fehlerquelle. Es ist daher genau darauf zu achten, daß alle Teilausdrücke nur ausführbare Operationen enthalten.

**Beispiel 6.13: Ausdruck mit Laufzeitfehler als Folge**

Der Ausdruck  (A=0) *or* (B/A>0)

liefert für A=0 je nach Implementierung einen Laufzeitfehler und nicht den Wert TRUE!

In der Regel müssen bei zweistelligen Operatoren die Operanden vom gleichen Typ sein. Es gelten jedoch folgende beiden Ausnahmen:

1. Bei Unterbereichstypen, die in Kapitel 6.7 eingeführt werden, wird lediglich eine sogenannte Typverträglichkeit gefordert.

2. REAL-INTEGER-Verträglichkeit: Mathematisch gesehen ist jede ganze Zahl auch eine reelle Zahl, nicht jedoch umgekehrt. In PASCAL-Ausdrücken ist an allen Stellen, an denen eine REAL-Zahl stehen kann, auch eine INTEGER-Zahl möglich.

Bei der Division mit dem Operator / ist somit erlaubt, daß

– beide Operanden vom Typ REAL sind oder
– beide Operanden vom Typ INTEGER sind oder
– ein Operand vom Typ REAL, der andere vom Typ INTEGER ist.

Bei gemischten Typen (REAL und INTEGER) erfolgt automatisch ein Typtransfer von INTEGER zu REAL. Das Resultat bei Anwendung der Operatoren +, -, *, / ist in diesen Fällen immer vom Typ REAL.

### Beispiel 6.14: Korrekte Ausdrücke

a)  17.0+15,  8.0*4,  40-8.0  sind korrekte Ausdrücke vom Typ REAL mit dem Wert 32.0.

b)  1.0=1, 6>5.4,  0<=0.0  sind korrekte Ausdrücke vom Typ BOOLEAN mit dem Wert TRUE.

c)  8/2, 8.0/2, 8/2.0, 8.0/2.0  sind korrekte REAL-Ausdrücke mit dem Wert 4.0.


## 6.4.2. Wertzuweisungen

Die Ausrechnung eines Werts ist im allgemeinen wertlos, wenn das Ergebnis nicht für weitere Verwendung aufbewahrt werden kann. Die Aufbewahrung eines Werts geschieht in einer Variablen, der durch eine Wertzuweisung das ermittelte Ergebnis zugewiesen wird. Die Syntax der Wertzuweisung ist in Abb. 6.14 gezeigt.

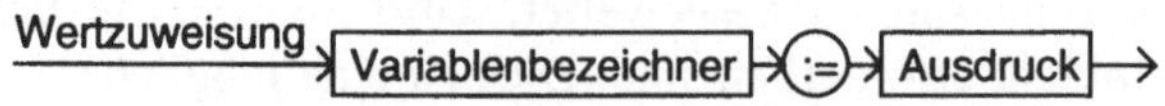


Abb. 6.14: Syntaxdiagramm für die Wertzuweisung

Der Zuweisungsoperator := entspricht dabei exakt dem Zuweisungsoperator $\Leftarrow$ der eingeführten formalen Algorithmendarstellung. Die Wirkung der Wertzuweisung ist wie folgt: Der Wert des Ausdrucks wird ermittelt und anschließend der Variablen, die links vom Zuweisungsoperator steht, zugewiesen. Der vorherige Wert der Variablen geht hierdurch verloren! Bis auf folgende Ausnahmen müssen der Typ der Variablen und der Typ des Ausdrucks identisch sein:

1. Bei Verwendung der noch einzuführenden Unterbereichstypen müssen die Typen lediglich verträglich sein.

2. REAL-Variablen darf ein INTEGER-Wert zugewiesen werden. Es erfolgt dabei ein automatischer Typtransfer von INTEGER nach REAL.

Es ist darauf zu achten, daß einer INTEGER-Variablen kein REAL-Wert zugewiesen werden darf. Diese Restriktion kann umgangen werden, indem auf den REAL-Wert die Standardfunktion ROUND (Runden) oder TRUNC (Abschneiden) angewandt wird. Das Ergebnis liegt somit im Wertebereich von INTEGER. Die Verwendung von TRUNC und ROUND bedeutet einen Informationsverlust.

**Beispiel 6.15: Anwendung von TRUNC und ROUND**

```
Zuweisung        <N>
N:=TRUNC(5.8)    5
N:=ROUND(5.8)    6
N:=TRUNC(-5.8)  -5
N:=ROUND(-5.8)  -6
```

## 6.5.  Grundlegende Kontrollstrukturen

Als Sprachmittel zur Steuerung der Reihenfolge von Operationen in Programmen stehen in PASCAL zur Verfügung:

- Verzweigungen
- Schleifen
- Sprunganweisungen

Die Verwendung von Sprunganweisungen führt in der Regel zu schlecht überschaubaren Programmstrukturen. Es ist empfehlenswert, auf sie bei der Programmierung zu verzichten. Im folgenden werden daher auch lediglich Verzweigungen und Schleifen besprochen.

### 6.5.1. Verzweigungen

In Kapitel 5 wurden zur Beschreibung eines Algorithmus folgende formale
Sprachmittel eingeführt:

*wenn* B *dann* A1 *sonst* A2 *wennende*
*wenn* B *dann* A *wennende*

In Abhängigkeit einer Bedingung B wird eine der Aktionenfolgen A1 oder A2
durchlaufen. Im Falle der zweiten Form ist die zweite der beiden möglichen Aktionsfolgen leer.

In PASCAL entsprechen diesen Konstrukten die beiden Anweisungen

*if* B *then* A1 *else* A2
*if* B *then* A

Dabei ist B ein beliebiger Ausdruck vom Typ BOOLEAN. A, A1 und A2 stellen
jeweils eine beliebige Anweisung dar. Abb. 6.15 zeigt das zugehörige Syntaxdiagramm für die Programmverzweigung mittels einer sogenannten *if*-Anwei-
sung.

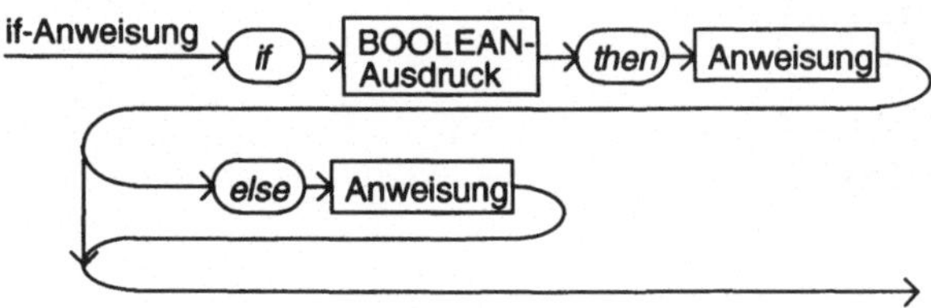


Abb. 6.15: Syntaxdiagramm für if-Anweisung

Wie daraus ersichtlich ist, gibt es in PASCAL kein entsprechendes Wortsymbol
für *wennende*. Die Eindeutigkeit ist hier dadurch gegeben, daß A, A1, A2 keine
Anweisungsfolgen sind, sondern jeweils nur eine Anweisung darstellen. Gegebenenfalls kann man in PASCAL mehrere Anweisungen zwischen die beiden
Schlüsselwörter *begin...end* einreihen und erhält dadurch eine sogenannte zu-
sammengesetzte Anweisung.

Durch das Fehlen eines entsprechenden Schlüsselworts für *wennende* wären
außerdem Konstruktionen wie zum Beispiel

*if* B1 *then if* B2 *then* A1 *else* A2

mehrdeutig. Zur Erreichung der Eindeutigkeit wird in PASCAL eine Klam-
merung verwendet. Darunter versteht man den Einschluß der geschachtelten *if*-
Anweisung, ausgehend von rechts, zwischen die Schlüsselwörter *begin.*und *end.*
Die oben angedeutete Anweisung hat damit dieselbe Bedeutung wie:

*if* B1 *then begin if* B2 *then* A1 *else* A2 *end*

Zur Vermeidung von Fehlzuordnungen ist es in der Regel zweckmäßig, eine Klammerung anzuwenden.

**Beispiel 6.16: Programmverzweigung**

Gegeben sei die Deklaration:

*var* X, Y, MAX: REAL

Damit sind die an die folgenden beiden Algorithmusschritte anschließenden Programmverzweigungen syntaktisch korrekt:

a)  MAX $\Leftarrow$ Maximum( X, Y)
    *if*  X > Y  *then*  MAX := X  *else*  MAX := Y
       (..B..)        (.....A1....)       (....A2....)

b)  MAX $\Leftarrow$ Maximum( X, Y ) und Ausgabe
    *if*  X > Y  *then begin*  MAX := X; WRITELN( X )  *end*
       (...B...)              (.................A1...............)
                 *else*     *begin* MAX := Y; WRITELN( Y) *end*
                           (................A2................)

## 6.5.2.  Schleifen

Bei der Algorithmenbeschreibung wurden bereits drei verschiedene Typen von Schleifen eingeführt. Beim ersten Schleifentyp

*solange* B *durchführe* A *durchführstopp*

wurde die Abbruchbedingung für die Schleifenwiederholung vor dem Schleifendurchlauf geprüft. Dieser Schleifentyp wird in PASCAL durch eine sogenannte *while*-Anweisung repräsentiert und folgendermaßen geschrieben:

*while* B *do* A

Dabei ist B ein beliebiger Ausdruck vom Typ BOOLEAN und A eine beliebige Anweisung(s. Abb. 6.16). A kann damit insbesondere auch sein:

- eine Verzweigung
- eine Schleife
- eine *begin...end*-Anweisungsfolge

Hat B bereits am Anfang den Wert FALSE, dann wird A überhaupt nicht ausgeführt.

Der zweite Schleifentyp, bei der Algorithmendarstellung geschrieben als

*wiederhole* A *bis* B

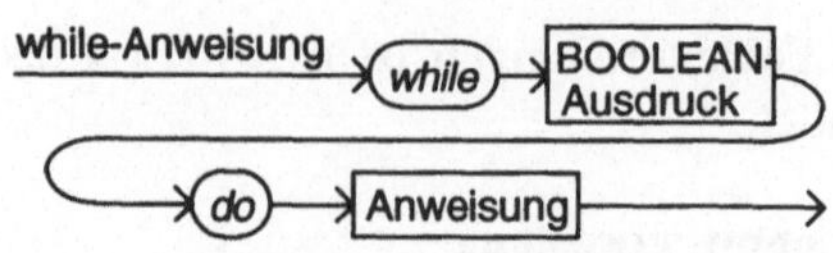

Abb. 6.16: Syntaxdiagramm der while-Anweisung

ist dadurch gekennzeichnet, daß am Ende der Schleife geprüft wird, ob die
Schleifenbedingung B erfüllt ist und die Schleife nicht mehr erneut zu durchlaufen ist. In PASCAL entspricht dies der repeat-Anweisung, die im Syntaxdiagramm von Abb. 2.16 definiert ist und wie folgt aussieht:

   *repeat* A1;...; AN *until* B

B ist ein beliebiger Ausdruck vom Typ BOOLEAN, A1,..., AN sind beliebige
Anweisungen.

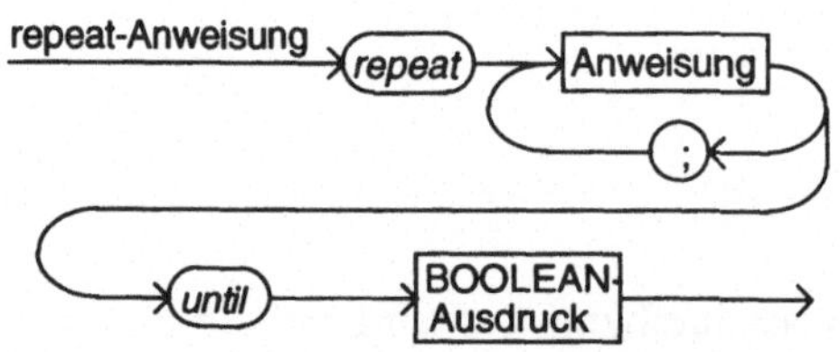

Abb. 6.17: Syntaxdiagramm der repeat-Anweisung

Hier entfällt die Einschränkung auf *eine* Anweisung, da eine Klammerung durch
*repeat...until* gegeben ist. Die  Anweisungsfolge wird mindestens einmal durchlaufen.

Zählschleifen der Form

   *für* ZV = AW *bis* EW *durchführe* A *durchführstopp*

sind in PASCAL durch folgendes Konstrukt darstellbar

   *for* ZV := AW *to* EW *do* A

Zusätzlich kann eine Zählschleife in PASCAL auch in einer zweiten Form geschrieben werden (s. Abb. 6.18):

   *for* ZV := AW *downto* EW *do* A

ZV ist dabei eineVariable eines beliebigen Aufzählungstyps. Von den bisher
eingeführten Typen gehört INTEGER zu den Aufzählungstypen. Bei der Besprechung der skalaren Datentypen in Kapitel 6.7.1 werden weitere Aufzählungstypen eingeführt und am Beispiel der Zählschleife erläutert. AW und EW sind
Ausdrücke desselben Typs wie die Zählvariable ZV, und A ist eine Anweisung.

Im Unterschied zur Zählschleife mit "AW *to* EW" wird bei der Form "AW *downto* EW" der Anfangswert bei jedem Schleifendurchlauf dekrementiert.

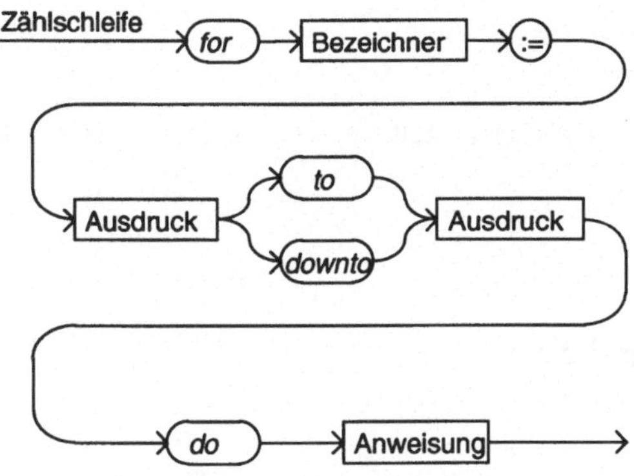


Abb. 6.18: Syntaxdiagramm der Zählschleife

Folgende Regeln sind bei Zählschleifen in PASCAL zu beachten:

1. Die Zählvariable darf durch eine Anweisung innerhalb der Zählschleife *nicht* geändert werden

2. Der Anfangswert und der Endwert werden nur einmal und zwar am Anfang der Schleife ausgewertet.

3. Nach Verlassen der Schleife ist der Wert der Zählvariablen undefiniert!

**Beispiel 6.17: Schleifentypen**

$$\text{Berechnung von } H(n) = \begin{cases} 0 & n \le 0 \\ \sum_{i=1,\dots,n} 1/i & n > 0 \end{cases}$$

1. *while* - Schleife:

```
H := 0; I := 1;
while I <= N
do begin H := H+1/I; I := I+1 end
```

2. *repeat* - Schleife:

```
H := 0; I := 1;
if N >= I
then    repeat H := H+1/I; I := I+1
        until I > N
```

3. Zählschleifen:

```
a)  H := 0;
    for I := 1 to N do H := H+1/I
```

b)  H := 0;
   *for* I := N *downto* 1 *do* H := H+1/I

Bemerkung: Die *repeat*-Schleife

H := 0; I := 1;
*repeat* H := H+1/I; I := I+1
*until* I > N

entspräche nicht der Aufgabenstellung, weil für N ≤ 0 diese Schleife einmal durchlaufen würde.


## 6.6.  Ein-/Ausgabe

In der Regel soll ein Programm Berechnungen für verschiedene Ausgangsdaten
durchführen können. Eine Festlegung dieser Daten in Form entsprechender
Konstanten- oder Variablenbelegungen direkt durch den Programmierer ist daher
nicht sinnvoll. Vielmehr sollten Eingangsdaten jeweils beim Programmlauf eingegeben werden können. In PASCAL dienen Dateien als Schnittstellen zwischen
dem Benutzer und dem Computer. Diese Dateien werden in einer Dateienliste im
Programmkopf aufgeführt. Zunächst wird die Ein-/Ausgabe über vordefinierte
Dateien mit den Bezeichnern INPUT und OUTPUT besprochen.


### 6.6.1.  Datei INPUT

INPUT ist eine sequentielle Datei. Darunter versteht man eine beliebig lange
Kette von Speicherplätzen, die jeweils ein elementares Datenelement aufnehmen
können (s. Abb. 6.19).

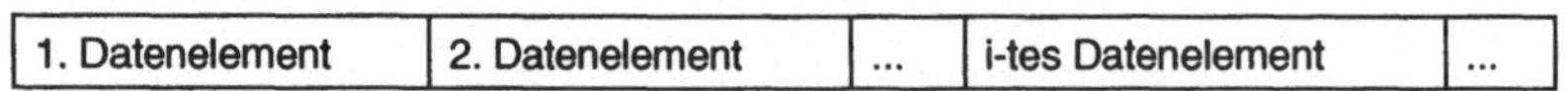

| 1. Datenelement | 2. Datenelement | ... | i-tes Datenelement | ... |

Abb. 6.19: Aufbauschema der Datei INPUT


Allgemein sind sequentielle Dateien durch folgende Merkmale charakterisiert:

–  Es ist kein unmittelbarer Zugriff auf beliebige Datenelemente möglich.
–  Vom aktuellen Standpunkt aus wird Schritt für Schritt auf die gesuchte Stelle
   zugegangen. Dabei erfolgt die Bewegung im allgemeinen nur in einer Richtung, zum Beispiel von links nach rechts, gegangen werden.

– Falls die aktuelle Position bereits an der gesuchten Stelle vorbei ist, so muß
  die Suche am Anfang der Datei neu begonnen werden.

INPUT ist eine Datei vom vordefinierten Typ TEXT, das bedeutet, die elementaren Datenelemente sind Zeichen des Wertebereichs von CHAR und zusätzlich
ein nicht zu CHAR gehörendes Sonderzeichen, welches das Zeilenende markiert.
Als Folge ist die Datei INPUT aus Sicht des Benutzers in *Zeilen* unterteilt. Sie
kann als Sequenz von übereinander angeordneten Zeilen unterschiedlicher Länge
betrachtet werden. Zu jedem Zeitpunkt ist genau der Inhalt eines Platzes sichtbar
(siehe Abb. 6.20).

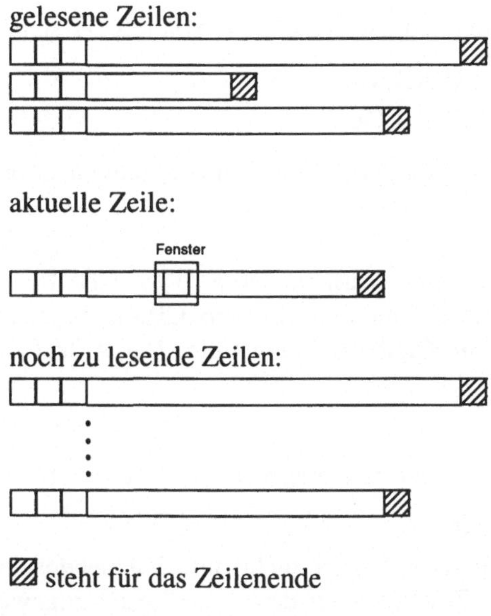


Abb. 6.20: Schema für Beschreibung von INPUT

Die aktuelle Leseposition, auch *Dateifenster* genannt, kann nur von links nach
rechts geändert werden. Ist beim Lesevorgang das Ende einer Zeile erreicht, so
wird als nächstes Element das erste Feld der nächsten Zeile betrachtet. Bereits
gelesene Felder sind während eines Programmlaufs nicht nochmals lesbar.

**Bearbeitung von INPUT**
Die Standardeingabedatei INPUT entspricht in der Regel der Eingabe über die
Tastatur. Es können jedoch auch andere Zuordnungen gemacht werden. Die Be-
arbeitung bzw. das Lesen von INPUT wird mit vordefinierten Routinen

(Unterprogramme) durchgeführt. Es ist dabei möglich, Größen folgender Art einzulesen:

- Zeichen (Elemente von CHAR)
- Ganze Zahlen
- Reelle Zahlen
- Logische Konstante

Ganze und reelle Zahlen müssen als INTEGER- bzw. REAL-Konstanten entsprechend der bereits eingeführten Syntax auf INPUT stehen. Die Umwandlung einer Zeichenfolge, wie zu Beispiel 123.45E-5, in entsprechende Zahl geschieht durch vordefinierte Eingaberoutinen. Bei BOOLEAN-Konstanten genügen zumeist (implementierungsabhängig) die Abkürzungen T und F für TRUE und FALSE.

Als vordefinierte Routinen zur Bearbeitung von INPUT stehen zur Verfügung:

1. Eingaberoutinen:READ, READLN
2. Abfrageroutinen:EOF, EOLN

Die Nutzung und Wirkung dieser Routinen wird nun näher beschrieben.


**READ**

Der Parameter ist eine Variable vom Typ CHAR, INTEGER, REAL, BOOLEAN oder eines Unterbereichs von CHAR bzw. INTEGER. Unterbereichstypen werden in Kapitel 6.7 eingeführt. Der Aufruf erfolgt durch die Anweisung:

```
READ(X)
```

Die Wirkung unterscheidet sich je nach Typ von X wie folgt:

a) X vom Typ CHAR

Wenn unter dem Dateifenster nicht das Zeilenendezeichen steht wird der Variablen X das Zeichen unter dem Dateifenster zugewiesen. Das Dateifenster wird dann um eine Position nach rechts verschoben. Falls das Dateifenster aber auf dem Zeilenendezeichen steht, wird X das Leerzeichen zugewiesen. Das Zeilenendezeichen gehört ohnehin nicht zu CHAR. Das Dateifenster wird dann auf die erste Position der nächsten Zeile gesetzt.

b) X vom Typ INTEGER, REAL oder BOOLEAN

Das Dateifenster wird ausgehend von der aktuellen Position solange nach rechts bewegt, bis erstmals ein Zeichen $\neq$ Leerzeichen und $\neq$ Zeilenendezeichen unter dem Dateifenster steht. Gegebenenfalls werden dazu die nächsten Zeilen mit verwendet. Anschließend wird der Versuch unternommen, die nachfolgende Zeichenkette als INTEGER-, REAL- bzw. BOOLEAN-Konstante zu interpretieren. Hierzu wird bis zum nächsten Leer- bzw. Zeilenendezeichen gelesen. Falls diese Interpretation gelingt, wird der Wert ermittelt und X zugewiesen, ansonsten ergibt sich ein Laufzeitfehler. Das Dateifenster steht anschließend über dem Trennzeichen (Leer- oder Zeilenendezeichen), das die jeweilige Konstante abschließt.

Aus dieser Funktionsweise folgt:

1. Konstanten werden durch ein oder mehrere Leer- bzw. Zeilenendezeichen voneinander getrennt. Eine Trennung, beispielsweise mittels ",", ";", führt zu Fehlern.
2. Nachdem das Zeilenendezeichen ebenfalls als Trennzeichen interpretiert wird, kann sich eine Konstante *nicht* über mehrere Zeilen erstrecken.

READ kann auch mit mehr als einem Parameter aufgerufen werden. Die Schreibweise ist dann:

```
READ(X1, X2, ..., XN )
```

Ein solcher Aufruf mit den Parametern X1, X2, ...,XN entspricht exakt dieser Folge von Einzelaufrufen:

```
READ( X1 ); READ( X2 ); ... READ(XN)
```

Die Zahl der Parameter ist dabei variabel und hat eine implementierungsabhängige Obergrenze. Beim Aufruf von READ mit mehreren Parametern dürfen die Parameter der zulässigen Typen auch gemischt in beliebiger Reihenfolge auftreten. Außerdem darf für eine REAL-Variable auch eine INTEGER-Konstante auf INPUT stehen.

### Beispiel: 6.18: READ auf Eingabedatei INPUT

Gegeben seien die in Abb. 6.21 gezeigten Einträge auf INPUT. Die Position des Dateifensters ist mit einem Dreieck markiert.

Abb. 6.21: Beispieleinträge auf INPUT

Der Aufruf

```
READ( Z1, I1, R1, I2, Z2, R2, Z3, Z4, Z5, I3, I4, Z6)
```

mit den Variablen

```
Z1, ..., Z6    vom Typ CHAR
I1, ..., I4    vom Typ INTEGER
R1, R2         vom Typ REAL
```

liefert folgende Zuordnung:

```
Z1 = 'D'      I1 = 123      R1 = 345.0
Z2 = ' '      I2 = 67       R2 = 1E2
Z3 = ' '      I3 = 9
Z4 = 'E'      I4 = 1
Z5 = '8'
Z6 = ' '
```

## READLN

Diese Routine kann sowohl ohne Parameter als auch mit denselben Parametern wie bei READ verwendet werden. Die beiden Aufrufmöglichkeiten lauten daher entsprechend:

```
READLN
READLN( X1, ..., XN )
```

Beim Aufruf ohne Parameter wird der Rest der aktuellen Zeile übersprungen und das Sichtfenster auf das erste Feld der nächsten Zeile positioniert. Ein Aufruf mit Parametern X1, X2, ..., XN entspricht exakt

```
READ( X1, ..., XN); READLN
```

Das heißt, nach dem Einlesen der einzelnen Größen wird das Sichtfenster auf den nächsten Zeilenanfang positioniert.

## EOF

Der Name dieser Routine ist eine Abkürzung von *end of file*. Sie wird ohne Parameter aufgerufen und gehört zu den Standardfunktionen und liefert einen Wert vom Typ BOOLEAN wie folgt:

$$EOF = \begin{cases} \text{TRUE} & \text{falls das Dateifenster hinter dem} \\ & \text{letzten Eintrag in INPUT steht} \\ \text{FALSE} & \text{sonst} \end{cases}$$

Diese Funktion wird benutzt, um festzustellen, wann bei einem Lesevorgang das Ende der Datei erreicht ist.

## EOLN

EOLN bedeutet soviel wie end of line. Es handelt sich ebenfalls um eine Standardfunktion, die ohne Parameter aufgerufen wird. Sie liefert einen Wert vom Typ BOOLEAN gemäß:

$$EOLN = \begin{cases} \text{TRUE} & \text{falls das Dateifenster über} \\ & \text{dem Zeilenendezeichen steht} \\ \text{FALSE} & \text{sonst} \end{cases}$$

Diese Funktion wird eingesetzt, um bei einem Lesevorgang festzustellen, wann das Zeilenende erreicht ist.

## 6.6.2. Datei OUTPUT

Die Standardausgabedatei OUTPUT ist in der Regel dem Bildschirm zugeordnet. Analog zu INPUT kann auch für OUTPUT eine andere Zuordnung vorgenommen werden. Die Struktur ist dieselbe wie INPUT, das heißt, sie ist ebenfalls eine Datei vom Typ TEXT. Nach OUTPUT kann aber lediglich geschrieben werden, ein Lesen von OUTPUT ist nicht möglich. Die Bearbeitung von OUTPUT erfolgt auch durch vordefinierte Routinen. Zur Verfügung stehen die Routinen WRITE und WRITELN, die im folgenden beschrieben werden.

### WRITE

Als Parameter sind für WRITE Ausdrücke der Typen CHAR, INTEGER, REAL, BOOLEAN sowie Textkonstanten zugelassen. Der Aufruf hat die Form:

```
WRITE( X )
```

Er bewirkt, daß ab der aktuellen Position des Dateifensters der Wert von X in Standarddarstellung nach OUTPUT geschrieben wird. Anschließend steht das Dateifenster auf der ersten Position hinter dem gerade ausgegebenem Wert.

Ebenso wie READ ist auch WRITE mit mehreren Parametern aufrufbar und hat dann die Form:

```
WRITE( X1, ..., XN )
```

Die Wirkung entspricht genau der Aufruffolge

```
WRITE( X1 ); ...; WRITE( XN )
```

Die Standarddarstellungen für die Ausgabeausdrücke verschiedenen Typs sind wie folgt:

a)    X vom Typ CHAR:    Die Darstellung erfolgt auf übliche Weise; das heißt ein Feld für jedes Zeichen.

b)    X Textkonstante:    Die Darstellung ist die übliche; wobei die Zahl der Druckfelder der Länge der Textkonstanten entspricht.

c)    X vom Typ INTEGER:    Die Zahl der Druckpositionen ist implementierungsabhängig. Die dezimale Zahldarstellung wird rechtsbündig in das Druckfeld geschrieben. Die überschüssigen Druckfelder werden mit Leerzeichen gefüllt. Ein Vorzeichen wird nur für negative Zahlen geschrieben.

d)   X vom Typ REAL:   Der Wert von X wird als Gleitkommakonstante mit einer implementierungsabhängigen Zahl von Druckstellen ausgegeben. Dabei wird die gesamte Druckbreite benutzt. Bei positiven Zahlen und der Null ist das erste Zeichen das Leerzeichen, bei negativen Zahlen das Vorzeichen '-'. Die Mantisse wird dabei immer mit genau einer Vorkommastelle geschrieben.

e)   X vom Typ   Die Textkonstanten 'TRUE', 'FALSE' werden in
     BOOLEAN:   üblicher Weise ausgegeben.

## WRITELN

Diese Routine kann ohne Parameter oder mit den selben Parametern wie WRITE aufgerufen werden. Die Form für diese beiden Aufrufmöglichkeiten ist:

```
WRITELN
WRITELN( X1, ..., XN )
```

Beim Aufruf von WRITELN ohne Parameter wird das Zeilenendezeichen nach OUTPUT geschrieben, das heißt, die aktuelle Zeile wird abgeschlossen und das Dateifenster über dem ersten Feld der nächsten Zeile positioniert.

Der Aufruf

```
WRITELN( X1, ..., XN )
```

entspricht genau:

```
WRITE( X1, ..., XN ); WRITELN
```

### Beispiel 6.19: WRITE und WRITELN

Die Ausgabe der Ausdrücke 'STUTTGART', 12345, 143.765 mit WRITE sowie der Aufruf von WRITELN wirken folgendermaßen, unter der Annahme, daß INTEGER-Werte mit 12 Stellen und REAL-Werte mit 20 Stellen nach OUTPUT geschrieben werden:

a)   vorher:

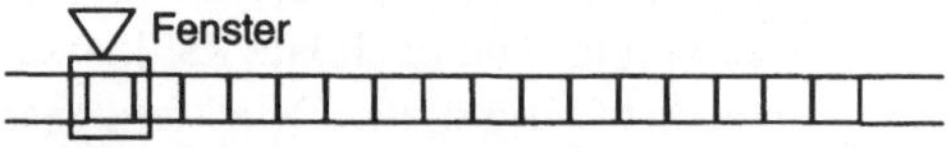

```
WRITE( 'STUTTGART')
```

nachher:

b) vorher:

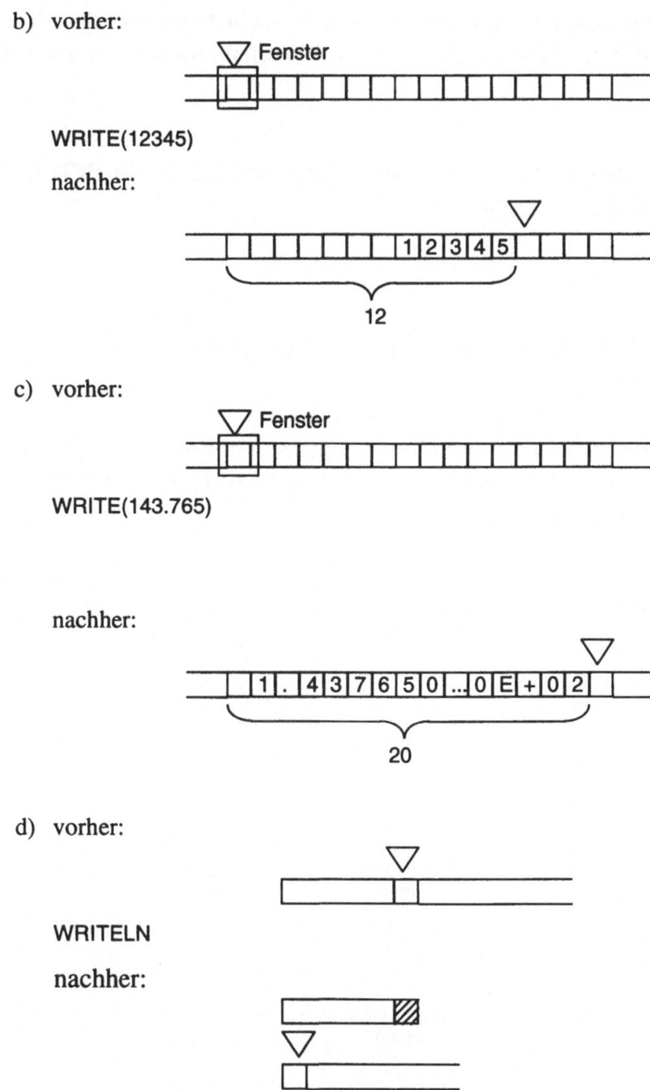

WRITE(12345)

nachher:

c) vorher:

WRITE(143.765)

nachher:

d) vorher:

WRITELN

nachher:

Neben der Ausgabe in Standarddarstellung gibt es die Möglichkeit einer formatierten Ausgabe. Hierzu kann für REAL-Ausdrücke in einer Festkommadarstellung die Feldbreite und die Anzahl der Nachkommastellen spezifiziert und für alle anderen Ausdruckstypen die Feldbreite angegeben werden. Die Ausgabe von REAL-Ausdrücken in Festkommadarstellung hat die Form:

WRITE(X:N:M)

wobei X ein REAL-Ausdruck ist und sowohl N als auch M INTEGER-Ausdrücke sind. N gibt die Feldbreite der Darstellung an, während M die Anzahl der

Nachkommastellen repräsentiert, mit denen die Zahl rechtsbündig in das Druckfeld eingetragen wird. Die Form der Ausgabe von Werten anderer Ausdruckstypen ist:

    WRITE(X:N)

Hierbei ist X der Ausdruck, dessen Wert auszugeben ist und N ein INTEGER-
Ausdruck, der die Feldbreite angibt.


## 6.7.   Skalare Datentypen und Mehrfachverzweigungen


Neben den bereits besprochenen Grundtypen unterstützt PASCAL eine Reihe
weiterer Datentypen. Abb. 6.22 zeigt die verschiedenen Typen im Überblick.
Man unterscheidet zwischen:

—  skalaren Typen
—  strukturierten Typen
—  Zeigertypen

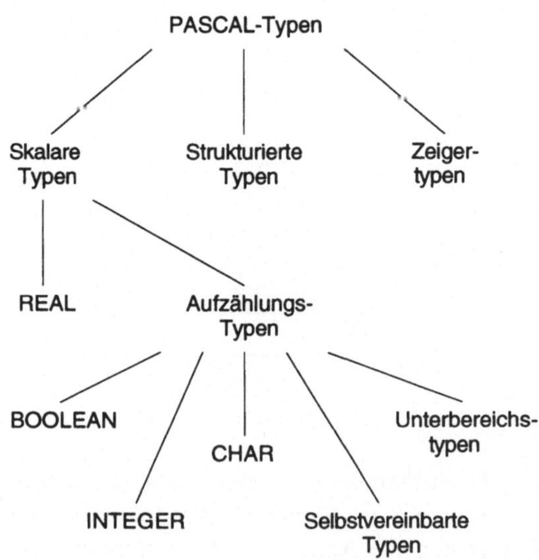


Abb. 6.22: Datentypen in PASCAL


Alle Datentypen sind dabei durch ihren Wertebereich und darauf definierte Operationen festgelegt.

### 6.7.1. Skalare Datentypen

Ein gemeinsames Kennzeichen der Werte aller skalaren Typen ist, daß diese Werte nicht mehr in kleinere Bausteine unterteilbar sind. Für die bekannten Grundtypen soll dieser Sachverhalt kurz betrachtet werden. Bei den Typen BOOLEAN und CHAR ist dies offensichtlich. Im Falle von REAL und INTEGER ist zwar die Darstellung einer Zahl durch eine Zeichenfolge unterteilbar, nicht jedoch deren Wert.

**Aufzählungstypen**

Eine Teilklasse der skalaren Typen bilden die sogenannten Aufzählungstypen. Sie sind dadurch charakterisiert, daß ihre Wertebereiche geordnet sind. Das heißt, es gibt nullte, erste, zweite, ..., letzte Werte in jedem Aufzählungstyp.

> **Beispiel 6.20: Ordnung des Wertebereichs von Datentypen**
> a)  BOOLEAN:    FALSE = nullter Wert
>
>                 TRUE  = erster und letzter Wert
> b)  INTEGER: Der nullte Wert ist die kleinste darstellbare ganze Zahl (implementierungsabhängig).
> c)  CHAR: Die Reihenfolge hängt von der gewählten Zeichencodierung ab.
>
>     Beim ASCII-Code ist zum Beispiel:
>
>     'a': 98-ster Wert
>
>     'A': 66-ster Wert

Man kann diese geordneten Wertemengen so betrachten, daß die einzelnen Werte feste, mit natürlichen Zahlen durchnumerierte Positionen in der Wertemenge haben. Bei jedem Aufzählungstyp ist dadurch ein Vorgänger und ein Nachfolger eines Wertes eindeutig definiert (sofern sie existieren).

Folgende Operationen sind auf allen Aufzählungstypen definiert:

1) Die Zuweisung  V := A,
   wobei V eine Variable und A ein Ausdruck desselben Typs wie V ist.
2) Alle Vergleichsoperationen, außer *in*.
   Das Ergebnis einer separaten Vergleichsoperation ergibt sich aus dem entsprechenden Vergleich der dazugehörenden Ordnungszahlen.
3) Die Standardfunktionen PRED, SUCC und ORD.
   Allerdings darf PRED nicht auf das nullte und entsprechend SUCC nicht auf das letzte Element des Wertebereichs angewendet werden. Bei ORD gilt die Einschränkung, daß diese Operation nicht auf INTEGER-Typen anwendbar ist. ORD( X ) liefert als Ergebnis die Ordnungszahl von X. Die Anwendung von PRED und SUCC ist jedoch auf INTEGER-Werte erlaubt, aber im allgemeinen nicht sehr effektiv. Besser ist ersatzweise eine Subtraktion bzw. Addition von 1 vorzunehmen.

**Beispiel 6.21: Standardfunktion und Aufzählungstyp**
ORD( FALSE ) = 0, ORD( TRUE ) = 1

## Selbstvereinbarte Typen

Im Prinzip ist es möglich, Variablen eines Typs zur Codierung bestimmter Informationstypen zu benutzen. So kann beispielsweise eine INTEGER-Variable FARBE dazu verwendet werden, gemäß folgender Zuordnung verschiedene Farbwerte anzunehmen:

1 ⇔ ROT

2 ⇔ ORANGE

3 ⇔ GELB

4 ⇔ GRUEN

5 ⇔ BLAU

6 ⇔ VIOLETT

Diese explizite Codierung der Farben durch INTEGER-Werte bedeutet zum Beispiel, daß durch

```
var FARBE: INTEGER
    FARBE := 3
```

implizit die Zuordnung von GELB zur Variablen FARBE erfolgt. Diese Codierung liefert im Grunde eine unnatürliche Darstellung und ist damit eine Quelle für Fehlermöglichkeiten. Beispielsweise ergeben die Zuordnungen

```
FARBE:=-1
FARBE:=FARBE+100
```

keinen Sinn, sind aber syntaktisch korrekt. Um diese Problematik zu vermeiden, kann in PASCAL der Wertebereich eines Aufzählungstyps auch vom Programmierer festgelegt werden. Hierzu ist eine Typdeklaration, das heißt die Einführung von Bezeichnern für Typen, erforderlich. Eine Typdeklaration wird durch das Schlüsselwort *type* eingeleitet (s. Abb. 6.23)

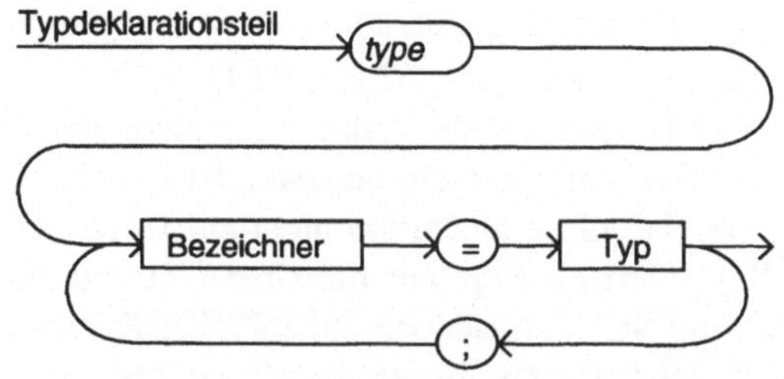


Abb. 6.23: Syntaxdiagramm für Typdeklarationsteil

Es ist zu beachten, daß der Typdeklarationsteil eines Programms hinter dem Konstantendeklarationsteil und vor dem Variablendeklarationsteil stehen muß. In der Typdeklaration ist Typ ein Typname oder eine Typdefinition. Selbstvereinbarte Typen sind dabei gemäß dem Syntaxdiagramm von Abb. 6.24 aufgebaut.

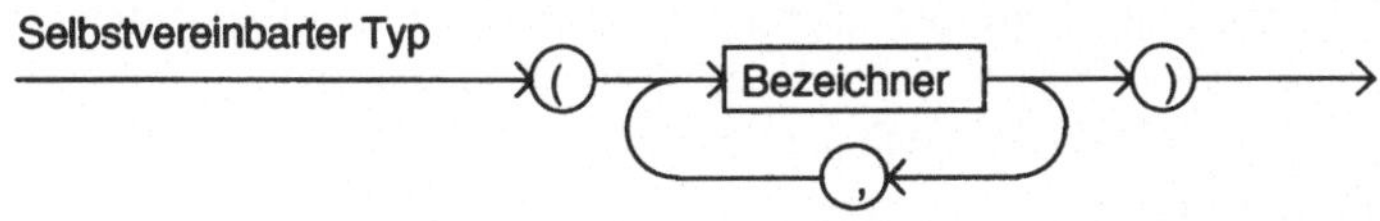


Abb. 6.24: Syntaxdiagramm für selbstvereinbarten Typ

Aus diesem Syntaxdiagramm geht sofort hervor, daß die Werte eines selbstvereinbarten Typs Bezeichner sein müssen. Damit ergibt sich der Wertebereich eines so geführten Typs unmittelbar aus der Deklaration. Die Größe, das heißt die Menge der Werte eines selbstvereinbarten Typs ist durch die jeweilige Implementierung zwar beschränkt bedeutet in der Praxis aber selten eine Einschränkung. Zu beachten ist allerdings, daß Variable bzw. Ausdrücke eines selbstvereinbarten Typs nicht in Ein-/Ausgabeoperationen verwendet werden dürfen.

Auf die Operationen, die auf selbstvereinbarte Typen anwendbar sind, hat der Programmierer ansonsten keinen Einfluß. Sie ergeben sich im Einzelfall nach den entsprechenden Regeln.

**Beispiel 6.22: Wertzuweisung an selbstvereinbarten Typ**
Gegeben sei folgende Deklaration:

```
type    FARBSKALA = (ROT, ORANGE, GELB, GRUEN, BLAU, VIOLETT);
var     FARBE: FARBSKALA
```

Die Wirkung dieser Deklaration ist:
1.  Der Name FARBSKALA ist als Name eines Typs festgelegt.
2.  Der Wertebereich des Typs FARBSKALA ist durch explizite Aufzählung der einzelnen Werte gegeben.

Die Ordnung des Wertebereichs ist durch die Reihenfolge der Aufzählung gegeben. Durch

```
var FARBE: FARBSKALA
```

wird eine Variable mit dem Namen FARBE eingeführt. FARBE darf als Wert genau die in der Definition von FARBSKALA angegeben Werte annehmen. Damit sind folgende Zuweisungen korrekt:

```
FARBE := ROT
FARBE := SUCC( GELB )
```

Nicht korrekt ist:

```
FARBE := 2
FARBE := BRAUN
```

Da für die Elemente des Wertebereichs eines selbstdefinierten Typs sowohl der Nachfolger als auch der Vorgänger eindeutig definiert sind, können auch Variablen eines selbstvereinbarten Typs zur Steuerung von Zählschleifen verwendet werden.

### Beispiel 6.23: Zählschleifen mit selbstvereinbarten Typen

Es sei eine Zählschleife zu formulieren, die bewirkt, daß die Elemente einer Graphik sortiert nach Farben ausgegeben werden. Unter der Annahme derselben Deklarationen wie in Beispiel 6.22 läßt sich die Schleife folgendermaßen schreiben:

*for* FARBE := ORANGE *to* BLAU *do* {plotte Elemente}

## Unterbereichstypen

Der Wertebereich eines beliebigen Aufzählungstyps kann durch die Deklaration eines sogenannten Unterbereichstyps auf einen zusammenhängenden Abschnitt begrenzt werden. Abb. 6.25 zeigt die Syntax zur Deklaration eines Unterbereichstyps. Eine Konstante AW und eine Konstante EW bilden dabei die Grenzen des Wertebereichs. Der Wertebereich des so definierten Unterbereichstyps AW..EW umfaßt alle Werte des Basistyps zwischen AW und EW einschließlich der Grenzen. Der Basistyp ist durch die Schreibweise der Grenzen AW und EW eindeutig festgelegt.

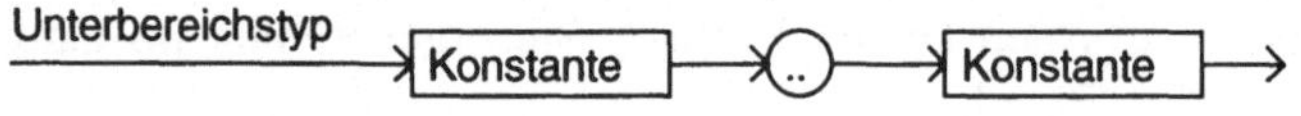


Abb. 6.25: Syntaxdiagramm für Unterbereichstyp

Folgende Regeln sind dabei zu beachten:

- Anfangs- und Endwert müssen Konstante desselben Basistyps sein
- Anfangswert $\leq$ Endwert

Die erlaubten Operationen eines Unterbereichstyps sind die auf dem Basistyp definierten Operationen, soweit dies nicht zu Bereichsüberschreitungen führt.

**Beispiel 6.24: Unterbereichstypen**

```
type   MONATSNAME    =   ( JAN, FEB, MAERZ, APRIL, MAI, JUNI,
                           JULI, AUG, SEPT, OKT, NOV, DEZ );

       WOCHENTAG     =   ( MON, DIE, MIT, DON, FRE, SAM, SON );

       SOMMER        =   JUNI..AUG;

       ARBEITSTAG    =   MON..FRE;

       KALENDERTAG   =   1..31;
```

Bezüglich der Verträglichkeit von Unterbereichstypen gilt folgendes:

1. Ist A ein Aufzählungstyp und sind U1, U2 Unterbereichstypen von T, so sind
   A, U1, U2 in folgendem Sinne *zuweisungsverträglich*:

   Mittels der Deklaration

   *var* X: A; Y: U1; Z: U2

   sind folgende Zuweisungen syntaktisch korrekt:

   X:=Y;  Y:=X;  Y:=Z

   Es sind jedoch Laufzeitfehler möglich!

2. Unterbereichstypen von INTEGER sind untereinander und mit INTEGER
   *operationsverträglich*. Das heißt, Variable dieser Typen sind in arithmetischen Ausdrücken beliebig mischbar.


## 6.7.2. Mehrfachverzweigungen

Bei der bisher eingeführten Form der Verzweigung (*if*-Anweisung) wird *eine* von
zwei Alternativen ausgeführt. Es gibt jedoch oft die Situation, daß in Abhängigkeit von einem Ereignis eine von mehr als zwei Aktionen durchzuführen ist.
Dies ist dann der Fall, wenn das Ereignis mehr als zwei Werte annehmen kann.

Allgemeiner formuliert soll eine Aktion A1 bzw. A2 bzw. ... bzw. AN durchgeführt werden, falls ein Ereignis E den Wert w1 bzw. w2 bzw. ... bzw. wN hat.
Ein entsprechender Ablaufplan zur Verdeutlichung dieser Situation ist in Abb.
6.26 gezeigt.

Ein derartiger Ablauf kann mit geschachtelten *if*-Anweisungen folgendermaßen
formuliert werden:

```
if   E = w1
then A1
else   if   E = w2
          then A2
          else ...
       ... else if E = wN then AN ...
```

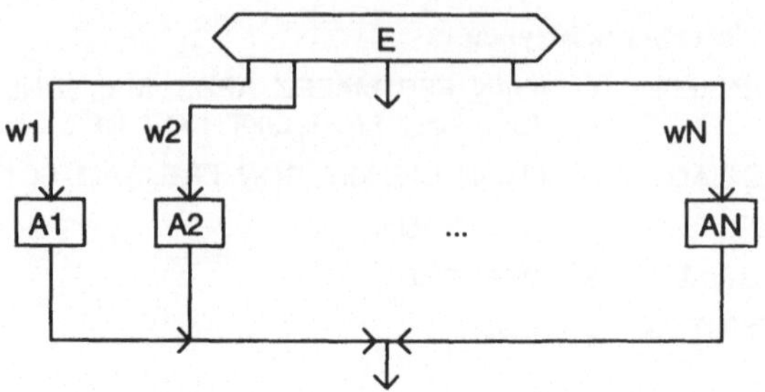


Abb. 6.26: Ablaufplan für Mehrfachverzweigung

PASCAL bietet für solche Fälle eine übersichtlichere und damit bessere Unterstützung mittels der sogenannten *case*-Anweisung, die folgende Struktur hat:

```
case E of
    w1: A1;
    w2: A2;
    ...
    wN: AN
end;
```

Hierbei ist E ein Ausdruck eines Aufzählungstyps T. w1, w2, ..., wN sind Konstante aus dem Wertebereich von T und A1, A2, ..., AN sind beliebige Anweisungen

Falls für einige wI dieselben Aktionen durchzuführen sind, gibt es die vereinfachende Möglichkeit, diese wI zu einer Konstantenliste zusammenzufassen. Die gesamte Syntax der *case*-Anweisung ist als Syntaxdiagramm in Abb. 6.27 dargestellt.

**Beispiel 6.25: Anwendung der case-Anweisung**

Es soll ein Wochenarbeitsplan für einen Außendienstmitarbeiter formuliert werden, der mittels einer case-Anweisung für die einzelnen Wochentage spezifiziert, ob der Mitarbeiter bei Kundenbesuchen oder im Büro ist.

Hierzu dienen zunächst folgende Deklarationen:

```
type    WOCHENTAG       = ( MON, DIE, MIT, DON, FRE, SAM, SON );
var     WANN            : WOCHENTAG;
        KUNDENBESUCH    : BOOLEAN;
        BÜROZEIT        : 0..8
```

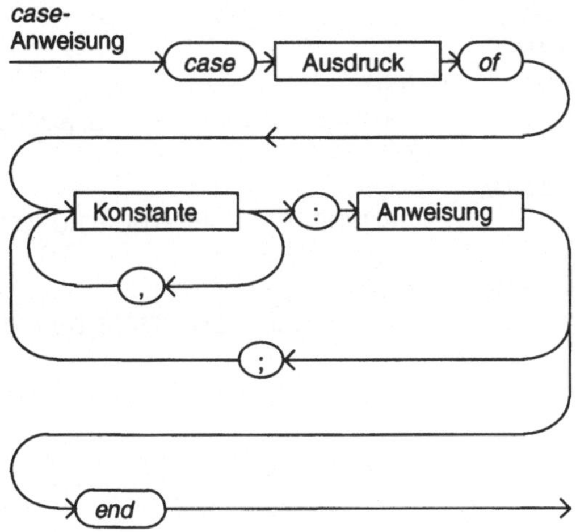


Abb. 6.27: Syntaxdiagramm der case-Anweisung

Damit läßt sich der Arbeitsplan wie folgt formulieren:

```
case   WANN
of     MON        :  begin
                        KUNDENBESUCH := FALSE; BÜROZEIT := 8
                     end;
       DIE, DON   :  begin
                        KUNDENBESUCH := TRUE; BÜROZEIT := 0
                     end;
       MIT, FRE   :  begin
                        KUNDENBESUCH := TRUE; BÜROZEIT := 4
                     :  end
end;
```

Zu beachten ist, daß falls bei einer *case*-Anweisung der Auswahlausdruck E einen Wert annimmt, der in der anschließenden Liste w1, w2, ..., wN  nicht vorkommt, die Wirkung der *case*-Anweisung nicht definiert ist!

Um derartige Fehler vorsorglich zu vermeiden, sollte in solchen Fällen, in denen bei einer *case*-Anweisung nicht alle möglichen Werte des Aufzählungstyps benutzt werden, eine Umgebung geschaffen werden, die vor der Durchführung der *case*-Anweisung die nichtbenutzten Werte abfängt.

**Beispiel 6.26: Case-Anweisung mit eingeschränkten Ereigniswerten**
Unter Einschränkung auf die Wochentage Montag bis Freitag ergibt sich folgende verbesserte Programmversion für die Aufgabenstellung in  Beispiel 6.26:

```
if      WANN    <= FRE
then    case    WANN
        of      MON       :   begin
                                KUNDENBESUCH :=FALSE; BÜROZEIT :=8
                              end;
                DIE,DON   :   begin
                                KUNDENBESUCH :=TRUE; BÜROZEIT :=0
                              end;
                MIT,FRE   :   begin
                                KUNDENBESUCH :=TRUE; BÜROZEIT :=4
                              end;
end;
```

# 7. Unterprogrammtechnik

Unterprogramme dienen als Strukturierungsmittel für größere Programme. Sie stellen weitgehend in sich geschlossene Programmeinheiten dar, deren Aktionen im Hauptprogramm durch Erwähnung des Namens angestoßen werden. Man nennt diesen Vorgang den *Aufruf* eines Unterprogramms. PASCAL kennt zwei Typen von Unterprogrammen, genannt Prozeduren und Funktionen.

## 7.1. Zweck der Unterprogrammtechnik

Die Aufgliederung der Aktionsfolge eines Programms in Teilfolgen, die einen Namen tragen, bietet folgende Vorteile:

- Die Möglichkeit, Teile eines Programms, die jeweils bestimmte Teilaufgaben lösen, zusammengefaßt durch einen Namen zu repräsentieren, macht ein großes Programm überschaubarer und leichter lesbar.
- Die klarere Struktur eines Programms durch die Verwendung von Unterprogrammen führt unmittelbar zu einer verringerten Fehleranfälligkeit. Dadurch, daß Teile eines Programms, die mehrfach auftreten, nur noch einmal geschrieben werden müssen, reduziert sich zusätzlich das Potential für Fehler.
- Durch die "Verpackung" von Teillösungen in Unterprogramme ergeben sich einfachere Änderungsmöglichkeiten. Wenn beispielsweise eine solche mehrfach verwendete Teillösung durch eine andere ersetzt werden soll, so kann dies zentral an einer Stelle geschehen.
- Schließlich verringert sich der Schreibaufwand signifikant, wenn wiederkehrende Aktionsfolgen lediglich durch Nennung ihres Namens im Programm aktiviert werden.

**Beispiel 7.1: Mehrfache Verwendung von Programmteilen**

Gegeben sei folgende Aufgabe: In einem Programm sei an verschiedenen Stellen eine vorher nicht bekannte Anzahl positiver reeller Zahlen einzulesen. Es ist dann jeweils sowohl die Anzahl dieser Zahlen als auch ihr Mittelwert zu bestimmen. Der Abschluß einer solchen Eingabefolge sei durch eine Zahl $\leq 0$ gegeben, die selbst nicht mehr in die Anzahlbestimmung und Mittelwertberechnung eingeht.

Ein Programmstück zum Einlesen der Zahlen und Durchführen der notwendigen Berechnungen für die Mittelwertbildung kann wie folgt aussehen:

```
{Deklarationen:}
        var    ANZAHL: INTEGER;
               ZAHL, SUMME, MITTELWERT:REAL
{Aktionen:}
        SUMME := 0; ANZAHL := 0;
        READ( ZAHL );
        while ZAHL > 0
        do    begin   SUMME := SUMME + ZAHL;
                      ANZAHL := ANZAHL + 1;
                      READ( ZAHL )
              end;
        if ANZAHL > 0 then MITTELWERT := SUMME/ANZAHL
```

Eine mögliche Vorgehensweise wäre nun das Einkopieren dieser Anweisungsfolge an jeder Stelle des Programms, an der diese Aufgabe zu erledigen ist.

Unter Verwendung der Unterprogrammtechnik wird für diese Anweisungsfolge zunächst ein Name vereinbart. Die Ausführung erfolgt dann jeweils durch Erwähnung dieses Namens im restlichen Programm. In vorliegendem Beispiel kann eine solche Vereinbarung wie folgt aussehen:

```
procedure MITTEL;
begin
        {Aktionen wie zuvor}
        SUMME := 0; ANZAHL := 0;
        READ( ZAHL );
        while ZAHL > 0
        do  begin   SUMME := SUMME + ZAHL;
                    ANZAHL := ANZAHL + 1;
                    READ( ZAHL )
            end;
        if ANZAHL > 0 then MITTELWERT := SUMME/ANZAHL
end;
```

In dieser Deklaration zeigt das Schlüsselwort *procedure* an, daß es sich bei MITTEL um ein Unterprogramm des Typs *procedure* handelt.

## 7.2.  Prozeduren

Prozeduren sind eine bestimmte Klasse von Unterprogrammen in PASCAL. Ihr
Name kann in einem Programm an verschiedenen Stellen wie eine Anweisung
stehen. Im Programmablauf wird dann jeweils an diesen Stellen die Aktionsfolge
des Unterprogramms, bzw. der Prozedur durchlaufen. Prozeduren können auch
ineinander verschachtelt sein. Das heißt, eine Prozedur kann weitere Prozeduren
ihrerseits enthalten.

### 7.2.1. Deklaration von Prozeduren

Eine Programmeinheit bestehend aus einem Deklarationsteil und einer Anweisungsfolge wird auch *Block* genannt. Die Vereinbarung von Prozeduren, soweit
welche verwendet werden sollen, muß in jedem Block unmittelbar im Anschluß
an die Variablendeklarationen erfolgen.

Ihr Aufruf im Anweisungsteil erfolgt durch Angabe des Namens, das heißt für
das Beispiel 7.1 durch die Anweisung MITTEL. Das jeweils übergeordnete Programm erzielt durch Aufrufe einer Prozedur genau dieselben Resultate, wie
wenn die entsprechende Anweisungsfolge an den Aufrufstellen einkopiert worden wäre. Man nennt diese Eigenschaft auch das Gelten der "Kopierregel".

Beim Ablauf eines Programms geht an den Aufrufstellen von Prozeduren der
Kontrollfluß auf das Unterprogramm über. Dies bedeutet einen Sprung zur ersten
Anweisung des Unterprogramms. Nach Beendigung der Unterprogrammfolge
wird das aufrufende Programm mit derjenigen Anweisung fortgesetzt, die auf
den Unterprogrammaufruf folgt (s. Abb. 7.1).

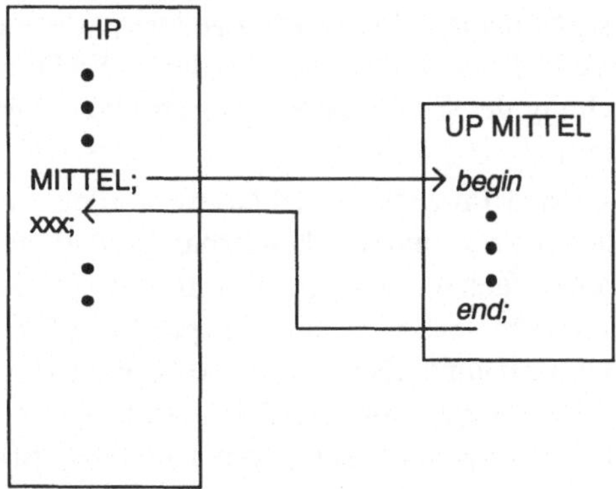


Abb. 7.1: Schema der Unterprogrammverzweigung

**Beispiel 7.2: Unterprogrammtechnik**

Die Aufgabenstellung von Beispiel 7.1 soll durch ein PASCAL-Programm gelöst
werden, das eine Prozedur benutzt, um die Anzahl der einzulesenden Werte zu bestimmen und die Mittelwerte zu berechnen. Dieses Programm sei STATISTIKBSP
genannt und soll die Ein- und Ausgabe über die Dateien INPUT und OUTPUT durchführen.

```
program STATISTIKBSP ( INPUT, OUTPUT );
{Beispielprogramm zum Aufruf eines Unterprogramms zur Mittelwertberechnung aus
dem Hauptprogramm heraus}
var ANZAHL:        INTEGER;
    ZAHL, SUMME, MITTELWERT:REAL;
procedure MITTEL;
begin
    {wie in Beispiel 7.1}
end {MITTEL};
begin {BEISPIEL}
    WRITELN( 'Anzahl und Mittelwert' );
    MITTEL;
    if ANZAHL > 0
    then WRITELN( ANZAHL: 6, ' ': 5, MITTELWERT )
    else WRITELN( ANZAHL: 6 );
    {irgendwelche Anweisungen}
    ...
    MITTEL;
    {irgendwelche Anweisungen}
    ...
    MITTEL;
    {irgendwelche Anweisungen}
    ...
end.
```

In PASCAL gibt es sogenannte Standardprozeduren, die bereits vordeklariert
sind und ohne weitere Deklaration benutzt werden. READ und WRITE, die bereits bei der Besprechung der Ein-/Ausgabe beschrieben wurden, sind Beispiele
für Standardprozeduren.

In jedem Block können Prozeduren deklariert werden. Insbesondere sind in
Prozeduren selbst wieder Prozeduren deklarierbar, so daß eine ganze Hierarchie
von Unterprogrammen aufgebaut werden kann. Im Prinzip ist eine beliebig tiefe
Schachtelung möglich. Abb. 7.2 zeigt eine beispielhafte Programmhierarchie in
Form eines Schachtelungsbaums. Die Wurzel des Baumes ist mit HP bezeichnet
und stellt dabei das Hauptprogramm dar. Die Unterprogramme, gekennzeichnet
durch UP und einer nachfolgenden Zahl, treten hier bis zu einer Verschachte-
lungstiefe von drei auf.

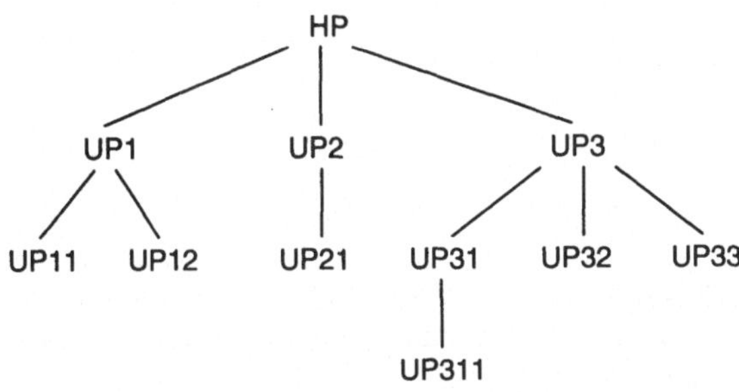


Abb. 7.2: Schachtelungsbaum eines Programms

## 7.2.2. Lokale und globale Variable

Im Beispiel 7.2 benutzte die Prozedur MITTEL verschiedene Variablen
(ANZAHL, ...), die im übergeordneten Programm deklariert wurden. Dies impliziert, daß die im übergeordneten Teil vereinbarten Variablen im Unterprogramm
bekannt sind. Diese Situation ist allgemein charakterisiert durch folgende Regel,
auch *Sichtbarkeitsregel* genannt:

In einer Programmhierarchie gelten für ein Unterprogramm UP alle Deklarationen (Konstante, Typen, Variable, Unterprogramme) aus allen Unterprogrammen,
einschließlich UP selbst und dem Hauptprogramm HP, die im Schachtelungsbaum auf dem Weg von UP zu HP liegen. Anschaulich gesprochen, sind diese
Deklarationen von UP aus "sichtbar". Zu beachten ist, daß Kontrollvariablen für
Zählschleifen immer lokal definiert sein müssen!

### Definition 7.1: Lokale und globale Deklarationen
Deklarationen innerhalb eines Unterprogramms heißen *lokal* für das Unterprogramm.
Die im Verschachtelungsbaum zwischen einem Programm, das dem Unterprogramm
übergeordnet ist, und dem Hauptprogramm getroffenen Deklarationen heißen *global*
für dieses Unterprogramm.

### Beispiel 7.3: Lokale und globale Deklarationen
In der Prozedur MITTEL aus Beispiel 7.2 bzw. 7.1 existieren keine lokalen Deklara-
tionen. Alle Variablen sind dort global deklariert. Innerhalb der Prozedur MITTEL
werden die Variablen SUMME und ZAHL benutzt, die andererseits außerhalb von
MITTEL ohne Bedeutung sind. Es ist deshalb sinnvoll, diese Variablen als lokale
Variablen zu deklarieren. In diesem Sinne ergibt sich eine verbesserte Version von
MITTEL durch:

```
procedure MITTEL
var ZAHL, SUMME: REAL;
begin
    {wie in Beispiel 7.1}
end;
```

Durch lokale Deklarationen sind Bezeichnungskollisionen möglich. Dies ist dann der Fall, wenn von einem Unterprogramm aus mehrere Deklarationen mit identischen Bezeichnern sichtbar sind.

Die Eindeutigkeit bezüglich der Gültigkeit bei identischen Bezeichnern wird durch eine Ergänzung der Sichtbarkeitsregel gelöst: Im Falle von Bezeichnungskollisionen sind in einem Unterprogramm die lokalen Deklarationen gültig und, falls die Kollisionen außerhalb (überhalb) des Unterprogramms liegen, die Deklaration des nächstliegenden Unterprogramms.

**Beispiel 7.4: Identische Bezeichner in verschiedenen Deklarationen**

Gegeben seien Deklarationen mit dem Bezeichner X in verschiedenen Programmteilen, wie in Abb. 7.3 gezeigt.

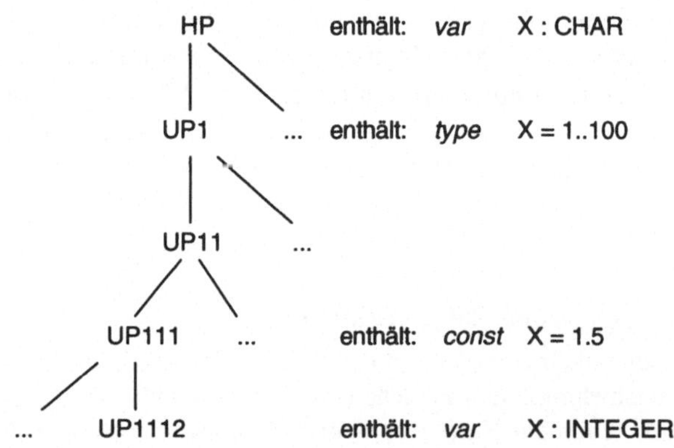


Abb: 7.3: Identische Bezeichner in verschachtelter Programmstruktur

Es gelten dann in den einzelnen Programmteilen folgende Deklarationen:

```
UP1112     :   var     X : INTEGER
UP111      :   const   X = 1.5
UP11, UP1  :   type    X = 1..100
HP         :   var     X : CHAR
```

### 7.2.3. Prozedurparameter

Mit den bisher eingeführten Hilfsmitteln können die Ergebnisse einer Prozedur
nur in Form von globalen Variablen einem übergeordneten Programm zur Verfügung gestellt werden. In der Beispielprozedur MITTEL dienten dazu die Variablen ANZAHL und MITTELWERT.

Dieses Vorgehen ist jedoch sehr umständlich, wenn an verschiedenen Pro-
grammstellen identische Rechnungen durchgeführt werden sollen, die Ergebnisse
aber jeweils in anderen Variablen zu halten sind. Eine Verwendung von verschiedenen Unterprogrammen, die sich lediglich in Bezeichnern für Variablen
unterscheiden, wäre wenig sinnvoll. Eine andere Möglichkeit besteht darin, nur
ein Unterprogramm zu verwenden und jeweils die Werte der Ergebnisvariablen
an spezifische Variablen der Aufrufumgebung zuzuweisen. Auch diese Vorgehensweise ist umständlich.

Für eine bessere Lösung dieser Situation bieten PASCAL und viele andere
Programmiersprachen die Möglichkeit einer Deklaration von Unterprogrammen
mit Platzhaltern für die aktuellen Werte. Man unterscheidet dann zwischen sogenannten formalen und aktuellen Parametern.

**Definition 7.2: Formale und aktuelle Parameter**

In einem Unterprogramm heißen die Parameter in der Deklaration *formale Parameter.*

Die beim Aufruf eines Unterprogramms verwendeten Parameter heißen *aktuelle Parameter.*

**Beispiel 7.5: Aktuelle Parameter für das Unterprogramm MITTEL**

Im übergeordneten Programm seien folgende Deklarationen gegeben:

```
var ANZ1, ANZ2, ANZ3:    INTEGER;
    MW1, MW2, MW3:       REAL

procedure MITTEL( var ANZAHL:        INTEGER;
                  var MITTELWERT: REAL );
var ZAHL, SUMME: REAL;
begin
    {wie zuvor}
end;
```

ANZAHL und MITTELWERT sind in dieser Prozedurvereinbarung formale Parameter. Mit diesen Deklarationen ergeben sich folgende Aufrufmöglichkeiten von Mittel:

```
MITTEL(ANZ1, MW1);
MITTEL(ANZ2, MW2);
MITTEL(ANZ2, MW2);
```

Dabei übergibt MITTEL jeweils die berechneten Werte für ANZAHL und
MITTELWERT in den aktuellen Parametern (z.B. ANZ1 und MW1).

**Parameterklassifizierung nach dem Verwendungszweck**
Je nach Verwendung unterscheidet man bei Parametern zwischen:

- Eingabeparametern
- Ausgabeparametern
- Ein-/Ausgabeparametern

Eingabeparameter dienen ausschließlich zur Übermittlung von konkreten Werten an eine Prozedur. Sie werden auch *Werteparameter* genannt. Diese Parameterart kommt im Beispiel MITTEL nicht vor. Die Übergabe mittels Werteparametern wird auch *call by value* genannt.

Ausgabeparameter werden zur Übergabe von Werten, die durch eine Prozedur berechnet wurden, an das aufrufende Programm verwendet. In der Prozedur MITTEL in Beispiel 7.5 sind ANZAHL und MITTELWERT Ausgabeparameter.

Die Ein-/Ausgabeparameter vereinigen die Charakteristika der Eingabeparameter und der Ausgabeparameter. Sie werden benutzt, wenn eine Prozedur Eingabedaten ändern soll, wie beispielsweise eine übergebene Liste von Zahlen sortiert zurückzugeben.

Ausgabeparameter und Ein-/Ausgabeparameter sind sogenannte *Referenzparameter*. Bei entsprechenden Prozeduraufrufen spricht man auch von *call by reference*. PASCAL unterscheidet nur zwischen reinen Eingabeparametern und Parametern, die auch zur Ausgabe dienen. Die Festlegung der Parameterart erfolgt bei der Prozedurdeklaration in der formalen Parameterliste. In der Tabelle von Abb. 7.4 sind die hierbei einzuhaltenden Konventionen angegeben.

|  | formale Parameterliste | aktuelle Parameterliste |
|---|---|---|
| Referenz- parameter | Kennzeichnung durch Voranstellung des Schlüsselwortes *var* | müssen Variable des entsprechenden Typs sein |
| Werte- parameter | werden ohne das Schlüsselwort *var* angegeben | müssen Ausdrücke des entsprechenden Typs sein |

Abb. 7.4: Konventionen für Parameterarten

**Beispiel 7.6: Unterprogrammaufruf mit aktuellen Parametern**
Gegeben sei folgende Prozedurdeklaration:

```
procedure BEISPIEL (A, B: REAL; var C: REAL);
begin
   ...
end;
```

Unter Verwendung der Deklaration

*var* A, B, C, D: REAL

sind folgende Aufrufe in einem übergeordneten Programm korrekt:

BEISPIEL (A, D, B);
BEISPIEL (1, A-5*B, D);

Nicht korrekt wäre aber der Aufruf

BEISPIEL (A, B, 1.0);

## Typfestlegung der Parameter

Zu jedem formalen Parameter ist die Angabe des Typs erforderlich. Die Notation erfolgt analog zur Deklaration von Variablen in der Form:

<Parametername> : <Typ>

Hierbei sind alle Typen verwendbar. Allerdings sind nur Typnamen, nicht jedoch Typdefinitionen erlaubt. Nicht vordefinierte Typen müssen also vorher im Typdeklarationsteil definiert worden sein.

### Beispiel 7.7: Typ von formalen Parametern

Die Prozedurvereinbarung

*procedure* XXX( A: 1..MAXINT );

ist fehlerhaft, weil der formale Parameter A mit einer Typdefinition angegeben ist. Korrekt ist folgende Vorgehensweise:

*type* PLUS = 1..POSZAHL;

...

*procedure* XXX( A: PLUS )

## Interne Behandlung von Parametern

Bei Werteparametern wird beim Eintritt in die Prozedur der Wert einmal berechnet und einer internen Hilfsvariablen zugewiesen. Diese Hilfsvariable wird dann für alle weiteren Rechnungen benutzt. Wenn in diesem Falle der aktuelle Parameter eine Variable ist, so dringen eventuelle Änderungen dieses Parameters während des Ablaufs der Prozedur nicht nach außen. Das heißt, nach dem Verlassen der Prozedur hat die Variable des aktuellen Parameters denselben Wert wie vor dem Eintritt.

Im Falle von Referenzparametern wird nicht der Wert, sondern lediglich die Speicheradresse des aktuellen Parameters übergeben. Alle Referenzen in der Prozedur beziehen sich auf diese Speicherstelle und damit auf ihren aktuellen Inhalt. Insbesondere dringen alle Änderungen dieses Parameters in der Prozedur sofort nach außen, da jeweils der Inhalt der entsprechenden Speicherstelle für den Referenzparameter überschrieben wird.

**Beispiel 7.8: Wirkung von Werte- und Referenzparametern**

Gegeben sei folgendes Programm, das eine Prozedur mit jeweils einem Werte- und einem Referenzparameter enthält.

```
program BEISPIEL(OUTPUT);
var A, B: INTEGER;
procedure TEST(X: INTEGER; var Y: INTEGER);
    begin
        X := X + 1;
        Y := Y + 1;
        WRITELN(X, Y)
    end {TEST};
begin {BEISPIEL}
    A := 0; B := 0;
    TEST(A, B);
    WRITELN(A, B)
end {BEISPIEL}.
```

Beim Aufruf des Programms BEISPIEL ändert die Prozedur TEST den Inhalt der Variablen Y (Referenzparameter), so daß sich folgende Ausgabe ergibt:

```
1   1
0   1
```

Um unerwünschte Nebeneffekte durch Änderungen der Werte von Parametervariablen zu vermeiden, sollten Prozedurparameter so gewählt werden, daß nur für Parameter, die auch zum Rückreichen von Ergebnissen dienen, Referenzparameter verwendet werden. Alle Parameter, die lediglich zur Mitteilung von Werten an Prozedur dienen, sollten Werteparameter sein.

Die Übertragung zum Beispiel ganzer Felder (vgl. Kapitel 8.1) als Werteparameter ist rechenzeit- und speicheraufwendig. Wenn daher zum Beispiel aus Effizienzüberlegungen heraus Referenzparameter abweichend von der genannten Empfehlung verwendet werden, ist bei der Programmerstellung besondere Vorsicht geboten.

## 7.3. Funktionen

Funktionen sind spezielle Unterprogramme, die zur Berechnung eines Wertes dienen, der an die Aufrufstelle zurückgegeben wird. Die Aufrufstelle muß daher immer ein Ausdruck sein. Während in Prozeduren ebenfalls Werteberechnungen möglich sind, müssen dort die Ergebnisse über Variablen an das aufrufende Programm übergeben werden. Im Falle von Funktionen liefert die Ausführung einen

Wert, der unmittelbar in einem Ausdruck verwendet werden kann. Funktionen in PASCAL sind daher vergleichbar mit Funktionen in der Mathematik.

**Beispiel 7.9: Mathematische Funktionen**

Eine übliche Darstellung der mathematischen Funktionen für Addition, Minimum zweier reeller Zahlen, Teiler von ganzzahlige Potenz und größter gemeinsamer Teiler ist wie folgt:

a)  ADDITION: $\mathbb{R} \times \mathbb{R} \to \mathbb{R}$

$(x, y) \to x+y$

b)  MINIMUM: $\mathbb{R} \times \mathbb{R} \to \mathbb{R}$

$$(x, y) \to \begin{cases} x & x<y \\ y & \text{sonst} \end{cases}$$

c)  TEILT: $Z \times Z \to \{ \text{TRUE, FALSE} \}$

$$(x, y) \to \begin{cases} \text{TRUE} & y \neq 0 \text{ und } y \text{ teilt } x \\ \text{FALSE} & \text{sonst} \end{cases}$$

d)  XHOCHN: $\mathbb{R} \times \mathbb{N} \to \mathbb{R}$

$(x, y) \to x^y$

e)  GGT: $Z \times Z \to Z$

$$(x, y) \to \begin{cases} 0 & x=y=0 \\ ggt(x, y) & \text{sonst} \end{cases}$$

Bei einer mathematischen Funktion wird zur Beschreibung ihr Name, der Definitions- und Wertebereich sowie der Zusammenhang zwischen Argument und Wert angegeben. Analog dazu bildet man die Deklaration einer Funktion in PASCAL.

## 7.3.1. Deklaration von Funktionen

Die Deklaration einer Funktion erfolgt durch Angabe eines Bezeichners als Name der Funktion. Der Definitionsbereich wird durch eine Parameterliste, wie bei Prozeduren in Klammern eingeschlossen, festgelegt und der Wertebereich ergibt sich aus einer Typangabe für die Funktion. Diese Typangabe wird durch einen Doppelpunkt getrennt im Anschluß an die Parameterliste geschrieben. Schließlich wird die Berechnungsvorschrift durch einen zwischen *begin* und *end* liegenden Anweisungsblock spezifiziert.

**Beispiel 7.10: Funktionen in PASCAL**

```
a)  function MIN(X, Y: REAL): REAL;
    begin
        if X < Y
        then MIN := X
        else MIN := Y
    end;
```

```
b)  type NAT = 0..MAXINT;
    function XHOCHN(X: REAL; N: NAT): REAL;
    var I:   INTEGER;
        P:   REAL;
    begin
        P := 1;
        for I := 1 to N do P := P * X;
        XHOCHN := P
    end;
```

## 7.3.2. Parameter und Typvereinbarung

Für die Parameter und die Typangabe einer Funktion gelten folgende Regeln:

1. Für Funktionsparameter gelten genau die gleichen Sachverhalte wie sie in Kapitel 7.2 für Prozeduren beschrieben wurden.

2. In der Funktionsdefinition muß im Rumpf mindestens einmal eine Zuweisung eines Wertes an den Funktionsnamen erfolgen. Bei mehreren solchen Zuweisungen gilt die im Ablauf zuletzt erfolgte Zuweisung.

3. Der Typ des Resultats muß ein skalarer Typ oder ein Zeigertyp (vgl. Kapitel 9.1) sein. Strukturierte Typen (vgl. Kapitel 8) sind nicht zulässig. Der Typ der Funktion muß wie die Parametertypen durch einen Typnamen angegeben werden.

Zu beachten ist, daß der Funktionsname zwar einen Wert beinhaltet, aber keine Variable ist. Daher ist es beispielsweise *nicht zulässig*, den Rumpf von XHOCHN aus Beispiel 7.10 wie folgt zu schreiben:

```
begin
    XHOCHN := 1;
    for I := 1 to N do XHOCHN := XHOCHN * X
end;
```

Im übrigen kann in PASCAL eine Funktion ebenso wie eine Prozedur Seiteneffekte auf das aufrufende Programm über globale Variablen und Referenzparameter ausüben. Es sei daher nochmals darauf hingewiesen, daß globale Variablen möglichst vermieden und Referenzparameter auf ein notwendiges Maß beschränkt werden sollten.

## 7.4. Rekursive Unterprogramme

### 7.4.1. Rekursive Funktionen

Eine rekursive Definition von Funktionen in der Mathematik kann beispielsweise
darauf basieren, daß der Funktionswert für ein Anfangsargument festgelegt wird
und eine Vorschrift anzugeben ist, die besagt, wie der Funktionswert für "große"
Argumente durch Rückgriff auf die Funktionswerte für "kleinere" Argumente berechnet wird.

**Beispiel 7.11: Rekursive mathematische Funktionen**

a) Fakultät:   $FAK( n ) = n!$

   Definition: $0! = 1$

   $$n! = n * ( n - 1 )!, \qquad n > 0$$

   das heißt   $FAK( n ) = \begin{cases} 1 & n = 0 \\ n * FAK( n - 1 ) & n > 0 \end{cases}$

b) Fibonacci-Reihe:

   $FIB( 0 ) = 0,$

   $FIB( 1 ) = 1,$

   $FIB( n + 2 ) = FIB( n ) + FIB( n + 1 )$

c) Größter gemeinsamer Teiler:

   $$GGT( n, m ) = \begin{cases} GGT( |n|, |m| ) & n < 0 \text{ oder } m < 0 \\ GGT( m, n ) & m > n > 0 \\ n & n \geq 0, m = 0 \\ GGT( m, n \bmod m ) & n \geq m > 0 \end{cases}$$

Ebenso wie mathematische Funktionen können auch PASCAL-Funktionen rekursiv definiert werden. Das heißt, der Anweisungsblock in der Funktionsverein-
barung darf Aufrufe der gerade zu definierenden Funktion enthalten.

Durch die Wahl geeigneter Parametertypen, soweit sie in der
Programmiersprache verfügbar sind bzw. definiert werden können, lassen sich
Fehlerquellen vermeiden. Im Beispiel 7.11 wird bei der Berechnung der Fakultät
durch die Vereinbarung des Unterbereichstyps NAT vermieden, daß beim Aufruf
der Funktion FAK mit einem Parameterwert $N < 0$ die Funktion in eine
unendliche Schleife gelangt.

**Beispiel 7.12: Rekursive Funktionen in PASCAL**

Funktionen zur Berechnung der Fakultät und zur Bestimmung des größten gemeinsamen Teilers zweier natürlicher Zahlen lassen sich in PASCAL folgendermaßen rekursiv definieren:

```pascal
type NAT = 0..MAXINT;
function FAK( N: NAT ): INTEGER;
begin
    if N = 0
    then FAK := 1
    else FAK := N * FAK( N - 1 )
end;

function GGT( N, M: INTEGER ): INTEGER;
begin
    if ( N < 0 ) or ( M < 0 )
    then GGT := GGT( ABS( N ), ABS( M ) )
    else    if M=0 then GGT:=N
            else if M>N then GGT(M,N)
                else GGT := GGT( M, N mod M )
end;
```

## 7.4.2. Rekursive Prozeduren

Ebenso wie Funktionen lassen sich auch Prozeduren in PASCAL rekursiv formulieren. Es gelten dabei dieselben Regeln wie bei Funktionen, das heißt innerhalb eines Prozedurrumpfs kann ein Aufruf der gerade zu definierenden Prozedur stehen.

Die rekursive Programmierung sowohl von Prozeduren als auch von Funktionen ist oft übersichtlich und bequem. Sie birgt aber die Gefahr einer hohen Speicherplatzbelegung. Dies rührt daher, daß bei jeder Verschachtelungsstufe für alle Variablen und Konstanten separate Speicherplätze belegt werden.

**Beispiel 7.13: Rekursive PASCAL-Prozedur**

Die Potenz $x^n$ läßt sich für ganzzahlige $n \geq 0$ rekursiv angeben in der Form:

$$x^n = \begin{cases} 1 & n = 0 \\ x^{n-1} * x & n > 0 \end{cases}$$

In PASCAL kann diese Potenzberechnung durch eine rekursive Prozedur folgendermaßen realisiert werden:

```
type NAT = 0..MAXINT;
procedure POTENZREK ( X: REAL; N: NAT;  var ERG: REAL );
var WERT: REAL;
begin {POTENZREK}
    if N = 0
    then ERG := 1
    else    begin
            POTENZREK( X, N - 1, WERT );
            ERG := X * WERT
        end
end {POTENZREK};
```

### 7.4.3. Indirekte Rekursion

Manchmal ergibt sich die Situation, daß zwei Funktionen und/oder Prozeduren UP1, UP2 gegenseitig aufeinander Bezug nehmen. Das heißt, im Unterprogrammrumpf von UP1 wird UP2 aufgerufen und umgekehrt. Dies steht in Konflikt mit der PASCAL-Regel, daß Bezeichner erst nach ihrer Deklaration verwendet werden dürfen. Zur Lösung dieses Problems erlaubt PASCAL die Direktive *forward* zu setzen und die eigentliche Deklaration später vorzunehmen. Das Schlüsselwort *forward* wird dabei durch ein Semikolon getrennt hinter die Parameterliste (sofern eine existiert) der Prozedur oder Funktion geschrieben, für die zunächst nur die Kopfzeile angegeben wird. Bei der späteren Definition dieser Prozedur bzw. Funktion wird dann die Parameterliste weggelassen.

Für den Fall zweier gegenseitig auf sich Bezug nehmender Prozeduren UP1 und UP2 verläuft die Deklaration nach dem Schema:

```
procedure UP1( X:T ); forward;
procedure UP2( Y: T );
    begin UP1( A ) end;
procedure UP1; {Parameterliste hier nicht mehr}
    begin UP2( B ) end; {UP1 ist bereits deklariert}
```

**Beispiel 7.14: Indirekte Rekursion**

Aus dem Additionstheorem für die trigonometrischen Funktionen Sinus und Kosinus ergibt sich für $x \in \mathbb{R}$ und $n \in \mathbb{N} \cup 0$:

$$\sin(n \cdot x) = \sin((n-1) \cdot x) \cdot \cos(x) + \cos((n-1) \cdot x) \cdot \sin(x)$$
$$\cos(n \cdot x) = \cos((n-1) \cdot x) \cdot \cos(x) - \sin((n-1) \cdot x) \cdot \sin(x)$$

Dies kann in PASCAL realisiert werden durch:

```
type NAT = 0..MAXINT;
function SINNX( X: REAL; N: NAT ): REAL; forward;
function COSNX( X: REAL; N: NAT ): REAL;
begin {COSNX}
   if N = 0
   then COSNX    :=  1
   else COSNX    :=   COSNX( X, N - 1 ) * COS( X )
                    - SINNX( X, N - 1) * SIN( X )
end {COSNX};
function SINNX;
begin {SINNX}
   if N = 0
   then SINNX    :=  0
   else SINNX :=   SINNX( X, N - 1 ) * COS( X )
                 + COSNX( X, N - 1 ) * SIN( X )
end {SINNX};
```

## 7.5.  Funktionen und Prozeduren als Parameter

Mathematische Funktionen können gewöhnlich selbst wieder Funktionen als Argumente haben.

**Beispiel 7.15: Funktion mit Funktion als Argument**

Das bestimmte Integral

$$\int_a^b f(x)dx$$

ist eine reellwertige Funktion mit den Argumenten a und b als Intervallgrenzen und f: [ a, b ] $\to$ $\mathbb{R}$ als Integrand. In Funktionenschreibweise ist dies darstellbar durch

$$INT(a,b,f) = \int_a^b f(x)dx.$$

Setzt man als Argumente die Intervallgrenzen 0 und 1 und als Funktion den Sinus ein, so ergibt das:

$$INT(0,1,\sin) = \int_0^1 \sin x\, dx$$

Analog hierzu dürfen auch Funktionen und Prozeduren in PASCAL selbst wieder Funktionen und Prozeduren als Parameter haben. Das heißt, in der Parameterliste eines Unterprogramms können Funktionen und Prozeduren stehen.

In der formalen Parameterliste wird dabei ein vollständiger Funktions- bzw. Prozedurkopf angegeben, einschließlich dessen formaler Parameterliste und im Falle einer Funktion des Ergebnistyps. In der aktuellen Parameterliste steht dann lediglich der Name der aktuellen Funktion bzw. Prozedur ohne Parameter.

### Beispiel 7.16: Funktionen als Parameter

Es soll eine näherungsweise Berechnung des bestimmten Integrals

$$\int_a^b f(x)dx$$

mit Hilfe der Trapezregel durchgeführt werden. Die mathematische Grundidee ist dabei die folgende (s. Abb. 7.5): Das Intervall [a, b] wird in n gleich große Teilintervalle unterteilt. Die Funktion f(x) wird dann auf jedem Teilintervall durch ein Geradenstück ersetzt.

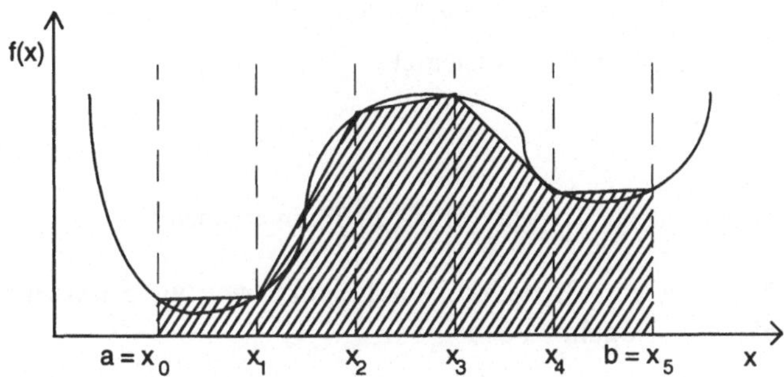


Abb. 7.5: Integralberechnung mit Trapezregel

Dadurch entsteht in jedem Teilintervall unterhalb des Geradenstücks eine Trapezfläche. Die Summe dieser Trapezflächen (in Abb. 7.5 der schraffierte Teil) ist ein Näherungswert für

$$\int_a^b f(x)dx.$$

Die Trapezfläche zwischen $x_i$ und $x_{i+1}$ berechnet sich zu

$$F_i = ( f( x_i ) + f( x_{i+1} ) ) * h/2.$$

Dabei ist $h = (b-a)/n$ die Länge der Teilintervalle. Durch Aufsummierung der Einzelflächen erhält man:

$$\int_a^b f(x)dx \approx (0{,}5 \cdot f(a) + \sum_{i=1}^{n-1} f(x_i) + 0{,}5 \cdot f(b)) \cdot h.$$

Diese Formel kann in PASCAL als Funktion wie folgt realisiert werden:

```
type PLUS = 1..MAXINT;
function INTEGRAL (A, B: REAL; N: PLUS; function F( X: REAL): REAL ): REAL;
var H, SUMME: REAL;
    I: INTEGER;
begin {INTEGRAL}
    H := ( B - A ) / N;
    SUMME := ( F( A ) + F( B ) ) / 2;
    for I := 1 to N - 1 do SUMME := SUMME + F( A + I * H );
    INTEGRAL := SUMME * H
end {INTEGRAL};
```

Wenn in einem übergeordneten Programm eine Funktion FKT mit

```
function FKT( Z: REAL ): REAL;
... {Berechnung der Funktionswerte}
```

deklariert ist, so liefert der Aufruf

```
INTEGRALWERT := INTEGRAL( 0, 10, 20, FKT )
```

einen Näherungswert für das Integral

$$\int_{0}^{10} FKT(x)\,dx$$

unter Benutzung der Trapezregel mit 20 Teilintervallen.

Bei der Nutzung von Prozeduren und Funktionen als Parameter sind folgende einschränkenden Regeln zu beachten:

1. Prozeduren und Funktionen, die als Parameter übergeben werden, dürfen selbst nur Werteparameter haben.
2. Implementierungsbedingt ist häufig die Verwendung von Standardfunktionen und Standardprozeduren als aktuelle Parameter nicht erlaubt.

**Beispiel 7.17: Parameter einer als Parameter übergebenen Funktion**

Im Programm von Beispiel 7.16 ist folgender Aufruf der Funktion INTEGRAL in vielen Implementierungen nicht erlaubt:

```
INTEGRAL(0, 10, 20, SIN)
```

Der Grund ist die Verwendung der Standardfunktion SIN als Parameter in INTEGRAL. Eine Umgehung dieser Einschränkung läßt sich jedoch immer leicht durch folgenden Ansatz erzielen:

```
function SINUS(X: REAL): REAL;
begin SINUS := SIN(X) end;
...
```

Ein in jedem Falle korrekter Aufruf von INTEGRAL mit einer Sinusfunktion ist dann:

```
INTEGRALWERT := INTEGRAL(0, 10, 20, SINUS)
```

# 8. Strukturierte Datentypen

Neben den bereits besprochenen skalaren Datentypen unterstützt PASCAL verschiedene sogenannte *strukturierte Typen* (s. Abb. 8.1). Strukturierte Typen sind Objekte, die sich aus mehreren Komponenten zusammensetzen. Man unterscheidet dabei zwischen *homogenen Typen* und *inhomogenen Typen*. Bei den homogenen Typen sind alle Komponenten vom gleichen Typ. Die von PASCAL definierten homogenen Typen sind Felder, Mengen und Dateien. Bei den inhomogenen Typen können die einzelnen Komponenten von unterschiedlichem Typ sein. Die inhomogenen Typen in PASCAL sind die sogenannten Verbunde.

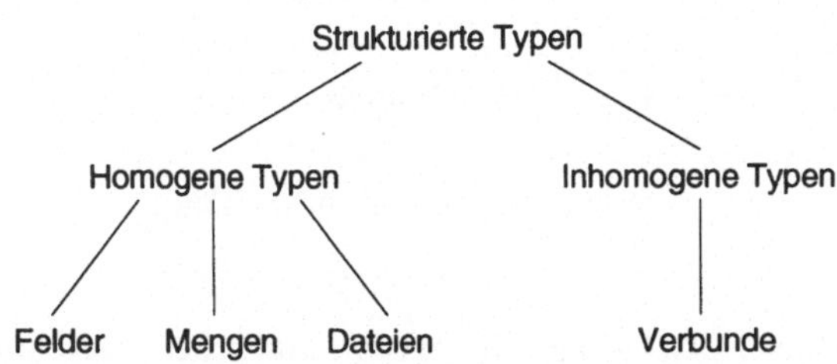


Abb. 8.1: Strukturierte Typen in PASCAL

## 8.1. Felder (arrays)

Felder (englisch: arrays) sind Aneinanderreihungen von Komponenten gleichen Typs. Dieser Typ heißt *Basistyp* des Felds. Die Anzahl und die Numerierung, das heißt, die Notation der Reihenfolge der Komponenten ist festgelegt durch den sogenannten *Indextyp*.

| 1. Komponente | 2. Komponente | ... | n-te Komponente |

Abb. 8.2: Schema für eindimensionales Feld

Als Basistypen können beliebige PASCAL-Typen dienen. Bei einigen Implementierungen sind jedoch Dateien nicht zugelassen. Der Indextyp ist ein beliebiger Aufzählungstyp mit Ausnahme von INTEGER.

Im folgenden werden zunächst eindimensionale Felder besprochen, zu denen Abb. 8.2 das allgemeine Anordnungsschema zeigt.

### 8.1.1. Deklaration von Feldern

Analog zu den selbstvereinbarten skalaren Datentypen werden Felder durch eine Typdeklaration vereinbart. Abb. 8.3 zeigt die Syntax der Typdefinition eines eindimensionalen Feldtyps.

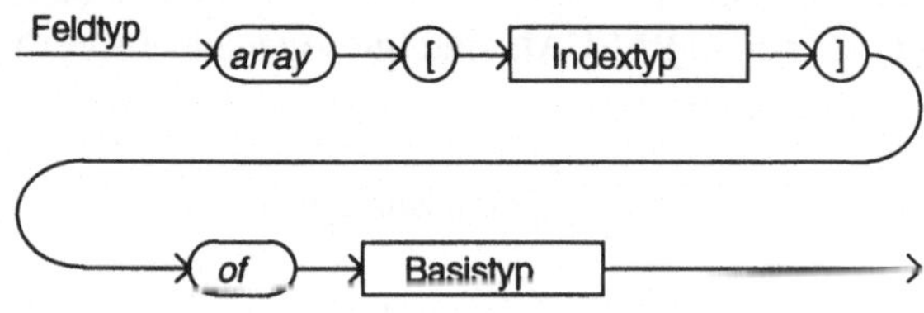


Abb. 8.3: Syntaxdiagramm für Feldtyp

Mit dem Bezeichner FELD, einem Indextyp I und einem Basistyp T hat die Vereinbarung eines Feldtyps folgendes Schema:

*type* FELD = *array*[ I ] *of* T.

### Beispiel 8.1: Typvereinbarungen für Felder

In der folgenden Typvereinbarung für Felder sind LISTE1, LISTE2, CODE und TEMPERATURVERLAUF Felder, die auf einem vordefinierten Indextyp basieren. KLIMA ist hingegen ein Feld mit einem selbstdefinierten Indextyp und einem selbstdefinierten Basistyp.

```
type    LISTE1 = array [ 1..100 ] of REAL;
        LISTE2 = array [-200..-10 ] of REAL;
        CODIERUNG = array [ CHAR ] of INTEGER;
        MONAT = ( JAN, FEB, MAR, APR, MAI, JUN, JUL, AUG, SEP, OKT, NOV, DEZ );
        TEMPERATURVERLAUF = array [ 1..31 ] of REAL;
        KLIMA = array [ MONAT ] of TEMPERATURVERLAUF;
```

### 8.1.2. Zugriff auf Felder

Der Zugriff auf ein Feld als Ganzes erfolgt über den Namen des Feldes. Als einzige Operationen auf Felder als Ganzes steht die Zuweisung von Feldern identischen Typs zur Verfügung. Alle weiteren Operationen müssen komponentenweise durchgeführt werden.

**Beispiel 8.2: Zuweisung von Feldern identischen Typs**

Gegeben seien die Deklarationen:

```
type  VEKTOR1    =   array [ 1..10 ] of REAL;
      VEKTOR2    =   array [ 11..20 ] of REAL;
      VEKTOR3    =   array [ 1..10 ] of REAL;
var   FELD, FELD1:   VEKTOR1;
      FELD2      :   VEKTOR2;
      FELD3      :   VEKTOR3;
      FELD4, FELD5:  array [ 1..10 ] of REAL;
      FELD6      :   array [ 1..10 ] of REAL;
```

Damit sind folgende Zuweisungen

| zulässig | nicht zulässig |
|---|---|
| FELD  := FELD1 | FELD  := FELD2 |
| FELD4 := FELD5 | FELD  := FELD3 |
|  | FELD  := FELD4 |
|  | FELD4 := FELD6 |
| for I := 1 to 10 | READ(FELD) |
| do READ (FELD[I]) | |

Der Zugriff auf einzelne Feldkomponenten erfolgt unter Zuhilfenahme der Werte aus dem Indextyp. Ausgegangen von den Deklarationen

```
type   VEKTOR = array [ I ] of T;
var FELD: VEKTOR;
```

hat der Zugriff auf ein Feldelement das Schema

```
FELD[ i ]
```

wobei i ein Wert aus dem Wertebereich des Indextyps I ist. Es darf dabei i auch ein Ausdruck des entsprechenden Typs sein.

Die Komponenten eines Feldes mit dem Basistyp T sind Variable dieses Typs und können wie jede andere Variable vom Typ T verwendet werden. Der Wertebereich ist damit bereits beschrieben und ebenso sind die Operationen auf den einzelnen Komponenten festgelegt.

**Beispiel 8.3: Zugriff auf Feldkomponenten**

Unter Verwendung der Typdeklarationen von Beispiel 8.1 und der Variablendeklarationen

```
var REIHE:       LISTE1;
    SCHLUESSEL: CODIERUNG;
    WETTER:      KLIMA;
```

sind die folgenden Zugriffe auf Feldkomponenten

| zulässig | nicht zulässig |
|---|---|
| REIHE[ 50 ] | REIHE[ 101 ] |
| SCHLUESSEL[ 'X' ] | |
| SCHLUESSEL[ X ] | SCHLUESSEL[ X ] |
| { falls X ein Ausdruck vom Typ CHAR ist } | { falls X kein Ausdruck vom Typ CHAR ist } |
| SCHLUESSEL[ '1' ] | SCHLUESSEL[ 1 ] |
| WETTER[ DEZ ] | WETTER[ SOMMER ] |
| REIHE[ 1 + 2 mod 3] | |

## 8.1.3.  Mehrdimensionale Felder

Da der Basistyp eines Feldes ein beliebiger Typ sein kann und damit wieder ein
Feld sein darf, läßt sich eine Matrix als zweidimensionales Feld folgendermaßen
deklarieren:

```
type   VEKTOR  =  array [ I1 ] of T;
       MATRIX  =  array [ I2 ] of VEKTOR;
```

Nach diesem Schema ist auch eine Verallgemeinerung auf mehrere Dimensionen
leicht möglich. PASCAL unterstützt mehrdimensionale Felder jedoch eleganter
durch eine direkte mehrdimensionale Feldvereinbarung. Dabei kann ein n-di-
mensionales Feld mit dem beispielhaften Bezeichner MATRIX durch Kombination eines Basistyps T mit n Indextypen I1, ..., In wie folgt deklariert werden:

```
type   MATRIX = array [ I1, ..., In ] of T
```

Abb. 8.4 zeigt das Syntaxdiagramm der allgemeinen Felddefinition. Der Zugriff
auf die Komponenten von mehrdimensionalen Feldern geschieht durch Angabe
aller Indizes, die hinter dem Feldbezeichner in eckige Klammern eingeschlossen
und jeweils durch ein Komma voneinander getrennt sind. Alle Aussagen über
eindimensionale Felder übertragen sich in analoger Weise.

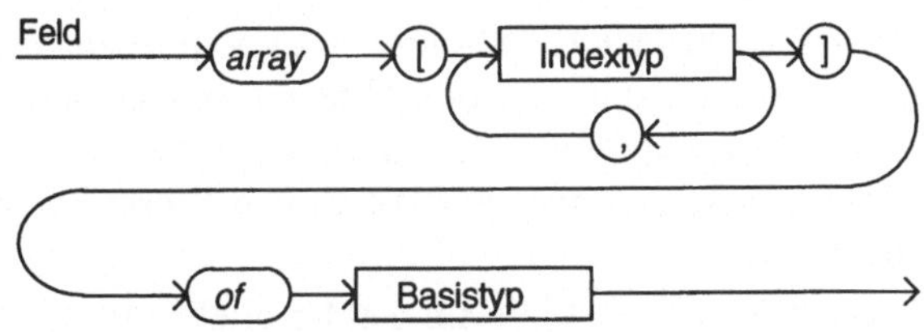


Abb. 8.4: Syntaxdiagramm der Felddefinition

**Beispiel 8.4: Zweidimensionales Feld**

Gegeben sei die Deklaration

```
type    ZAHLENMATRIX = array [ -1..1, 0..3 ] of REAL;
var     FELD: ZAHLENMATRIX;
```

Die Variable FELD vom Typ ZAHLENMATRIX hat damit folgende Struktur:

| -1, 0 | -1, 1 | -1, 2 | -1,3 |
|---|---|---|---|
| 0, 0 | 0, 1 | 0, 2 | 0, 3 |
| 1, 0 | 1, 1 | 1, 2 | 1, 3 |

Hierbei sind in die Feldelemente die zugehörigen Indexpaare eingetragen. Der Zugriff auf das dritte Element der zweiten Zeile erfolgt beispielsweise durch

```
FELD [0, 2]
```

### 8.1.4. Worte

Worte sind spezielle eindimensionale Felder, für die häufig eine besonders effiziente Implementierung vorliegt. Sie sind durch den Basistyp CHAR und den Indextyp $I = 1..n$ gekennzeichnet, wobei $n \geq 1$ eine INTEGER-Konstante ist. Außerdem sind Worte als sogenanntes gepacktes Feld zu deklarieren. Dies erfolgt durch Schreiben des Schlüsselwortes *packed* vor *array*. Eine Typvereinbarung mit dem Namen WORTBEZ für ein Wort hat damit die Form

```
type    WORTBEZ = packed array [ I ] of CHAR;
```

wobei I ein Unterbereichstyp $I = 1..n$ mit $n \in \mathbb{N}$ ist.

**Beispiel 8.5: WORT**

Die Typdeklaration für ein Wort, das aus 20 Zeichen bestehen soll, kann durch

```
type STRING = packed array [ 1..20 ] of CHAR;
```

erfolgen, wobei STRING der Bezeichner für dieTypvereinbarung ist.

Das Schlüsselwort *packed* bedeutet, daß dieser Datentyp besonders platzsparend im Speicher abgelegt werden soll. Für den Umgang mit Feldern hat dies nach außen keine sichtbaren Auswirkungen, lediglich der Compiler hat dies entsprechend zu berücksichtigen. Der Zugriff auf Worte und Wortkomponenten erfolgt wie bei allen Feldern.

Als Operationen auf Worte sind alle für Felder allgemein definierten Operationen zugelassen und zusätzlich:

– die Zuweisung von Textkonstanten, das heißt Zeichenketten genau passender Länge;

– alle Vergleichsoperationen mit Ausnahme von *in,* das heißt, es wird lexikalisch verglichen unter Benutzung der implementierungsabhängigen Ordnung von CHAR;

– die Ausgabe des Wortes als Ganzes, die Eingabe kann jedoch bei Worten auch nur komponentenweise erfolgen.

**Beispiel 8.6: Ausgabe und Eingabe von Worten**
Gegeben sei die Deklaration

```
type    STRING = packed array [ 1..20 ] of CHAR;
var     TEXT, TEXT1: STRING;
        B: BOOLEAN;
```

Dann sind folgende Anweisungen korrekt:

```
TEXT := 'LAENGE IST RICHTIG !'
WRITE( TEXT )
B := TEXT < TEXT1
```

Beispiele für nicht korrekte Anweisungen sind:

```
TEXT := 'BEISPIEL'                      {zu kurz}
TEXT := 'DAS IST EIN ZU LANGER TEXT'    {zu lang}
READ( TEXT )                            {kein Zugriff auf ganzes Wort}
B := TEXT < 'BEISPIEL'                  {Länge stimmt nicht}
```


## 8.2.  Verbunde (records)


Für viele Anwendungen besteht die Anforderung, Datensätze mit Komponenten unterschiedlicher Art definieren zu können. PASCAL bietet hierfür den strukturierten Datentyp Verbund (englisch: record).

### 8.2.1. Deklaration eines Verbunds

Wie alle Typen, mit Ausnahme der Standardtypen, müssen auch Verbunde deklariert werden. Für einen Verbund mit n Komponententypen K1, ..., Kn und n Komponentenbezeichnern N1, ..., Nn ist die zugehörige Deklaration:

```
type  V = record
            N1: K1;
            N2: K2;

            ...

            Nn: Kn
       end;
```

Komponenten gleichen Typs können bei der Deklaration zusammengefaßt werden. Die entsprechenden Komponentenbezeichner werden dazu durch Kommas getrennt hintereinander geschrieben. Als Typ kann ein Typname oder eine Typvereinbarung stehen. Abb. 8.5 zeigt das Syntaxdiagramm für die Verbunddefinition.

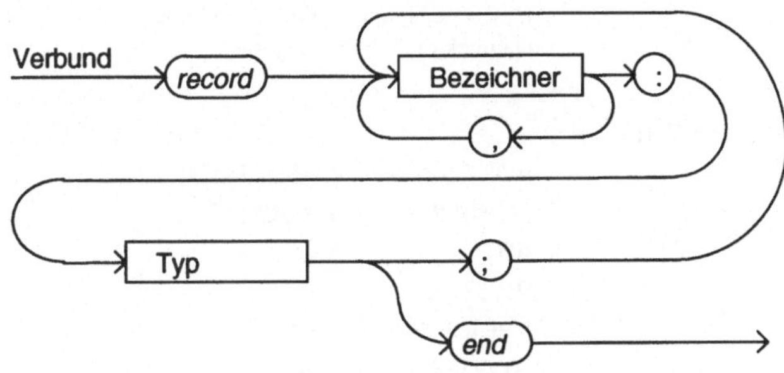


Abb. 8.5: Syntaxdiagramm der Verbunddefinition

**Beispiel 8.7: Verbund**

Gegeben sei die Aufgabe, eine Verbunddefinition für folgende Personaldaten anzugeben, so daß eine Verarbeitung dieser Daten in einem PASCAL-Programm erfolgen kann:

Postanschrift:

| | |
|---|---|
| — Name, Vorname | (jeweils bis zu 20 Buchstaben) |
| — Straßenname | (bis zu 20 Buchstaben) |
| — Hausnummer | (positive ganze Zahl) |
| — Postleitzahl | (fünfstellige ganze Zahl) |
| — Wohnort | (bis zu 20 Buchstaben) |

Personalkarteikarte für Gehaltsabrechnung:

|   |   |
|---|---|
| – Anschrift | (wie Postanschrift) |
| – Personalnummer | (positive ganze Zahl) |
| – Abteilung | (ganze Zahl zwischen 1 und 50) |
| – Bruttogehalt | (reelle Zahl) |
| – Steuerklasse | (ganze Zahl zwischen 1 und 6) |
| – Zahl der Kinder | (ganze Zahl zwischen 1 und 20) |
| – Steuerfreibetrag | (reelle Zahl) |

Eine noch präzisere Einschränkung der möglichen Angaben wäre zwar zum Teil wünschenswert, um im Programm fehlerhafte, das heißt bereichsüberschreitende, Daten bei Berechnungen auszuschließen (zum Beispiel Grenzen für mögliches Gehalt). In PASCAL müßte dies jedoch über spezielle Abfragen im Programm geregelt werden. Die angegebenen Personaldatensätze lassen sich als Verbunde wie folgt deklarieren:

```pascal
type   WORT        =  packed array [ 1..20 ] of CHAR;
       ANSCHRIFT   =  record
                        VORNAME,
                        NACHNAME,
                        STRASSE,
                        WOHNORT:     WORT;
                        POSTLEITZAHL:00001..99999;
                        HAUSNR:      1..MAXINT
                      end;
       KARTEIKARTE = record
                        ADRESSE:     ANSCHRIFT;
                        PERSNR:      1..MAXINT;
                        ABT:         1..50;
                        BRUTTO,
                        FREIBETR:    REAL;
                        STEUERKL:    1..6;
                        KINDER:      0..20
                      end;
```

Der Typ KARTEIKARTE beschreibt hier einen Verbund mit sieben Komponenten unterschiedlichen Typs. Analoges gilt für den Typ ANSCHRIFT. Diese Typen können wie jeder andere Typ zur Deklaration von Variablen benutzt werden. Ein Beispiel hierfür ist eine Variablenvereinbarung

```pascal
var MITARBEITER: KARTEIKARTE
```

die über den Verbundtyp KARTEIKARTE alle oben spezifizierten Verbundkomponenten umfaßt.

## 8.2.2. Zugriff auf die Komponenten

Der Zugriff auf einzelne Komponenten eines Verbunds geschieht durch Anhängen des Bezeichners der entsprechenden Komponente an den Bezeichner des

Verbunds, wobei zwischen die beiden Bezeichner ein Punkt zu setzen ist. Bei einer gegebenen Typdeklaration mit dem Namen V und Komponenten N1, N2, ..., Nn mit den jeweiligen Typen T1, T2,...,Tn der Art

```
type V  =  record
              N1: T1;
              N2: T2;
              ...
              Nn: Tn
          end;
    var X : V;
```

wird eine Komponente mit Namen Ni der Variablen X vom Typ V angesprochen durch

```
X.Ni
```

Eine Berechnung der Komponente wie bei Feldern ist hier nicht möglich. Desweiteren gelten für den Umgang mit Komponenten eines Verbunds folgende Regeln:

1. Die Komponenten eines Verbunds sind hinsichtlich Anzahl und Typ frei wählbar. Insbesondere sind auch Verbunde als Komponententypen zugelassen (siehe Beispiel). Wie bei Feldern sind implementierungsbedingt Dateien als Komponenten oft nicht zugelassen. Verbunde, die Dateien als Komponenten enthalten, dürfen nicht als Ganzes an ansonsten kompatible Verbunde zugewiesen werden.

2. Die Komponenten eines Verbunds sind Variable des entsprechenden Typs und können wie jede andere Variable dieses Typs benutzt werden.

**Beispiel 8.8: Zugriff auf Verbundkomponenten**
Unter Annahme der Deklarationen in Beispiel 8.7 sind folgende Zugriffe auf Komponenten der Verbundvariablen MITARBEITER korrekt:

```
MITARBEITER .ADRESSE
MITARBEITER .STEUERKL
MITARBEITER .ADRESSE.NACHNAME
MITARBEITER .ADRESSE.VORNAME[ 1 ]
```

### 8.2.3. Operationen auf Verbunden

Wie bei Feldern ist als einzige Operation auf einen Verbund als Ganzes lediglich die Zuweisung von Verbunden identischen Typs möglich. Alle anderen Operationen werden komponentenweise ausgeführt und sind festgelegt durch den Typ der jeweiligen Komponente. Zusammengefaßt lassen sich die Unterschiede zwischen Feldern und Verbunden wie folgt beschreiben:

Für Felder gilt:

- sie sind eine Aneinanderreihung von Komponenten gleichen Typs,
- ein direkter Zugriff auf die Komponenten über den Wert des Index ist möglich; der Index kann auch als zu berechnender Ausdruck vorliegen,
- die einzige zulässige Operation auf Feldern als Ganzes ist die Zuweisung zwischen Feldern identischen Typs.

Verbunde sind gekennzeichnet durch:

- eine Aneinanderreihung von Komponenten unterschiedlichen Typs,
- den direkten Zugriff auf die Komponenten über den Namen der Komponenten,
- die einzige Operation der Zuweisung zwischen Verbunden identischen Typs.


## 8.3.  Mengen (sets)

Unter dem Datentyp Menge (englisch: set) versteht man in PASCAL die Zusammenfassung einer variablen Anzahl von Objekten eines gemeinsamen Basistyps. Insofern handelt es sich hier um eine Einschränkung gegenüber der Definition einer Menge nach Cantor, wie sie in der Mathematik üblich ist.


### 8.3.1.  Deklaration von Mengen:

Die Typdeklaration für eine Menge hat die Form

```
type MENGE = set of T
```

mit MENGE als beispielhaftem Typbezeichner und T als Basistyp. Das entsprechende Syntaxdiagramm der allgemeinen Definition eines Mengentyps ist in Abb. 8.6 gezeigt.

Als Basistypen sind Aufzählungstypen mit einer beschränkten Größe zugelassen. Die mögliche Maximalgröße ist implementierungsabhängig und kann unter Umständen relativ klein sein. Es ist daher empfehlenswert, vor der Konzeption eines Programms, das Mengen als Datentypen benutzt, die Maximalgröße für den Basistyp im entsprechenden Handbuch für den Compiler nachzusehen. Der Wertebereich einer Menge besteht aus allen Teilmengen von T. Es ist zu beachten, daß bei konkreten Implementierungen oft folgende Einschränkungen bestehen:

- *set of* CHAR enthält eventuell nicht alle Zeichen, sondern nur die mit den Ordnungszahlen 0 bis 127,

– negative Zahlen sind selten zulässige Elemente, so ist zum Beispiel
  *set of* [ -1..0] in der Regel unzulässig,

– viele Compiler benötigen für jede Menge, unabhängig von deren
  Elementezahl, den Speicherplatz für die maximal zulässige Größe des
  Wertebreichs für den Baistyp.

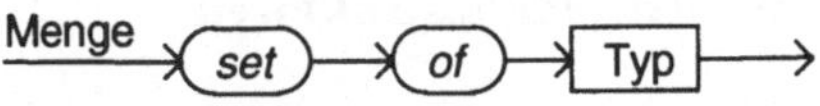

Abb. 8.6: Syntaxdiagramm für Definition eines Mengentyps

**Beispiel 8.9: Mengentyp**

Gegeben sei die Deklaration

```
type    BASISTYP = 1..100;
        MENGE = set of BASISTYP;
var     X: MENGE;
```

Die Variable X kann damit als Wert jede Teilmenge der Zahlen 1 bis 100 annehmen.

## 8.3.2. Operationen auf Mengen

Als Operationen auf Mengen stehen zunächst die mengentheoretischen Grundoperationen Vereinigung, Schnitt- und Differenzbildung zur Verfügung. Die entsprechenden Operatorsymbole sind:

+   für Vereinigung        $(A+B = \{x \mid x \in A \text{ oder } x \in B\})$

*   für Schnittbildung      $(A*B = \{x \mid x \in A , x \in B\})$

-   für Differenzbildung    $(A - B = \{ x \mid x \in A, x \notin B\})$

Außerdem sind die folgenden Vergleichsoperatoren anwendbar:

=,<>    für Test auf Gleichheit/Ungleichheit

<=, >=  für Test auf Inklusion   $( \subseteq, \supseteq )$

*in*    für Test auf Enthaltensein   $( a \in A \, ? \, )$

Desweiteren ist die Zuweisung zwischen Mengen identischen Typs bzw. Zuweisung von Mengenkonstanten (s. Kapitel 8.4.3) passenden Typs an eine Mengenvariable möglich.

### 8.3.3. Zugriff auf Mengen

Im Gegensatz zu Feldern und Verbunden ist bei einer Menge nur der Zugriff auf
die Menge als Ganzes möglich. Ein Zugriff auf einzelne Elemente kann nicht erfolgen.


### 8.3.4. Mengenkonstante, Mengenkonstruktoren

Die Angabe, welche Elemente zu einer Menge gehören, kann durch Definition
von Mengenkonstanten erfolgen. Mengenkonstanten werden aus Elementen des
Basistyps durch Mengenkonstruktoren aufgebaut. Abb. 8.7 zeigt das Syntaxdiagramm für eine Mengenkonstante. Hierbei werden zwischen eckigen Klammern
die Elemente der Menge, durch Kommas getrennt, aufgeführt. Elemente können
dabei Ausdrücke des Basistyps oder Unterbereichsvereinbarungen mit Ausdrük-
ken vom Basistyp als Grenzen sein.

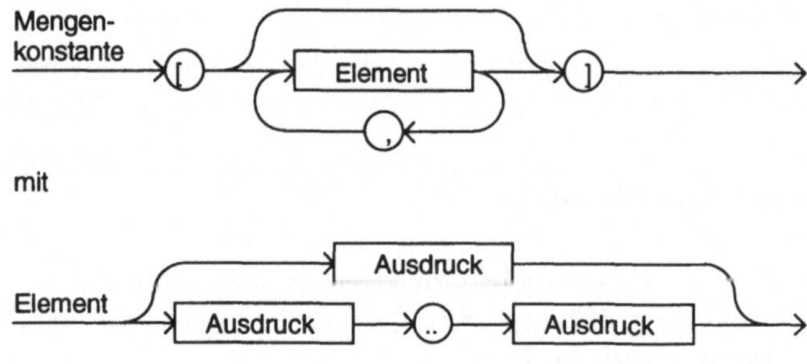

Abb. 8.7: Syntaxdiagramm der Mengenkonstante


**Beispiel 8.10: Mengenkonstante**

| | |
|---|---|
| [ ] | : leere Menge |
| [ 20 ] | : { 20 } |
| [ 3..6, 11 ] | : { 3, 4, 5, 6, 11 } |
| [ 4..7, 6..10, 0 ] | : { 0, 4, 5, 6, 7, 8, 9, 10 } |
| [ 'a'..'d', '0'..'9' ] | : { 'a', 'b', 'c', 'd', '0', '1', '2', '3', '4', '5', '6', '7', '8', '9' } |

Für die Benutzung von Mengenkonstanten gelten folgende Regeln:

1. Mengenkonstante müssen in einem Programm immer in ihrer natürlichen
   Form angegeben werden. Die Vereinbarung von Bezeichnern für Mengenkonstanten ist nicht möglich.

2. Eine Mengenkonstante kann in einem Programm eingeführt werden, wenn die Bildung der entsprechenden Menge zulässig ist, das heißt, wenn die Mengenkonstante als Teilmenge eines zur Mengenbildung zulässigen Basistyps interpretiert werden kann. Die Deklaration eines entsprechenden Mengentyps für eine Mengenkonstante ist nicht erforderlich.

3. Da eine Mengenkonstante[ m..n ] definiert ist als $\{ x \in T \mid m \leq x \leq n \}$, ergibt sich für $m > n$ die Leermenge.

**Beispiel 8.11: Zuweisung an Mengenvariable**

Unter Benutzung der Deklarationen

```
type    BASISTYP = 0..10;
        MENGE =   set of BASISTYP;
var S :  MENGE;
   I :   INTEGER;
   K :   BASISTYP;
```

sind folgende Zuweisungen

<u>korrekt</u>     <u>nicht korrekt</u>

```
K := 5;        I := 20;
S := K;        S := I;
```

Der Fehler in der nicht korrekten Zuweisungsfolge besteht darin, daß I nicht vom Basistyp und auch kein Unterbereichstyp davon ist.


## 8.3.5. Einsatzmöglichkeiten von Mengen

Durch Nutzung des Datentyps Menge lassen sich insbesondere logische Ausdrücke einerseits wesentlich einfacher formulieren und andererseits auch effizienter auswerten. Dies zeigt sich zum Beispiel eindrucksvoll anhand der relativ einfachen Aufgabe, die darin besteht, einen Text nach Satzzeichen zu durchsuchen. Dabei ist für jedes Zeichen festzustellen, ob es sich um ein Satzzeichen handelt. Ohne das Mengenkonzept hätte eine solche Prüfung zum Beispiel die Form:

```
if   ( ZEICHEN = '.' ) or ( ZEICHEN = ',' ) or ( ZEICHEN = ';' ) or ( ZEICHEN = '-' )
     or ( ZEICHEN = '"' ). or ( ZEICHEN = '!' ) or ( ZEICHEN = '?' )
then ...
```

Unter Nutzung von Mengen und Mengenoperatoren läßt sich dies einfach bewerkstelligen durch

```
if ZEICHEN in [ '.', ',', ';', '-', '"', '!', '?']
then ...
```

**Beispiel 8.12: Nutzung von Mengen**

Mit den Deklarationen

```
type    SCHRAUBEN_SPEZIFIKATION = ( IMBUS, SECHSKANT,
            SECHSKANT_MIT_SCHLITZ, VIERKANT, VIERKANT_MIT_SCHLITZ,
            SCHLITZ, KREUZSCHLITZ, POZIDRIV, RUND, HALBRUND,
            LINSENKOPF, OHNE_KOPF, TORBAND, METRISCH, WITWORTH );
        SCHRAUBENART = set of SCHRAUBEN_SPEZIFIKATION;
var     SCHLUESSEL, SCHRAUBENDREHER, NICHTDREHBAR,
            WERKZEUG_SPEZIFISCH, HEIMWERKER: SCHRAUBENART;
```

sind folgende Zuweisungen möglich:

```
SCHLUESSEL :=              [ IMBUS..VIERKANT_MIT_SCHLITZ ];
SCHRAUBENDREHER :=         [ VIERKANT_MIT_SCHLITZ..POZIDRIV, OHNE_KOPF ];
NICHTDREHBAR :=            [ TORBAND ];
WERKZEUG_SPEZIFISCH :=     SCHLUESSEL + SCHRAUBENDREHER;
HEIMWERKER :=             [ METRISCH, SCHLITZ, RUND .. LINSENKOPF ];
```

Beispiele für Ausdrücke mit dem Wert TRUE sind:

```
METRISCH in HEIMWERKER
POZIDRIV >= SCHLITZ
not ( WITWORTH in WERKZEUG_SPEZIFISCH )
```

# 8.4.  Dateien (files)

Ein Objekt des Datentyps Datei (englisch: file) besteht aus sequentiell angeordneten Objekten eines bestimmten Basistyps. Die Zahl der Objekte ist dabei beliebig. Die wesentlichen Charakteristika sequentieller Dateien wurden bereits in Kapitel 6.6 bei der Einführung der Dateien INPUT und OUTPUT aufgezeigt.

## 8.4.1.  Deklaration einer Datei

Die Deklaration eines Datentyps Datei hat allgemein die Form

```
type    DATEI = file of T
```

wobei DATEI beispielhafter Bezeichner des Datentyps ist und T für den Bezeichner des Basistyps steht. Zulässige Basistypen sind alle PASCAL-Typen außer Dateien selbst und Typen, die Dateien enthalten. Das heißt, Dateien dürfen nicht iteriert werden. Abb. 8.8 zeigt das Syntaxdiagramm der Typdefinition einer Datei.

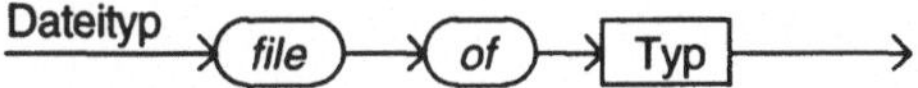

Abb. 8.8: Syntaxdiagramm für Typdefinition einer Datei

**Beispiel 8.13: Dateivereinbarung**

Die folgende Deklaration stellt eine Typvereinbarung für zwei Dateien mit den Namen MESSWERTDATEI und WAEHRUNGSDATEI dar. Die MESSWERTDATEI hat als Basistyp REAL während die WAEHRUNGSDATEI einen Verbund als Basistyp hat.

```
type    MESSWERTDATEI=    file of REAL;
        WAEHRUNG      =   record
                              CODE : 1..1000;
                              KURS : REAL
                          end;
        WAEHRUNGSDATEI = file of WAEHRUNG;
```

Mit jeder Variablen von Typ Datei ist implizit auch eine Puffervariable, genannt Dateifenster, verbunden. Die Notation des Dateifensters erfolgt durch Anfügen des Symbols "↑" an den Bezeichner der Dateivariablen. Im Falle einer Dateivariablen F ist die Bezeichnung für das Dateifenster F↑. Der Typ von F↑ ist der Basistyp der Datei. Für das Symbol ↑ ist als Ersatzdarstellung auch @ möglich.


## 8.4.2.  Operationen auf Dateien

Dateien können nur sequentiell beginnend am Anfang bis hin zum Ende bearbeitet werden. Einfügungen in eine Datei werden immer am Dateiende vorgenommen. Eine Änderung einzelner Dateieinträge ist nicht möglich. Eine Datei kann auch nur als Ganzes gelöscht werden. Das Löschen einzelner Einträge ist nicht vorgesehen, auch nicht am Dateiende. Ebenfalls ist eine Zuweisung zweier Dateien, selbst wenn deren Typen identisch sind, nicht möglich.

**Beispiel 8.14: Operationen auf Dateien**

Gegeben sei die Deklaration des Typs MESSWERTDATEI aus Beispiel 8.13. Außerdem sei eine Variable TEST vom Typ MESSWERTDATEI wie folgt deklariert:

```
var TEST : MESSWERTDATEI;
```

Der Inhalt von TEST ist dann:

unmittelbar nach der Deklaration                    : leer,

nach dem Einfügen des REAL-Wertes 6.2     : /6.2/,

nach dem Einfügen eines weiteren Werte 3.0 : /6.2/3.0/.

### 8.4.3. Bearbeitung von Dateien

Die Bearbeitung von Dateien bzw. der Puffervariablen wird mit fünf Standardroutinen durchgeführt. Bei der folgenden Beschreibung dieser Routinen wird von den Deklarationen

```
type    Datei = file of T;
var F: DATEI
```

ausgegangen.


### EOF

Bei der Einführung der Standarddatei INPUT wurde die Routine EOF bereits extensiv benutzt. Sie wird mit Angabe einer Dateivariablen als Parameter in der Form

```
EOF( F )
```

aufgerufen. EOF kann auch ohne Parameter aufgerufen werden, wobei in diesem Fall als Default-Wert die Standardeingabedatei INPUT genommen wird. Das Ergebnis der Standardfunktion EOF ist vom Typ BOOLEAN. Sie liefert den Wert TRUE, falls das Dateifenster F↑ über der Endemarkierung der Datei steht, sonst den Wert FALSE.


### RESET

Diese Standardroutine dient zum Öffnen einer Datei zum Lesen. Der Aufruf erfolgt mit der Dateivariablen als Parameter durch

```
RESET( F )
```

Dabei wird das Dateifenster F↑ auf den Dateianfang und EOF (F) auf FALSE gesetzt, vorausgsetzt, die Datei ist nicht leer. Das heißt, nach dem Aufruf RESET( F ) ist

$$
F\uparrow = \begin{cases} 1.\ \text{Komponente von F} & F \text{ ist nicht leer} \\ \text{undefiniert} & F \text{ ist leer} \end{cases}
$$

und

$$
EOF( F ) = \begin{cases} FALSE & F \text{ nicht leer} \\ TRUE & F \text{ leer} \end{cases}
$$

Alle Eingabedateien, mit Ausnahme von INPUT, müssen vor dem Lesen mit RESET initialisiert werden.


### REWRITE

REWRITE öffnet eine Datei zum Schreiben. Sie wird wie RESET mit der Dateivariablen F als Parameter aufgerufen. Die Datei wird dabei durch eine leere Datei ersetzt, das heißt, alle Einträge werden gelöscht! Alle Ausgabedateien, mit

Ausnahme von OUTPUT, müssen vor der Benutzung durch Aufruf von REWRITE initialisiert werden.

## GET

Der Aufruf GET(F) liest das nächste Element der Datei F in das Dateifenster F↑. Falls kein nächstes Element existiert ist F ↑ undefiniert. Das heißt, der Wert von F↑ ist nach GET(F) nur dann definiert, falls auch EOF(F) = FALSE ist. GET(F) darf nur aufgerufen werden, wenn F auch zum Lesen geöffnet ist.

## PUT

Mit PUT(F) wird der aktueller Wert des Dateifensters F↑ an das Ende der Datei F geschrieben und das Dateifenster um eine Position nach rechts geschoben. EOF( F ) behält dabei den Wert TRUE. Der Aufruf PUT(F) ist nur zulässig, falls F zum Schreiben geöffnet ist.

Bei der Bearbeitung von Dateien ist zu beachten, daß Dateien nicht gleichzeitig zum Lesen und Schreiben geöffnet werden können. Es gilt die jeweils letzte Definition. Nach dem ISO-Standard sind auch die Prozeduren READ und WRITE für beliebige Dateien erklärt. In vielen Implementierungen wird dies jedoch nicht unterstützt.

**Beispiel: 8.15: Schreiben und Ausgeben einer Datei**

Das folgende Programmbeispiel beschreibt eine Datei mit dem Variablennamen ZAHLENDAT mit Imaginärteilen und Realteilen von komplexen Zahlen und gibt anschließend die gesamte Datei mit der Standardprozedur WRITELN aus.

```
program DATEIBSP (OUTPUT);
type    COMPLEX =    record
                            RE, IM: REAL
                      end;
        DATEI = file of COMPLEX;
var     ZAHLENDAT:      DATEI;
        X, Y:    COMPLEX;
begin   {DATEIBEISPIEL}
        X.RE := 0; X.IM := 0;
        Y.RE := 0.1; X.IM := -0.2;
        REWRITE(ZAHLENDAT); {ZAHLENDAT wird zum Schreiben geöffnet}
        while ( ABS( X.IM ) - ABS( X.RE ) ) < 100
        do  begin
            ZAHLENDAT := X;
            PUT( ZAHLENDAT );
            X.RE := X.RE + Y.RE;
            X.IM := X.IM + Y.IM
        end;
        RESET(ZAHLENDAT); {ZAHLENDAT wird zum Lesen geöffnet}
```

```
while not EOF(ZAHLENDAT)
do  begin
        WRITELN(ZAHLENDAT.RE, ZAHLENDAT.IM );
        GET(ZAHLENDAT)
    end
end {DATEIBSP}.
```

### 8.4.4. Externe und interne Dateien

Alle Dateien, die außerhalb eines Programms erzeugt wurden und in das Programm aufgenommen werden sollen, sowie alle Dateien, die innerhalb eines Programms erzeugt werden und exportiert, das heißt außerhalb benutzbar gemacht werden sollen, sind sogenannte *externe Dateien*. Externe Dateien müssen vor der Benutzung im Programm deklariert werden. Eine Ausnahme hiervon bilden INPUT und OUTPUT. Zusätzlich werden externe Dateien als Dateienliste im Programmkopf aufgeführt. Ihre Lebensdauer ist im Prinzip unbeschränkt.

*Interne Dateien* werden nur innerhalb eines Programms benutzt und existieren nur für die Zeit eines Programmlaufs. Ansonsten werden sie wie jede andere Variable im Programm deklariert und benutzt.

**Beispiel 8.16: Interne und externe Dateien**

Gegeben sei folgendes Programm:

```
program DATEITEST ( INPUT, OUTPUT, DATEI1 );
    type    DATEI = file of REAL;
    var     DATEI1, DATEI2: DATEI;
    begin {DATEITEST}
        ...
    end {DATEITEST}.
```

In diesem Programm sind INPUT und OUTPUT vordeklarierte externe Dateien. Datei1 ist eine externe und Datei2 eine interne Datei.

Die Zuordnung von externen Programmdateien zu außen existierenden Dateien ist Aufgabe des Betriebssystems. Sie fällt somit nicht in den unmittelbaren Zuständigkeitsbereich von PASCAL.

### 8.4.5. Textdateien

In PASCAL existiert ein vordefinierter Dateityp TEXT, bei dem die Einzelkomponenten die Elemente von CHAR und das Zeilenendezeichen sind. Die bereits besprochenen Dateien INPUT und OUTPUT sind vom Typ TEXT. Dateien vom Typ TEXT lassen sich als zeilenweise Anordnungen von Zeichen interpretieren, wobei jeweils das Zeilenende durch ein spezielles Symbol gekennzeichnet ist. Es ist zu beachten, daß die Dateitypen TEXT und *file of* CHAR nicht äquivalent sind!

Über die für Dateien allgemein definierten Standardroutinen hinaus stehen für Dateien vom Typ TEXT die bereits bei der Besprechung der Ein/Ausgabe beschriebenen Routinen READ, READLN, WRITE, WRITELN und EOLN zur Verfügung. Unter Annahme der Deklaration

```
var F: TEXT;
```

haben die entsprechenden Aufrufe für Zeichenvariable X1,..., Xn die Form:

```
READ( F, X1, ..., Xn );
READLN( F, X1, ..., Xn );
READLN( F );
WRITE( F, X1, ..., Xn );
WRITELN( F, X1, ..., Xn );
WRITELN( F );
EOLN( F );
```

Die Wirkung dieser Routinen ist genau wie in Kapitel 6.6 für INPUT bzw. OUTPUT beschrieben. Diese Dateien müssen aber im Gegensatz zu INPUT bzw. OUTPUT wie alle anderen Dateien explizit zum Lesen bzw. Schreiben geöffnet werden. Wird bei diesen Routinen der Dateiparameter weggelassen, so werden die Default-Werte INPUT bzw. OUTPUT eingesetzt.

Für die TEXT-Dateien INPUT und OUTPUT gelten zusammengefaßt folgende Sonderregeln :

1.  INPUT und OUTPUT werden im Programm nicht deklariert.
2.  INPUT ist zum LESEN und OUTPUT zum Schreiben bereits geöffnet.
3.  Falls INPUT bzw. OUTPUT der Tastatur bzw. dem Bildschirm zugeordnet sind, haben RESET und REWRITE keine Wirkung.

# 9. Zeiger und verkettete Listen

Alle bisher eingeführte Datentypen, sowohl die skalaren als auch die strukturierten Typen, haben gemeinsam, daß sie statischer Natur sind. Das heißt, der notwendige Speicherplatz wird vom Zeitpunkt der Ausführung der entsprechenden Deklaration bis zur Programmbeendigung reserviert. Sie eignen sich daher in der Regel nur für die Verwaltung von Datenmengen fester Größe. Dateitypen erlauben zwar die Ablage einer vorher nicht festgelegten Anzahl von Einzeldaten, aber Änderungsoperationen aller Art sind durch die sequentielle Vorgehensweise sehr aufwendig.

Im folgenden werden dynamische Variable eingeführt, auf die nicht über Bezeichner, sondern über sogenannte Zeiger zugegriffen wird. Dynamische Variable werden während der Laufzeit eines Programms erzeugt und gelöscht und eignen sich daher gut für den Aufbau von dynamischen Datenstrukturen wie zum Beispiel Listen.

## 9.1.  Zeiger (pointers)

### 9.1.1.  Konzept der Zeiger

Anhand einer konkreten Problemstellung sollen nun die Limitierungen der bisher besprochenen Lösungsmöglichkeiten in PASCAL aufgezeigt und ein weitergehender Ansatz über die Nutzung von verzeigerten dynamischen Strukturen erläutert werden. Als Aufgabenstellung soll eine Bücherkartei implementiert werden, die laufenden Änderungen unterworfen ist. Dabei sei ein Buch durch einen Verbund beschrieben mit

```
type BUCH = record
            AUTOR:    record
                         VN,
                         NN: packed array [ 1..25 ] of CHAR
                      end;
            TITEL: packed array [ 1..200 ] of CHAR;
```

```
    ERSCHEINUNGSJAHR: 1800..2010;
    PREIS: REAL;
    AUSGELIEHEN: BOOLEAN
    end;
```

Diese Kartei soll folgende Aufgabenstellungen unterstützen:

1. Die Möglichkeit der Aufnahme neuer Bücher
2. Die Entfernung der Karteikarten von verkauften, verlorengegangenen oder anderweitig verschwundenen Büchern
3. Eine Suche in der Kartei nach gespeicherten Informationen zu einem bestimmte Buch

Als besondere Bedingung soll gelten, daß die Kartei nach Autorennamen sortiert ist und nach Durchführung der Operationen zur Lösung der Aufgabenstellungen auch sortiert bleibt.

Mit den bisherigen Möglichkeiten von strukturierten Datentypen kann die Kartei über ein Feld oder eine Datei folgendermaßen aufgebaut werden:

**Beschreibung durch ein Feld**

Eine mögliche Deklaration hierzu ist

```
var KARTEI: array [ 1..5000 ] of BUCH;
```

Die Vorteile dieser Vorgehensweise sind die Möglichkeit eines direkten Zugriffs über die Indizes und die Unterstützung einer schnellen Suche in der Kartei. Der Suchvorgang läßt sich dabei so organisieren, daß, abhängig von einem bestimmten Kriterium, jeweils einer von zwei Suchpfaden weiterverfolgt wird. Bei einer solchen *binären Suche* kann in einem sortierten Feld mit n Einträgen in $\log_2 n$ Schritten der gesuchte Eintrag gefunden oder festgestellt werden, daß ein solcher Eintrag nicht vorhanden ist. Allerdings birgt der Ansatz über ein Feld folgende Nachteile:

1. Die Speicherung des Felds KARTEI erfordert immer 5000 Plätze, die ein Buch aufnehmen können. Dieser Speicherplatz wird auch dann benötigt, wenn nur sehr wenige Bücher in der Kartei enthalten sind, so daß sich unter Umständen eine erhebliche Platzverschwendung ergibt.
2. Durch die Ausrichtung auf eine maximale Größe, die ja auch 100 000 Bücher sein könnte, reicht der zur Verfügung stehende Speicher u.U. nicht aus.
3. Beim Entfernen von Büchern aus der Datenstruktur entstehen Lücken, die gekennzeichnet werden müssen, um eine weitere Verwendung zu ermöglichen.
4. Das Einfügen eines neuen Buches ist nur dann unproblematisch, wenn die Einfügstelle nicht besetzt ist. Im Extremfall kann das Einfügen eines Buches das Umspeichern aller restlichen Einträge erfordern.

Daraus ergibt sich, daß dieser Ansatz nur dann geeignet ist, wenn die Anzahl sicher kleiner als eine bestimmte Größe, zum Beispiel $\leq 5000$ und andererseits nicht wesentlich kleiner als diese Schranke ist. Außerdem dürfen aus Effizienzgründen Einfügungen und Löschungen nur relativ selten vorkommen.

**Beschreibung durch eine Datei**
Hierzu kann eine Variablendeklaration folgendermaßen aussehen:

> *var* KARTEI: *file of* BUCH;

Der Vorteil bei diesem Ansatz ist, daß der reservierte Platz dem tatsächlichen Bedarf angepaßt ist. Allerdings bestehen weiterhin folgende Nachteile:

1. Sowohl das Einfügen als auch das Löschen erfordert ein kompliziertes Umschreiben der Daten.
2. Da in Pascal nur sequentielle Dateien vorgesehen sind, kann die Suche nur sequentiell durchgeführt werden. Im Mittel muß dabei die halbe Datei gelesen werden.

Als Fazit ergibt sich, daß dieser Ansatz bezüglich der Speichernutzung gut ist, aber Operationen sehr zeitaufwendig sind.

**Ansatz über eine verkettete Liste mit Zeigern**
Es soll zunächst das grundsätzliche Konzept und die Möglichkeiten, die sich mit dynamischen Variablen ergeben, vorgestellt werden. Die genauen Realisierungsmöglichkeiten sind Gegenstand der restlichen Unterkapitel.

Bei einer verketteten Liste erhält jedes Element der Liste einen Zeiger auf das nächste Element. In der graphischen Darstellung einer solchen Struktur werden Zeiger üblicherweise durch Pfeile dargestellt (s. Abb. 9.1). Es existiert ein spezieller Zeiger, genannt KOPF oder auch ANKER, der auf das erste Listenelement zeigt.

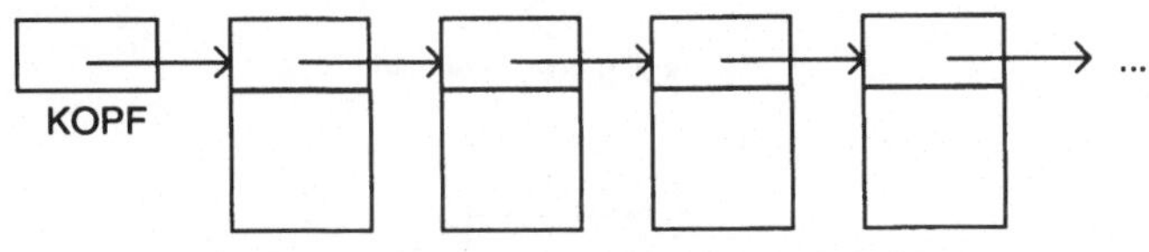


Abb. 9.1: Listenstruktur

Das Einfügen und Löschen von Elementen läßt sich nun einfach durch Änderungen der Zeiger realisieren. Abb. 9.2 zeigt dies anhand eines graphischen Schemas für das Einfügen eines neuen Elements in eine gegebene Liste. Hierbei behalten alle Elemente ihren ursprünglichen Platz, es werden lediglich zwei Zeiger geändert.

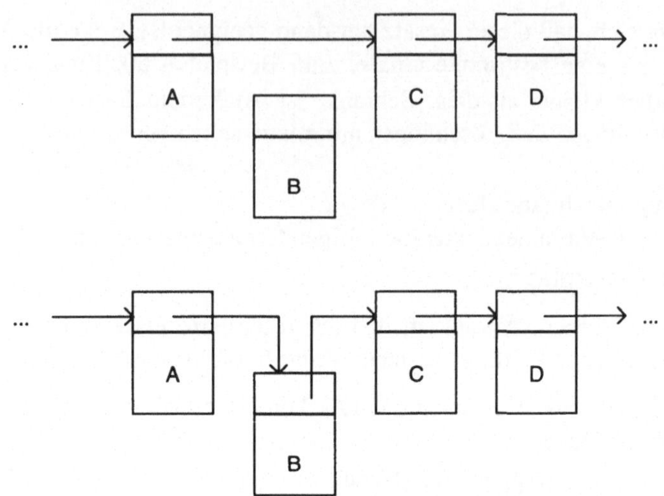

Abb. 9.2: Einfügen eines neuen Elements in eine Liste. Oben: Bisherige Liste und neues Element. Unten: Liste nach Einfügung

Analog hierzu läßt sich das Löschen eines Listenelements realisieren. Wenn zunächst nicht die Möglichkeit einer dynamischen Speicherplatzfreigabe betrachtet wird, muß zum Austragen eines Elements aus der Liste lediglich ein Zeiger geändert werden (s. Abb. 9.3).

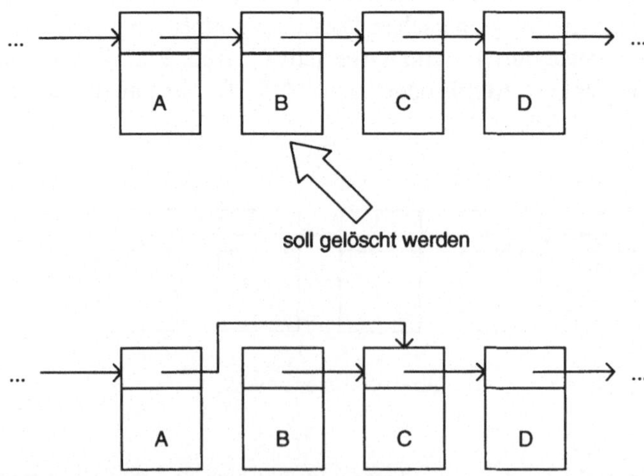


Abb. 9.3: Löschen eines Elements in einer Liste. Oben: Liste mit zu löschendem Element. Unten: Liste nach Löschung

Vorteile dieses Ansatzes liegen auf der Hand: Der beanspruchte Platz entspricht im wesentlichen dem tatsächlichen Bedarf. Es wird lediglich eine Verwaltungsgröße, das heißt ein Zeiger, pro Eintrag über die eigentliche Information hinaus benötigt. Das Einfügen und Löschen von Elementen ist wesentlich einfacher und effizienter. Insbesondere ist der Aufwand, wenn die fragliche Stelle bekannt ist, unabhängig von der aktuellen Listengröße. Es sei allerdings bemerkt, daß die Suche in einer Liste nicht in besonderer Form unterstützt wird und somit sequentiell erfolgt, was bedeutet, daß im Mittel die halbe Liste zu überprüfen ist.

### 9.1.2. Zeigertypen

PASCAL ermöglicht die Einführung der erforderlichen Zeiger zur Konstruktion der oben beschriebenen verketteten Listen durch eine entsprechende Typdeklaration (s. Abb. 9.4) mit der Form:

*type*    Z = ↑T;

Hierbei ist Z Bezeichner eines Zeigertyps, der über einem Basistyp T definiert ist. Als Basistypen sind alle PASCAL-Typen zulässig. In vielen PASCAL-Implementierungen sind jedoch Dateien nicht erlaubt. Am wichtigsten sind Zeiger auf Verbunde, da diese die Möglichkeit der Bildung von verketteten Strukturen erlauben. Als Ersatzdarstellung für das Symbol ↑ ist immer auch @ erlaubt.

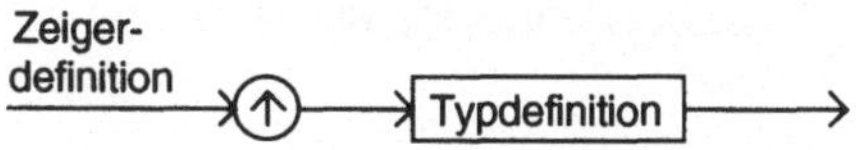


Abb. 9.4: Syntaxdiagramm für Zeigerdefinition

Wenn V eine Variable des Zeigertyps Z über einem Basistyp T ist, sind die möglichen Werte von V Zeiger auf Objekte vom Basistyp T. Bei der Verwendung von Zeigern muß sorgfältig unterschieden werden zwischen

1.  einem Zeiger auf ein Objekt und

2.  dem Objekt, auf das gezeigt wird.

Abb. 9.5 veranschaulicht diesen Sachverhalt graphisch am Beispiel eines Objekts vom Typ BUCHKARTE und einer Zeigervariablen PFEIL. In diesem Fall sind die Werte von PFEIL Zeiger auf Objekte vom Typ BUCHKARTE, die intern Adressen darstellen und nicht die Objekte selbst.

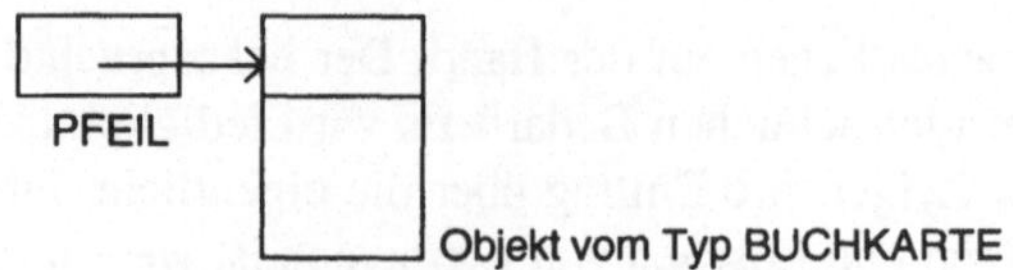



Abb. 9.5: Zeiger auf Objekt und Objekt, auf das gezeigt wird

**Beispiel 9.1: Zeigerdeklaration für Bücherkartei**

Für die in Kapitel 9.1.1 angegebene Bücherkartei kann eine Deklaration zur Realisierung mittels Zeiger folgendermaßen aussehen:

```
type    BUCH =     record
                   AUTOR:    record
                             VN,
                             NN: packed array [ 1..25 ] of CHAR
                             end;
                   TITEL: packed array [ 1..200 ] of CHAR;
                   ERSCHEINUNGSJAHR: 1800..2010;
                   PREIS: REAL;
                   AUSGELIEHEN: BOOLEAN
                   end;

        ZEIGER = ↑BUCHKARTE;
        BUCHKARTE = record
                   NACHFOLGER:    ZEIGER;
                   BESCHREIBUNG:  BUCH
                   end;
```

Im Beispiel 9.1 tauchte die Problematik auf, daß sich die Deklarationsreihenfolge für ZEIGER und BUCHKARTE eigentlich widerspricht. Die PASCAL-Regel, daß Bezeichner erst nach ihrer Deklaration verwendet werden dürfen, kann auch durch Vertauschung der Deklarationsreihenfolge in diesem Fall nicht eingehalten werden, da ZEIGER in der Deklaration von BUCHKARTE verwendet wird. PASCAL läßt hier jedoch die Ausnahme zu, daß ein Bezeichner eines Zeigertyps vor dem Bezeichner des zugehörigen Objekttyps vereinbart werden darf.


### 9.1.3. Zeigerkonstante *nil* und Operationen auf Zeigern

Der Wertebereich eines jeden Zeigertyps enthält eine vordefinierte Konstante, die Zeigerkonstante *nil*. Sie entspricht einem Zeiger "ins Leere", das heißt einem Zeiger, der auf kein Objekt zeigt.

Folgende beiden Operationen auf Zeigern sind möglich:

1. Zuweisung zwischen Zeigern identischen Typs.
2. Test auf Gleichheit zwischen Zeigern identischen Typs.

Zu bemerken ist, daß außer der Vereinbarung von Variablen mit einem Zeigertyp auch für PASCAL-Funktionen als Ergebnistyp ein Zeigertyp vereinbart werden kann.


## 9.2. Verkettete Listen


Im folgenden wird gezeigt, wie mit Hilfe des Zeigerkonzepts in PASCAL als Beispiel für häufig angewandte Datenstrukturen verkettete Listen aufgebaut und verwendet werden können.


### 9.2.1. Zugriff auf Objekte über Zeiger

Verkettete Listen bestehen aus mehreren Objekten, die nicht durch Bezeichner referenzierbar sind. Vielmehr werden die einzelnen Listenobjekte über Zeiger angesprochen. In PASCAL erfolgt der Zugriff auf Objekte über Zeiger durch Anfügen des Pfeilsymbols "↑" an eine Zeigervariable.

Wenn beispielsweise PFEIL1 und PFEIL2 zwei Variable vom Typ ZEIGER sind, dann werden die Objekte, auf die gezeigt wird, angesprochen durch

```
PFEIL1↑
PFEIL2↑
```

Allgemein gilt folgende Regel für den Zugriff auf Objekte über Zeigervariablen: Gegeben sei die Deklaration

```
type    Z = ↑T;
var     X: Z;
```

Dann ist X↑ eine Variable vom Typ T. Ihr Wert ist das Objekt, auf das X zeigt.

Durch die Vereinbarung der Zeigervariablen X wird zwar wie üblich der Speicherplatz für X bereitgestellt. X zeigt aber anfänglich auf keine Variable, dieser Zeiger hat, wie auch andere frisch deklarierte Variable, undefinierten Inhalt und ein Zugriff auf ihn wäre ein Fehler.

Es ist zu beachten, daß die Wirkung folgender beider Anweisungen grundsätzlich verschieden ist:

```
PFEIL1 := PFEIL2
PFEIL1↑ := PFEIL2↑
```

Abb. 9.6 zeigt dies in graphischer Form an einem Beispiel, in welchem eine weitere Variable vom Typ ZEIGER mit dem Bezeichner X auf ein Listenelement zeigt.

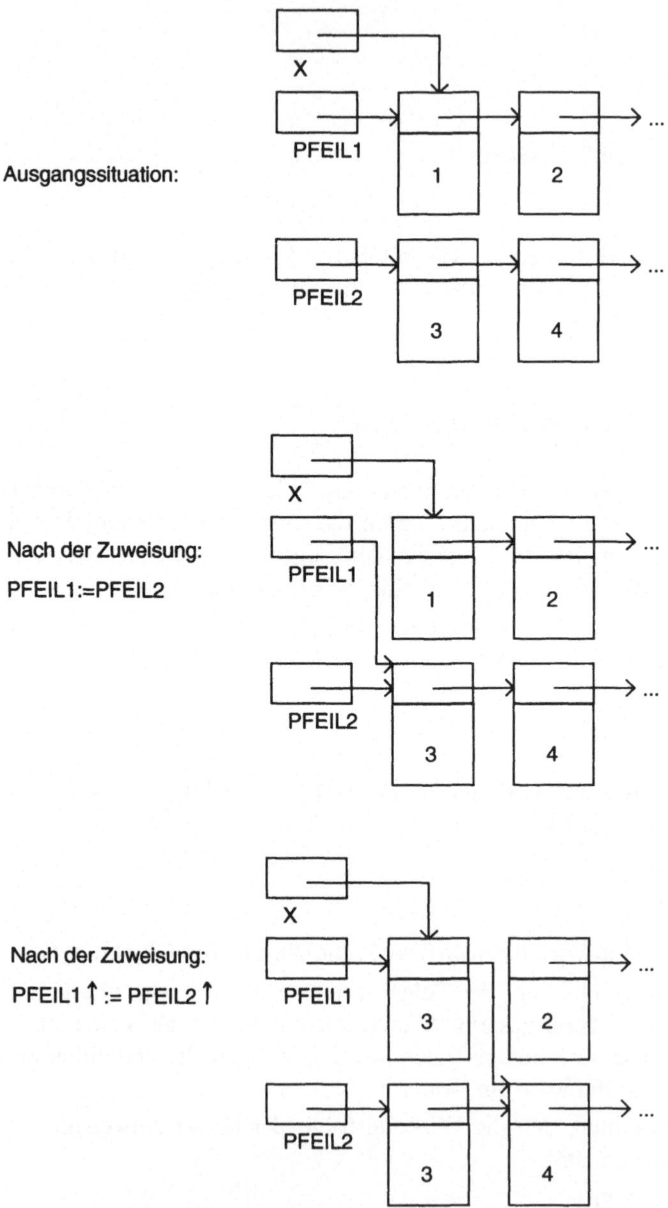


Abb. 9.6: Beispiel für die Wirkung von Zeigerzuweisungen

Für die Benutzung von Zeigervariablen gelten folgende weiteren Regeln:

1. Wie bereits erwähnt, wird durch Anfügen des Symbols "↑" an eine Zeigervariable PFEIL ein Objekt als Ganzes angesprochen. PFEIL↑ ist eine Variable vom Basistyp der Zeigerdefinition und kann wie jede solche Variable benutzt werden. Insbesondere kann damit auch auf Komponenten nach den üblichen Regeln zugegriffen werden.

2. Die Zuweisung der vordeklarierten Zeigerkonstanten *nil* an eine Zeigervariable PFEIL1 durch PFEIL1 := *nil* löscht den momentan in PFEIL1 gespeicherten Zeiger.

3. Hat eine Zeigervariable PFEIL1 den Wert *nil*, so zeigt PFEIL1 nicht mehr auf ein Objekt vom Basistyp der Zeigerdefinition. Insbesondere ist PFEIL1 dann nicht mehr definiert, es ist kein Zugriff auf PFEIL1↑ mehr erlaubt!

**Beispiel 9.2: Objektzugriff über Zeiger**

Gegeben sei die Deklaration für eine Bücherkartei aus Beispiel 9.1. Mit der zusätzlichen Vereinbarung

*var* PFEIL1: ZEIGER

verweist PFEIL1 auf ein Objekt vom Typ BUCHKARTE. BUCHKARTE wiederum ist eine Verbunddefinition, so daß beispielsweise folgende Zugriffe auf Komponenten von BUCHKARTE möglich sind:

PFEIL1↑.NACHFOLGER
PFEIL1↑.BESCHREIBUNG.TITEL

### 9.2.2. Dynamische Erzeugung von Variablen

Mit Hilfe der Zeigertypen können Variable unabhängig von der statischen Struktur eines Programms zur Laufzeit erzeugt und ihre Existenz wieder rückgängig gemacht werden. Hierzu stehen zwei Standardprozeduren mit den Namen NEW und DISPOSE zur Verfügung. Zur Erläuterung dieser Prozeduren wird von folgender Deklaration ausgegangen:

```
type    Z = T;
var     V: Z;
```

**Standardprozedur NEW**
Der Aufruf erfolgt mit einer Variablen eines Zeigertyps als Parameter in der Form:

```
NEW( V )
```

Die Ausführung dieser Prozedur bewirkt:

1. Es wird ein neues Objekt vom Typ T erzeugt.
2. Der Zeiger auf das neu erzeugte Objekt wird in der Variablen V abgelegt. Das heißt, das neu erzeugte Objekt wird mit V↑ angesprochen.

Abb. 9.7 zeigt beispielhaft die Wirkung der Standardprozedur NEW. Es ist jedoch zu beachten, daß zu diesem Zeitpunkt der Wert des neu erzeugten Objekts vom Typ T noch nicht definiert ist! Es ist lediglich der Speicherplatz dafür reserviert.

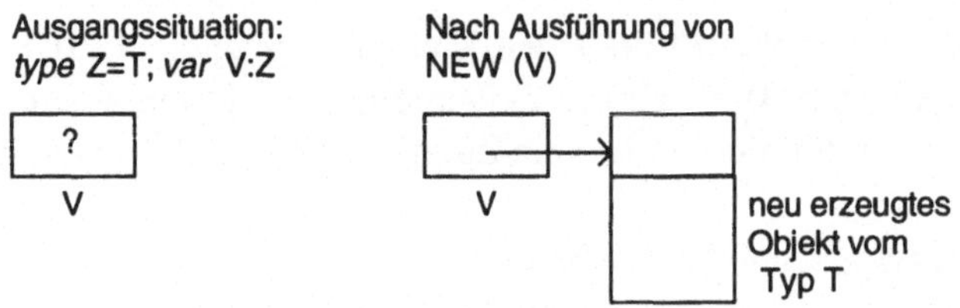


Abb. 9.7: Wirkung der Prozedur NEW

## Standardprozedur DISPOSE

Der Aufruf von DISPOSE erfolgt analog zu NEW durch:

```
DISPOSE( V )
```

Durch die Ausführung dieser Prozedur wird die Variable V zerstört, das heißt, ihre Existenz rückgängig gemacht. Im Gegensatz zum Löschen eines Wertes bewirkt DISPOSE die Rückgabe des reservierten Speicherplatzes für V.

## 9.2.3. Einfügen und Löschen

Im folgenden wird gezeigt, wie durch PASCAL-Anweisungen Elemente in Listen eingefügt und wieder gelöscht, bzw. herausgenommen werden können. Dazu wird von folgender Deklarationen ausgegangen:

```
type    BUCH =        ...      {wie oben};
        ZEIGER = ..   .        {wie oben};
        BUCHKARTE =...         {wie oben};
var KARTEI:      ZEIGER        {Kopf der Liste};
    HIER, NEU:   ZEIGER        {Hilfszeiger};
```

## Einfügen von Listenelementen

Es soll eine Karteikarte unmittelbar hinter derjenigen, auf die der Zeiger HIER zeigt, eingefügt werden (s. Abb. 9.8).

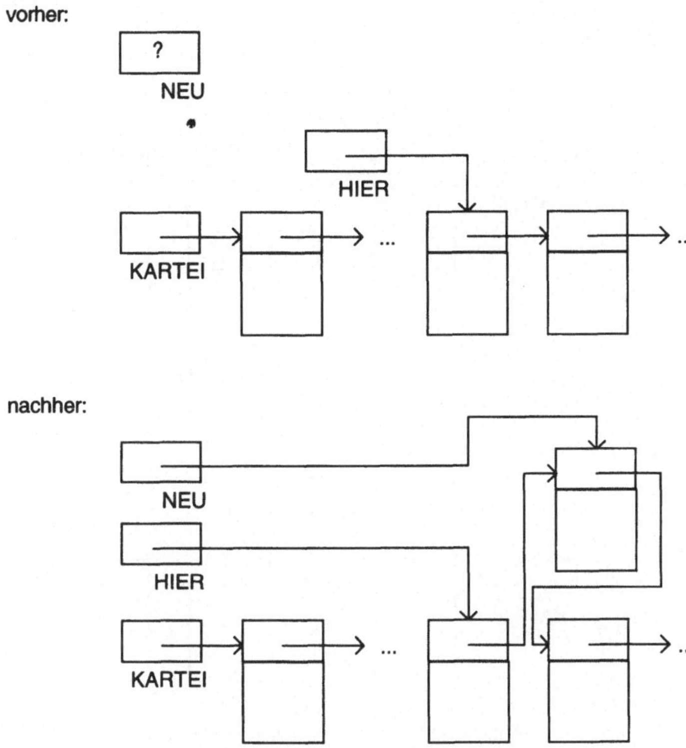


Abb. 9.8: Einfügen eines Listenelements

Die Durchführung kann durch folgendes Programmstück realisiert werden:

```
NEW(NEU);                    {erzeugt neues Element vom Typ BUCHKARTE}
NEU↑.NACHFOLGER  :=  HIER↑.NACHFOLGER;
HIER↑.NACHFOLGER :=  NEU;
```

Das Einfügen eines Elements am Listenanfang ist auf entsprechende Weise
möglich mit:

```
NEW(NEU);                    {erzeugt neues Element vom Typ BUCHKARTE}
NEU.NACHFOLGER   :=  KARTEI;
KARTEI           :=  NEU;
```

## Löschen eines Listenelements

Das Listenelement, das dem durch den Zeiger HIER angesprochenen Objekt
unmittelbar folgt, soll aus der Liste ausgetragen werden (s. Abb. 9.9).

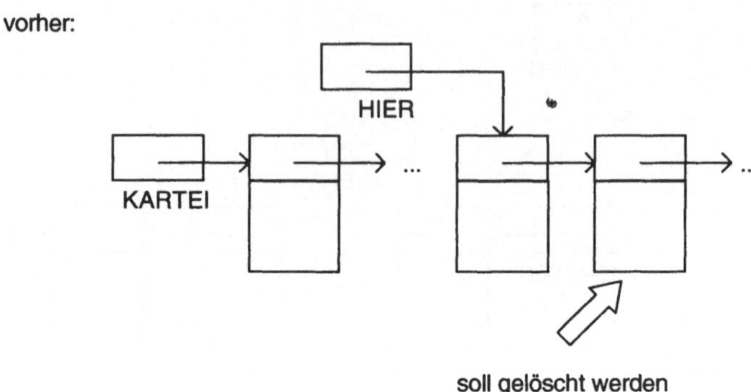


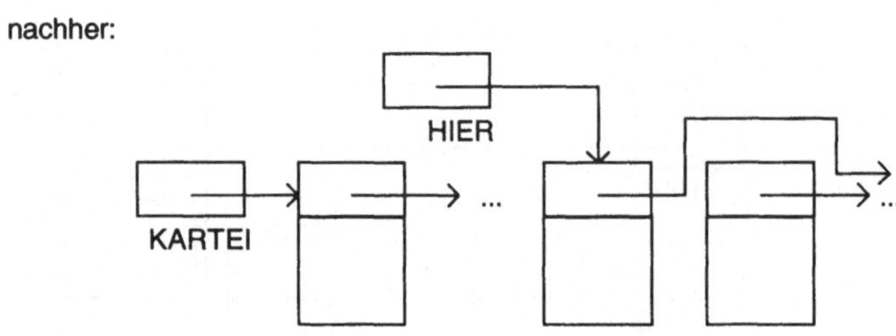


Abb. 9.9: Löschen eines Listenelements

Eine Realisierung in PASCAL ist einfach durch folgende Anweisung möglich:

HIER↑.NACHFOLGER := HIER↑.NACHFOLGER↑.NACHFOLGER

Das Löschen des ersten Listenelements geschieht durch:

KARTEI := KARTEI↑.NACHFOLGER

Es ist zu beachten, daß das gelöschte Element zwar zunächst noch physikalisch vorhanden ist, aber man von der Kartei aus nicht mehr darauf zugreifen kann. Durch Anwenden der Standardprozedur DISPOSE können herausgelöste Elemente auch tatsächlich entfernt werden, so daß dann der Speicherplatz zur weiteren Benutzung freigegeben wird.

Bei den bisherigen Ausführungen hat sich gezeigt, daß das Einfügen und Löschen direkt hinter einem gegebenen Listenelement bzw. am Listenanfang sehr einfach ist, unter der Voraussetzung, daß der Verweis auf dieses Listenelement zur Verfügung steht. Allerdings gestaltet sich das Einfügen bzw. Löschen vor diesem Element schwieriger. Dies liegt daran, daß in der Regel vor dem Einfügen bzw. Löschen eines Elements eine Suche nach der entsprechenden Stelle durchgeführt werden muß. Diese Suche ist relativ einfach für den Nachfolger der

Einfügstelle bzw. das zu löschende Element selbst, man braucht hier aber auch den Vorgänger.

Diese ebenso wichtige Aufgabe des Einfügens bzw. Löschens vor einem bestimmten Listenelement kann dadurch gelöst werden, daß man beim Suchprozeß einen zweiten Zeiger synchron mitlaufen läßt, der jeweils auf den Vorgänger des aktuellen Listenelements zeigt. Bei dieser Vorgehensweise spricht man auch vom "Prinzip der nachlaufenden Zeiger". Eine andere Möglichkeit, die im folgenden näher betrachtet werden soll, ist das Rücksetzen in einer zweifach verketteten Liste. Abb. 9.10 zeigt das Aufbauschema einer zweifach verketteten Liste.

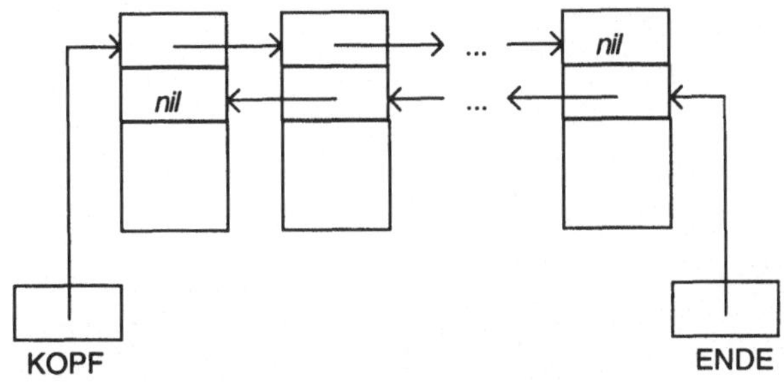


Abb. 9.10: Zweifach verkettete Liste

Eine entsprechende Deklarationen für eine zweifach verkettete Liste zur Aufgabe der Bücherkartei ist:

```
type   BUCH        = ... ; {wie oben}
       ZEIGER      = ↑BUCHKARTE;
       BUCHKARTE   = record
                        VORGAENGER, NACHFOLGER:   ZEIGER;
                        BESCHREIBUNG:             BUCH
                     end;
var KOPF,
    ENDE  :   ZEIGER;
```

Das Einfügen und Löschen von Elementen in zweifach verketteten Listen erfolgt analog zum Vorgehen in einfach verketteten Listen und ist in Abb. 9.11 in graphischer Form für das Einfügen dargestellt.

Im Unterschied zu einfach verketteten Listen ist hier die Änderung von vier Zeigern notwendig. Unter der Voraussetzung, daß der Zeiger HIER auf den Vorgänger der Einfügstelle und NEU auf das einzufügende Element zeigt, kann in PASCAL das Einfügen durch folgende PASCAL-Anweisungen realisiert werden:

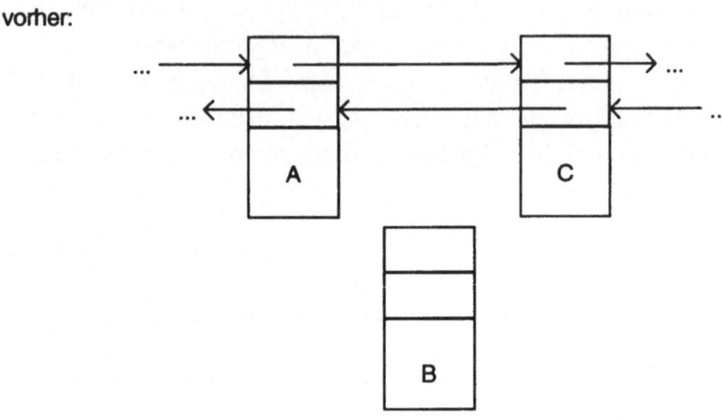

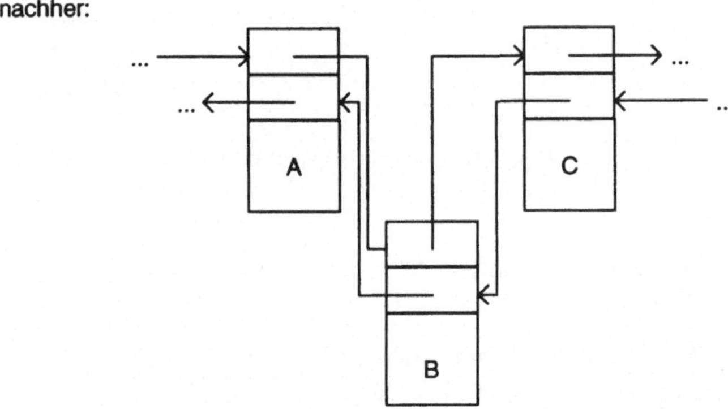

Abb. 9.11: Einfügen eines Elementes in eine zweifach verkettete Liste

NEU↑.VORGAENGER := HIER;

NEU↑.NACHFOLGER := HIER↑.NACHFOLGER;

HIER↑.NACHFOLGER↑.VORGAENGER := NEU;

HIER↑.NACHFOLGER := NEU;

In Abb. 9.12 ist schematisch das Löschen eines Elements in einer zweifach verketteten Liste dargestellt. Unter der Annahme daß der Zeiger HIER auf das zu löschende Element zeigt, kann dies in PASCAL erfolgen durch:

HIER↑.VORGAENGER↑.NACHFOLGER := HIER↑.NACHFOLGER;

HIER↑.NACHFOLGER↑.VORGAENGER := HIER↑.VORGAENGER;

Für das Einfügen und Löschen eines Elements am Ende der Liste sind analoge Sonderfallbehandlungen wie bei einfach verketteten Listen vorzunehmen.

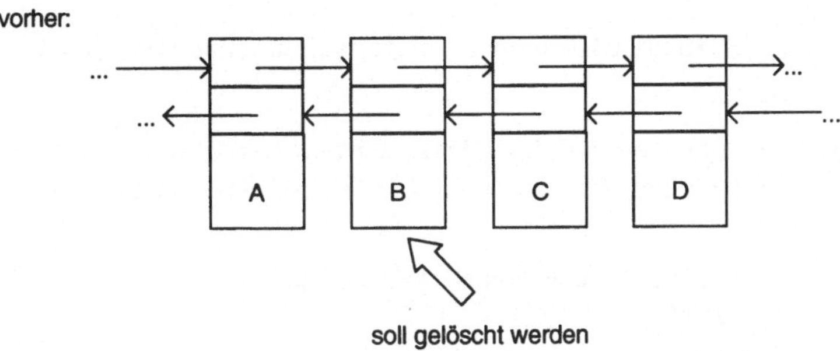


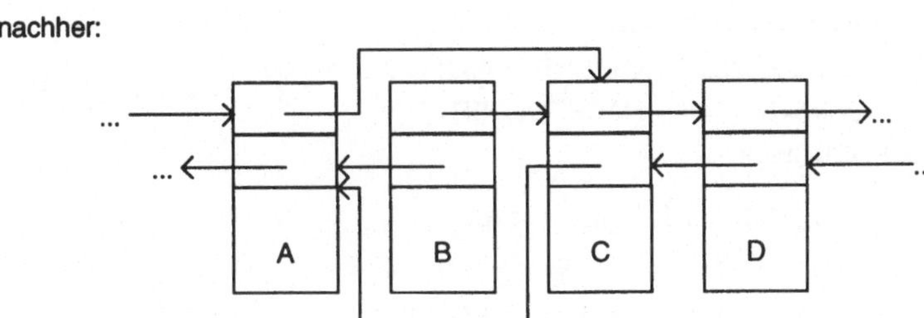


Abb. 9.12: Löschen eines Elementes aus einer zweifach verketteten Liste


### 9.2.4. Funktion für Suche in Listen

Listen werden für spezielle Anwendungszwecke aufgebaut. Um Anwendungsoperationen auf einer Liste durchzuführen, ist häufig das Suchen von Elementen unter Vorgabe bestimmter Kriterien nötig. Es wird nun gezeigt, wie sich eine derartige Suche als PASCAL-Funktion realisieren läßt. Hierzu seien folgende Deklarationen gegeben:

```
type    ELEMENT  =   ... {irgend etwas};
        ZEIGER   =   ↑LISTENOBJEKT;
        LISTENOBJEKT  =  record
                            NACHFOLGER : ZEIGER;
                            INHALT : ELEMENT
                         end;
```

Als Parameter der Funktion, die LISTENSUCHE als Bezeichner erhält, werden vorgesehen:

1.  ein Objekt WAS vom Typ ELEMENT,
2.  ein Zeiger auf Listenanfang.

Der Wert von LISTENSUCHE wird als Zeiger auf das erste Listenobjekt, für das

```
INHALT = WAS
```

gilt, festgesetzt, sofern ein solches Objekt existiert. Andernfalls wird der Funktionswert auf *nil* gesetzt. Die Funktion LISTENSUCHE besteht dann aus der Anweisungsfolge

```
function LISTENSUCHE( WAS: ELEMENT; WO: ZEIGER ): ZEIGER;
begin {LISTENSUCHE}
      LISTENSUCHE := nil;
      while WO <> nil
          do  if WO.INHALT = WAS
                  then begin LISTENSUCHE := WO; WO := nil end
                  else WO := WO↑.NACHFOLGER
end {LISTENSUCHE};
```

Es ist zu beachten, daß der Lösungsversuch

```
...
while ( WO <> nil ) and ( WO↑.INHALT <> WAS )
do WO := WO↑.NACHFOLGER
...
```

implementationsabhängig zu einem Laufzeitfehler führt, falls in der Liste kein Element mit INHALT=WAS enthalten ist. Ein Programm, das derartiges enthielte, wäre jedenfalls nur eingeschränkt portabel.


### 9.2.5.  Prozedur zum Durchlaufen von Listen

Häufig besteht die Aufgabe, eine Liste zu durchlaufen, um den Inhalt von Listenobjekten zu verändern. Die Darstellung einer Lösung hierzu beendet die Einführung in die "Grundlagen der Informatik". Ziel war es, den Lesern ein Verständnis über die wesentlichen Grundkonzepte zu vermitteln und sie sowohl auf weitergehende Methoden als auch auf die Anwendung innerhalb ihres Studienhauptfaches vorzubereiten.

Unter Annahme derselben Deklarationen wie sie für die Funktion LISTEN-SUCHE bereits formuliert wurden, kann schließlich die eingangs gestellte Aufgabe durch eine PASCAL-Prozedur nach folgendem Schema gelöst werden:

```
procedure DURCHLAUF (KOPF: ZEIGER; ... );
    {weitere Parameter je nach Einsatzzweck}
var X: ELEMENT;
    {evtl. weitere lokale Deklarationen}
begin {DURCHLAUF}
    while KOPF<> nil
    do begin
            X:=KOPF↑.INHALT;
            {irgendwelche Aktionen zur Behandlung
            des Inhalts X des aktuellen Listenobjekts}
            ...
            KOPF:=KOPF↑.NACHFOLGER
    end;
end {DURCHLAUF};
```

# Literaturverzeichnis


Abeln, O. (1990), Die CA-Techniken in der industriellen Praxis, Carl Hanser Verlag, München.

Appelrath, H.-J. und Ludewig, J. (1992), Skriptum Informatik, Teubner-Verlag, Stuttgart.

Bauer F.L. und Goos G. (1984), Informatik - Eine einführende Übersicht, Erster Teil, 4. Auflage, zweiter Teil 3. Auflage, Springer-Verlag, Berlin.

Balzert, H. (1987), Die Entwicklung von Software-Systemen, Bibliographischen Institut, Mannheim.

Bode, A. (1990) RISC Architekturen, B.I.-Wissenschaftsverlag, Mannheim.

Daniels, S. und Zeissler, R. (1982), Massenspeicher, Feltron-Verlag, Troisdorf.

deMarco, T. (1978), Structured Analysis and System Specification. Yourdon Press, New York.

Duden, Informatik (1989), Dudenverlag, Mannheim.

Dworatschek, S. (1989), Grundlagen der Datenverarbeitung, 8. Auflage, De-Gruyter, Berlin.

Fellner, W.D. (1992), Computergrafik, Reihe Informatik, Band 58, zweite vollständig überarbeitete und erweiterte Auflage, B.I.-Wissenschaftsverlag, Mannheim.

Ganzhorn, K. und Walter, W. (1975), Die geschichtliche Entwicklung der Datenverareitung, IBM Deutschland GmbH, Böblingen

Goldberg, A.. und Robson, D. (1989), SMALLTALK-80 - The Language, Addison-Wesley, Reading.

Gulbins, J. (1988) UNIX, Eine Einführung in Begriffe und Kommandos von UNIX Version 7 bis System V.3, Springer-Verlag, Heidelberg.

Hagen, H. und Roller, D. (1991), Geometric Modelling, Springer-Verlag, Heidelberg.

Hoffmann, R. (1983), Rechenwerke und Mikroprogrammierung, Oldenbourg-Verlag, München.

HP (1991), HP Softbench User's Guide, Hewlett Packard, Böblingen.

Jensen, K. und Wirth, N. (1985), PASCAL User Manual and Report, Third Edition, Springer-Verlag, Heidelberg.

Kernigham, B. W. und Ritchie, D. M. (1990), Programmieren in C, Carl Hanser Verlag, München.

Kober, R. (1988), Parallelrechner-Architekturen, Springer-Verlag, Berlin.

Ludewig, J. (1991), Software-Engineering und CASE, Informationstechnik 3, pp. 112-120.

Norton, P. (1985) MS-DOS und PC-DOS, Carl Hanser Verlag, München.

Rembold, U., Hrsg. (1987), Einführung in die Informatik für Naturwissenschaftler und Ingenieure, Carl Hanser Verlag, München.

Roller, D. (1992), Technical Documentation System for Assembly, Test and Repair, in: Ergonomics of Hybrid Automated Systems III, S. 273-278, P. Brödner und W. Karwowski (Hrsg.), Elsevier, Amsterdam.

Schiffmann, W. und Schmitz, R. (1992a), Technische Informatik I, Grundlagen der digitalen Elektronik, Springer-Verlag, Heidelberg.

Schiffmann, W. und Schmitz, R. (1992b), Technische Informatik II, Grundlagen der Computertechnik, Springer-Verlag, Heidelberg.

Wettstein, H. (1987), Architektur von Betriebssystemen, Carl Hanser Verlag, München.

Wilson, I. R. und Addyman, A. M. (1984), PASCAL - Leichtverständliche Einführung, Carl Hanser Verlag, München.

Winston, P. H. (1987) Künstliche Intelligenz, Addison-Wesley (Deutschland), Bonn.

Wirth, N. (1983), Algorithmen und Datenstrukturen, 3. Auflage, Teubner-Verlag, Stuttgart.

# Stichwortverzeichnis

# Springer-Verlag und Umwelt

Als internationaler wissenschaftlicher Verlag sind wir uns unserer besonderen Verpflichtung der Umwelt gegenüber bewußt und beziehen umweltorientierte Grundsätze in Unternehmensentscheidungen mit ein.

Von unseren Geschäftspartnern (Druckereien, Papierfabriken, Verpackungsherstellern usw.) verlangen wir, daß sie sowohl beim Herstellungsprozeß selbst als auch beim Einsatz der zur Verwendung kommenden Materialien ökologische Gesichtspunkte berücksichtigen.

Das für dieses Buch verwendete Papier ist aus chlorfrei bzw. chlorarm hergestelltem Zellstoff gefertigt und im pH-Wert neutral.